LE DICTIONNAIRE PRATIQUE
DES EXPRESSIONS QUÉBÉCOISES

André Dugas et Bernard Soucy

avec la collaboration de Robert Gervais

LE DICTIONNAIRE PRATIQUE DES EXPRESSIONS QUÉBÉCOISES

Les Éditions
LOGIQUES

Les Éditions LOGIQUES inc.
C.P. 10, succ. «D»
Montréal (Québec)
H3K 3B9
Tél.: (514) 933-2225
FAX: (514) 933-2182

**LE DICTIONNAIRE PRATIQUE
DES EXPRESSIONS QUÉBÉCOISES**
© Les Éditions LOGIQUES inc., 1991
Dépôt légal, 4e trimestre 1991
Bibliothèque nationale du Québec
Bibliothèque nationale du Canada

ISBN 2-89381-053-5

À
Maurice Gross
qui a inspiré ce travail

PRÉSENTATION

Historique du projet

La collecte des données du présent dictionnaire dure depuis dix ans. Elle s'est faite un peu comme en ethnographie quand il s'agit de récolter les paroles et la musique de la chanson folklorique. De la même manière, il a fallu ratisser la mémoire collective de dizaines de locuteurs québécois pour recueillir des expressions idiomatiques dont l'origine peut s'étendre sur plus de trois siècles, c'est-à-dire dont l'usage peut remonter à des usages en cours en France au moment de l'arrivée des premiers immigrants en Acadie ou en Nouvelle-France.

Des analyses comparatives entre des usages de différentes régions francophones d'Europe et d'autres continents pourraient nous éclairer sur le caractère vivant des expressions dans ces régions par rapport aux usages québécois. Ce type de travail reste à faire. Plusieurs ouvrages spécialisés produits au Québec fournissent des relevés partiels d'expressions idiomatiques du français ; les références à d'autres variétés de français sont anecdotiques ou très partielles. La détermination d'une intersection entre les expressions exclusives au Québec ou à la France, par exemple, ou partagées avec d'autres communautés francophones est un travail d'envergure qui suppose des moyens importants pour au moins analyser les données couvrant les régions comparées. Il serait alors possible de mettre en face des expressions morphologiquement apparentées comme *passer un savonnage à quelqu'un* (Québec), *passer un cigare à quelqu'un* (Belgique) et *passer un savon à quelqu'un* (Belgique, France, Québec) dont le sens pour toutes est également rapproché, «réprimander plus ou moins sévèrement quelqu'un». Ce travail pourrait regrouper des expressions sur la seule base de leur parenté sémantique.

La distance parfois évidente qu'on observe entre le français parlé au Québec et celui d'autres pays, du point de vue phonétique par exemple, pourrait de même nous inciter à envisager l'existence d'une pratique québécoise indépendante. Après l'examen de la dizaine de milliers d'expressions de ce dictionnaire, il apparaît cependant que l'originalité des expressions québécoises est plutôt exceptionnelle de ce point de vue et plus encore par rapport à sa construction syntaxique. Quand c'est le cas, celle-ci dépend de faits lexicaux, comme le renvoi à des realia ou l'adoption plutôt rare d'anglicismes ou de tournures morpho-syntaxiques où l'emploi facultatif de l'article, d'un adjectif et de compléments contribue à alimenter les différences.

On retient cependant des graphies qu'on devine difficilement d'une base anglaise, comme lousse «loose» . La prononciation de mots – et leur graphie correspondante – comme «ben» pour bien, «siau» pour seau, «cocombre» pour concombre, est tellement répandue qu'on pourrait être tenté de délaisser la forme standard ; nous préférons indiquer cette dernière, mais non de façon exclusive. De la même manière, même si poigner (poignée) se prononce «pogner» («pognée»), tout comme oignon se prononce «ognon», nous n'avons pas modifié la graphie attestée dans les dictionnaires. La variation dans la prononciation n'est pas non plus exclusive au Québec. Dans toutes les expressions québécoises suivantes, le mot boeuf se prononce «beu» : *avoir des babines de boeuf, avoir une*

face de boeuf, avoir un front de boeuf, être sur le boeuf. Cette
même prononciation vaut au moins pour une expression française
qui n'a pas cours chez nous : *être un nez de boeuf* : bougonner.

Choix des entrées

L'étude des expressions idiomatiques présente des difficultés de
divers ordres. La délimitation de l'objet de l'étude n'est d'abord
pas évidente. Les termes invoqués dans des études semblables sont
nombreux et peuvent couvrir des champs distincts ; c'est ainsi qu'on
trouve idiome, dit, proverbe, adage, dicton, maxime, sentence,
apohtegme, expresssion proverbiale, phrastique, adverbiale, expression ou locution verbale. Nos critères pour la retenue des termes de
ce dictionnaire est de nature formelle. Nous ne retenons que les
expressions verbales, c'est-à-dire celles dont le verbe en faisant
partie n'est pas facultatif. Nous ne retenons cependant pas les expressions dont le sujet est figé. C'est le cas notamment des prover-
bes et expressions assimilées de type *qui a bu, boira, mieux vaut
tard que jamais, chaque chaudron trouve son couvert, ça se peux-
tu*, dans lesquels le sujet n'est pas susceptible de variation.

Ce dictionnaire ne contient pas d'expressions idiomatiques com-
prenant un adverbe figé dont l'emploi est relativement libre ; par
exemple, les expressions *avec coeur* «avec entrain» ou *à la planche*
«de façon maximale» peuvent se trouver avec de nombreux verbes
ou locutions verbales : *s'entraîner, manger, travailler*, etc. Des
expressions de ce genre ne sont donc pas retenues. L'inscription
des expressions *ne pas y aller avec le dos de la cuillère* ou *ne pas
être en reste avec quelqu'un* se justifie par des considérations à
l'inverse parce que les adverbes figés *avec le dos de la cuillère* et
en reste n'existent que dans celles-ci.

Afin de faciliter la compréhension du sens, les expressions sont
présentées avec la mention des compléments que prend le verbe,

soit *qqn* (quelqu'un) pour les êtres humains et *qqc* (quelque chose) pour les inanimés.

Chaque entrée commence par une expression suivie de sa définition qui ne doit pas être une autre expression. La définition que nous donnons d'une expression peut correspondre à celle qu'un autre auteur en donne dans un ouvrage – codé de trois lettres – qui est mentionné dans la bibliographie. Les définitions retenues sont souvent celles d'auteurs non québécois. Il y a là une manifestation de notre part de souligner le rapprochement de l'emploi des expressions communes aux francophones d'ici et d'ailleurs et de faciliter ainsi des études contrastives. Dans le cas de définitions originales, la notation est signalée par ORA.

Les expressions en équivalence, quand elles ne sont pas polysémiques, sont inscrites à la suite.

L'index placé à la fin de ce dictionnaire ne comprend naturellement ni le premier mot d'une entrée ni d'autres unités lexicales jugées de peu d'intérêt. Les numéros d'entrée en caractères gras ne renvoient qu'aux entrées principales et aux expressions en équivalence ; ceux qui sont en caractères ordinaires renvoient aux seuls termes de la définition.

Remerciements

Ce travail est produit dans le cadre d'un projet beaucoup plus vaste portant sur la description d'un lexique-grammaire du français du Québec et sur la construction de dictionnaires électroniques. À l'un ou l'autre titre, nous avons bénéficié de subventions du Conseil de la Recherche en Sciences Humaines du Canada, du Fonds Institutionnel de Recherche de l'Université du Québec à Montréal et de l'Agence de Coopération Culturelle et Technique.

Comme il a été dit au début de cette présentation, nous avons fait appel à la collaboration de nombreux Québécois dont la plupart ont été des informateurs avertis, autant pour nous faire part de leur bagage d'expressions que pour apporter des précisions sémantiques à leur définition. Nous les remercions tous chaleureusement de leur participation et nous saluons plus particulièrement les personnes suivantes pour l'importance de leur contribution :

Louise Amireault, Jean Baudot, François Bérard, Rollande Bérard, Sonia Boily, Gertrude Côté, Thérèse Courville, Gisèle Dénommé, Thérèse Desaulniers, Bernard Drouin, Bernadette Dugas, Cécile Dugas, Chantal Dugas, Hélène Dugas, Marguerite Dugas, Raymond Dugas, Ruth Dugas, Louise Fontaine, Monique Fontaine, Bernadette Fontaine Dugas, Aline Gagnon, Johanne Gagnon, Blandine Gaudet, Florence Girouard, Alain Godon, Louise Godon, Augustine Guimond, Jean-Pierre Guimond, Yvon Laurendeau, Guy LeBlanc, Aline Martel, Daniel Martel, Jacques Mailhot, Fernand Perreault, Alain Petit, feue Ghislaine Rivest, Philippe Rivest, Bérengère Roy, Paul Soucy, André Thibodeau et Gérard Tremblay.

Nous voulons enfin rendre hommage à ceux qui, avant nous, ont eu également la patience et sans doute le plaisir d'écouter les gens, de relever leurs expressions, en particulier les Beauchemin, DesRuisseaux, Dionne, Dunn, Lafleur, Poirier et Simard.

Bibliographie

a) *ouvrages sur le français du Québec*

BAR   BARBEAU, V. *Le Français du Canada*, Québec, Garneau, 1970

BAB   BARBEAU, V. *Le Ramage de mon pays – Le français tel qu'on le parle au Canada*, Montréal, Bernard Valiquette, 1939

BAD BARBAUD, P. *Le Français sans façon – Chroniques de langage*, Ville de LaSalle, Québec, HMH, 1987

BEG BÉGUIN, L.-P. *Un homme et son langage*, Montréal, L'Aurore, 1977

BEL BÉLISLE, L.-A. *Dictionnaire général de la langue française au Canada / Dictionnaire Oxford français-anglais et anglais-français*, rééditions 1974 et 1977, s. l., La Société des Éditions Leland, Limitée, 1957

BER BERGERON, L. *Dictionnaire de la langue québécoise*, Montréal, L. Bergeron et VLB, 1980

BEA BEAUCHEMIN, N. *Dictionnaire d'expressions figurées en français parlé du Québec – les 700 «québécoiseries» les plus usuelles*, coll. Recherches sociolinguistiques dans la région de Sherbrooke, n° 18, Québec, Université de Sherbooke, 1982

BLA BLANCHARD, l'abbé Étienne. *En français*, Montréal, Éd. de l'auteur, 1913

CHA CHAREST, G. *Le Livre des sacres et blasphèmes québécois*, Montréal, Québec-Amérique, 1974

CLA CLAPIN, S. *Dictionnaire canadien-français*, réédition 1974, Québec, Presses de l'Université Laval, 1894

CLS CLAS, A. et SEUTIN, É. *J'parle en tarmes – Dictionnaire de locutions et d'expresions figurées au Québec*, Montréal, Sodilis, 1989

CUR CURAT, H. *La Locution verbale en français moderne*, Québec, Presses de l'Université Laval, 1982

DEC DE CHANTAL, R. *Chroniques de France*, Presses de l'Université d'Ottawa, 1961

DEX DESRUISSEAUX, P. *Dictionnaire des expressions québécoises*, Montréal, Bibliothèque québécoise, 1990

DES DESRUISSEAUX, P. *Le Livre des expressions québécoises*, Montréal, HMH, 1979

DIO   DIONNE, N.-E. *Une dispute grammaticale en 1842*, Québec, Typ. Laflamme & Proulx, 1912

DIN   DIONNE, N.-E. *Le Parler populaire des Canadiens français* ou Lexique des canadianismes, acadianismes, anglicismes, américanismes, mots anglais les plus en usage au sein des familles canadiennes et acadiennes françaises, Québec, Garneau, 1909

DUB   DUBUC, R. et BOULANGER, J.-C. *Régionalismes québécois usuels*, Paris, Conseil international de la langue française, 1983

DUL   DULONG, G. *Dictionnaire correctif du français du Canada*, Québec, Presses de l'Université Laval, 1968

DUB   DULONG, G. et BERGERON, G. *Le Parler populaire du Québec et de ses régions voisines – Atlas linguistique de l'Est du Canada*, Ministère des Communications et Office de la langue française, Éd. du Gouvernement du Québec, 1980

DUO   DULONG, G. *Dictionnaire des canadianismes*, s.l., Larousse Canada, 1989

DNN   DUNN, O. *Glossaire franco-canadien et vocabulaire de locutions vicieuses usitées au Canada*, Québec, Imprimerie A. Côté et Cie, 1880

GEO   GEOFFRION, L.-P. *Zigzags autour de nos parlers*, 3 vol., Québec, Éd. de l'auteur, 1924

GER   GERMA, P. *Dictionnaire des expressions toutes faites – Leurs origines, leurs créateurs, leurs usages*, Montréal, Libre Expression, 1987

GIL   GILLOT, G. *Ce que parler veut dire*, Montréal, Leméac, 1974

GLO   En coll. *Glossaire du parler français au Canada*, Québec, Société du parler français au Canada, 1930

LAF LAFLEUR, B. (1979) *Dictionnaire des locutions idiomatiques françaises*, Montréal, Renouveau pédagogique, 1979

LAP LAPOINTE, R. *Des mots pittoresques et savoureux* – Dictionnaire du parler populaire du Saguenay-Lac-Saint-Jean, Montréal, Archiv-Histo, 1988

LAV LAVOIE, T., BERGERON G. et COTÉ, M. *Le Parler français de Charlevoix, du Saguenay, du Lac Saint-Jean et de la Côte-Nord*, s. l., Éd. du Gouvernement du Québec, 1985

LOR LORENT, M. *Le Parler populaire de la Beauce*, Montréal, Leméac, 1977

MAI MAILHOT, C.-H. *Dictionnaire des petites ignorances de la langue française au Canada*, Hull, Asticou, 1988

MAL MAILHOT, C.-H. *2 000 expressions françaises pratiques et utiles*, Hull, Asticou, 1983

PIC PICHETTE, J.-P. *Le Guide raisonné des jurons*, coll. Mémoires d'homme, Montréal, Les Quinze, 1980

POI POIRIER, P. *Le Parler franco-acadien et ses origines*, Québec, Imprimerie Missionnaire Franciscaine, 1928

POR POIRIER, P. *Glossaire canadien de A à Z*, 5 fascicules, Nouveau- Brunswick, Université Saint-Joseph, 1953 et 1977

PRO PROTEAU, L. *La Parlure québécoise*, Boucherville, Proteau inc, 1982

RIN RINFRET, R. *Dictionnaire de nos fautes contre la langue française*. Montréal, Beauchemin, 1896

ROS ROBINSON, S. et SMITH, D. *Manuel pratique du français canadien*, Toronto, Macmillan of Canada, 1973

ROG ROGERS, D. *Dictionnaire de la langue rurale québécoise*, Montréal, VLB, 1977

ROU (auteur anonyme) *Livre rouge des canadianismes*, Montréal, s. d.

SIM SIMARD, G. «Le sexe dans le vocabulaire du Bas Saint-Laurent et de la Gaspésie, étude de procédés euphémiques et métaphoriques», dans A. Dugas et al. *Traité des langages secrets*, Éd. Pierre Castilloux, Université du Québec à Montréal, 1984

SEU SEUTIN, E. et CLAS, A. *Richesses et particularités de la langue écrite du Québec*, 8 fascicules, Département de linguistique et philologie, Université de Montréal, 1979-1982

TUR TURENNE, A. *Petit dictionnaire du «joual» au français*, Montréal, Éd. de l'Homme, 1962

WAT WATIER, M. *La Ronde des idées et des mots anciens et nouveaux*, Saint-Hyppolyte, Franqué, 1980

b) ouvrages sur le français d'ailleurs

BAU BAUCHE, H. *Le Langage populaire* – Grammaire, syntaxe et dictionnaire du français tel qu'on le parle dans le peuple de Paris avec tous les termes d'argot usuel, Paris, Payot, 1929

BER BERNET, C. et RÉZEAU, P. *Dictionnaire du français parlé – le monde des expressions familières*. Paris, Seuil, 1989

CAR CARADEC, F. *Dictionnaire du français argotique et populaire*, Paris, Larousse, 1977

CAI CARRIERE J.-C. et ÉTAIX, P. *Les Petits Mots inconvenants*, Paris Balland, 1981

CEL CELLARD, J. *Ça mange pas de pain!* – 400 expressions familières et voyoutes de France et du Québec, Paris, Hachette, 1982

CHI CHIFLET, J.-L. *Sky my husband! Ciel mon mari!* – Guide de l'anglais courant, Paris, Hermé, 1985

DET DE THOMASSON, Lieutenant-colonel *Naissances et vicissitudes de 300 mots et locutions*, Paris, Delagrave, 1935

DUN DUNETON, C. *La Puce à l'oreille* – Anthologie des expressions populaires avec leur origine, Paris, Stock, 1978

DUC DUNETON, C. et CLAVAL, S. *Le Bouquet des expressions imagées* - Encyclopédie des locutions figurées de la langue française, Paris, Seuil, 1990

ELE ÉLUERD, R. *Le Dico du coeur*, Paris, Belfond, 1989

ELU ÉLUERD, R. *Le Dico du cul*, Paris, Belfond, 1989

GAL GALISSON R. *Dictionnaire de compréhension et de production des expressions imagées.* Paris, Clé international, 1984

GDE *Grand Dictionnaire encyclopédique Larousse,* Paris, Larousse, 1982-1984

GRE GRÉVERAND, J.-L. et G. *Les Portugaises ensablées* – Dictionnaire de l'argot du corps, Paris-Gembloux, Duculot, 1987

GUI GUIRAUD, P. *Dictionnaire érotique*, Paris, Payot, 1978

JOU JOUET, J. *Les Mots du corps dans les expressions de la langue française.* Paris, Larousse, 1990

LAI LAIR, M. *Les Bras m'en tombent* – Anthologie des expressions populaires relatives au corps, Paris, Acropole, 1990

LAR LAIR, M. *À la fortune du pot* – Anthologie des expressions populaires d'origine culinaire, Paris, Acropole, 1989

LAS LAROUSSE, P. *Grammaire littéraire ou explications suivies d'exercices*, Paris, Auguste Boyer, s. d.

LEG LE GAL, É. *Ne dites pas... mais dites...*, Paris, Delagrave, 1946

LEA LE GAL, É. *Vous pouvez dire... mais dites mieux*, Paris, Delagrave, 1942

LIS LIS, M. et BARBIER, M. *Dictionnaire du gai parler*, Paris, Mengès, 1980

MAS MASSON, A. *Pour enrichir son vocabulaire*, 6e éd., Bruxelles, Baude, 1966

PER PERRET, P. *Le Petit Perret illustré par l'exemple*, Paris, France Loisirs, 1982

PON PONS, A.-A. *Promptuaire des locutions familières, figurées*

et proverbiales de la langue française soigneusement con-
trôlées d'après les dictionnaires généraux Littré, Larousse,
Hatzfeld- Darmesteter-Thomas, Paris, Librairie Fischbacher,
s. d.

PRA   PRADEZ, É. *Dictionnaire des gallicismes*, Paris, Payot, 1965

RAT   RAT, M. *Petit dictionnaire des locutions françaises* – Principales locutions et expressions usuelles, groupées
alphabétiquement, avec leur sens et leur origine, Paris,
Garnier Frères, 1958

RAM   RAT, M. *Dictionnaire des locutions françaises*, Paris,
Larousse, 1957

REY   REY A. et CHANTREAU, S. *Dictionnaire des expressions
et locutions figurées*, Paris, Les Usuels du Robert, 1979

ROB   ROBERT, P. *Dictionnaire alphabétique et analogique de la
langue française*, 9 vol., Paris, Robert, 1985

ROZ   ROZAN, C. *Petites ignorances de la conversation*, 16e éd.,
Paris, Librairie Guy Le Prat, s. d.

VAN   VANDENBERGHE, J.-P. *Poser un lapin – Een konijn
plaatsen* – Guide du néerlandais courant, Paris-Gembloux,
Duculot, 1987

LE DICTIONNAIRE PRATIQUE
DES EXPRESSIONS QUÉBÉCOISES

A

1
abandonner la partie : *faire défection, se retirer, se désintéresser d'une entreprise ou d'un jeu* §PRA

2
abandonner qqc de guerre lasse : *abandonner en renonçant à résister, à combattre* §ROB

3
abattre (s') l'eau : *s'éponger, s'essuyer le visage* §CLS

4
abattre de l'ouvrage : *travailler beaucoup et efficacement* §BER

5
abattre le brouillard : *s'enivrer* §ORA

6
abattre ses cartes : *dévoiler brusquement ses intentions* §USU

7
abîmer (s') d'eau : *s'emplir d'eau* §GLO

8
abîmer qqn de bêtises : *couvrir qqn d'invectives* §BEA

9
abonder dans le sens de qqn : *se ranger à l'avis de qqn* §PRA

10
aboucher (s') avec qqn : *se mettre en rapport avec qqn* §ROB

11
aboyer à la lune : *pour désigner des efforts tendant à une impossibilité* §PRA

12
abreuver une femme : *coucher avec une femme* §ORA ; *s'abonner à une femme; chausser, débarbouiller, déclencher, exercer, percer, piquer, planter, posséder, repasser, retourner, tacher une femme; passer une femme au batte*

13
abrier qqn : *défendre, excuser qqn* §DUL

14
abuser d'une femme : *violer une femme* §SEU

15
accommoder qqn : *rendre service à qqn* §DUL

16
accomplir mer et monde : *surmonter des difficultés énormes* §ORA

17
accorder (s') comme chien et chat : *se disputer sans cesse* §USU ; *être comme chien et chat*

18
accorder le bénéfice du doute à qqn : *croire qqn, faute de preuves* §ORA

19
accorder ses violons avec qqn : *s'arranger pour en venir à une même conclusion* §PRA ; *accorder ses flûtes avec qqn*

20
accoter (s') avec qqn : *se mettre en ménage avec qqn* §ORA

21
accoter (s') l'estomac : *bien manger*
§DIO

22
accoter qqn : *se mesurer à qqn* §ORA

23
accoucher d'une souris : *obtenir un faible résultat comparativement aux efforts faits* §ORA

24
accrocher (s') aux branches : *tout essayer pour se sortir d'embarras* §ORA

25
accrocher ses patins : *arrêter de travailler, prendre sa retraite, démissionner* §DEX

26
accueillir qqn à bras ouverts : *accueillir qqn avec une grande cordialité* §USU ; *recevoir qqn à bras ouverts*

27
accuser le choc : *accepter une situation difficile* §ORA

28
accuser réception de qqc : *aviser un correspondant que l'on a reçu sa lettre ou un envoi quelconque* §PRA

29
acheter d'un enfant : *accoucher* §ORA ; *acheter*

30
acheter qqc à prix d'or : *acheter en payant très cher* §USU

31
acheter qqc de rencontre : *expression applicable à l'achat d'un objet qui n'est pas neuf* §PRA ; *acheter qqc d'occasion, de seconde main*

32
acheter qqc pour un régiment : *acheter qqc en grande quantité* §ORA

33
acheter un citron : *acheter une voiture mal conçue, déglinguée, avec des défauts cachés* §DEX

34
acheter une conduite : *mettre fin à une vie dissipée, à une existence moralement et financièrement répréhensible* §CEL

35
activer ses bretelles : *faire qqc plus rapidement* §ORA

36
adjuger (s') la part du lion : *prendre la plus forte part, tout pour soi* §PON

37
adonner (s') avec qqn : *bien s'entendre avec qqn* §ORA

38
adorer le veau d'or : *avoir le culte de la richesse* §PON

39
affiler (s') le bec : *se préparer à parler longuement, souvent en mal, de qqn* §ORA

40
affronter (s') à qqn : *se mesurer à qqn* §ORA

41
affronter le diable : *être très courageux* §ORA

42
affronter les feux de la rampe : *se présenter en public* §ORA

43
aggraver son cas : *être dans une situation embarrassante et l'aggraver inconsciemment par son comportement* §ORA

44
agir en pure perte : *dépenser inutilement son énergie* §PON

45
agir par en dessous : *agir en hypocrite* §ORA

46
agiter les pieds dans le compotier : *gaffer* §ORA

47
agonir qqn d'injures : *injurier, insulter qqn* §ROB

48
agousser les filles : *chercher à séduire les filles* §DEX

49
aimer la boisson : *avoir des tendances à l'alcoolisme* §ORA

50
aimer les bons morceaux : *aimer les belles femmes* §ORA

51
aimer qqn ou qqc comme la colique de son ventre : *aimer bien peu qqc ou qqn* §DIO

52
aimer qqn ou qqc comme ses petits boyaux : *aimer beaucoup qqn ou qqc* §USU

53
ajouter foi à qqc : *croire qqc* §USU ; accorder foi à qqc

54
aligner ses batteries : *s'ajuster par rapport aux autres* §ORA *se dit pour inciter qqn à fixer son choix* §ORA ; enligner ses batteries; aligner, enligner ses flûtes

55
aller (n') que d'une jambe : *aller mal* §ROB

56
aller (ne pas y) à petits frais : *ne pas compter les efforts, les frais* §DEX

57
aller (ne pas y) avec le dos de la cuillère : *faire les choses sans restriction, carrément* §USU

58
aller (ne pas y) de main morte : *frapper rudement, attaquer avec violence* §ROB *exagérer* §ROB

59
aller (ne pas y) par quatre chemins : *aller droit au but, agir sans détour* §USU

60
aller (ne pas) à la ceinture de qqn : *ne pas avoir, à beaucoup près, autant de capacité, de talent que qqn* §RAT

61
aller (ne pas) chier loin : *se dit de qqc de peu de valeur* §DEX *être vite à bout de ses ressources* §ORA

62
aller (s'en) à la besace : *se dit de qqc qui tombe en ruine* §DUL

63
aller (s'en) à vau-l'eau : *s'en aller à la dérive* §PON

64
aller (s'en) bras dessus bras dessous : *se dit de la démarche sans hâte d'un couple uni* §ORA

65
aller (s'en) en eau de boudin : *mal tourner, échouer progressivement* §USU ; s'en aller, tourner en eau de vaisselle

66
aller (s'en) en fumée : *expression applicable à de beaux projets qui ne se réalisent pas* §PRA

67
aller (s'en) en loques : *tomber dans la grande misère* §PON

68
aller (s'en) la queue sur la fesse : *aller bon train, droit, et sans problème* §BEA *se sauver de peur* §ORA ; s'en aller la queue entre les jambes, la queue sur le dos

69
aller (s'en) les pieds devant : *être mort* §USU ; sortir, partir les pieds devant

70
aller (s'en) rien que sur une patte : *partir tout content* §ORA

71
aller (s'en) sur le bonhomme : *dépérir* §DEX *déguerpir* §DEX

72
aller (y) de tout cœur : *s'associer à un travail, à une entreprise, à un plaisir avec gaieté* §PRA

73
aller (y) fort : *exagérer* §ORA

74
aller (y) sur un temps riche : *aller vite* §ORA ; y aller sur un temps rare; y aller aux toasts, aux bines

75
aller (y) tout fin drette : *y aller directement, sans détour* §DEX

76
aller à balconville : *passer ses vacances sur son balcon* §ORA

77
aller à belle erre : *aller bon train* §ORA ; aller à grande erre

78
aller à confesse : *marmonner* §DEX

79
aller à hue et à dia : *errer, être imprévisible* §DEX *se dit d'une personne inconstante, à laquelle on ne peut faire confiance* §DEX

80
aller à l'aventure : *expression désignant une marche qui n'a pas de but, ou une démarche faite au hasard* §PRA

81
aller à l'étourdie : *aller sans réfléchir*
§PON

82
aller à la broue : *aller prendre un coup, boire, aller à la taverne* §DEX ; prendre une broue

83
aller à la chasse pas de fusil : *se faire prendre au dépourvu* §DEX

84
aller à la chenaille : *aller à l'aventure* §DEX

85
aller à la cuisse rouge : *coucher avec une Amérindienne* §ORA

86
aller à la dérive : *en se laissant aller, sans pouvoir réagir, sans être dirigé* §USU

87
aller à la fine course : *aller à toute vitesse* §DEX

88
aller à la peau : *aller satisfaire ses désirs sexuels avec une femme* §BER

89
aller à la pêche : *sonder les opinions* §ORA *chercher une ressource humaine* §ORA

90
aller à la pique : *mendier en usant d'artifices* §DUN

91
aller à la queue leu leu : *aller l'un derrière l'autre* §ROB ; marcher à la queue leu leu; aller, marcher en file indienne

92
aller à la reposée : *aller en se reposant de temps en temps* §PON

93
aller à la valdrague : *être à l'abandon, en désordre* §DUL

94
aller à plume : *aller fêter en ville, aller boire, danser et se trouver une ou des filles* §BEA

95
aller à qqn comme un gant : *très bien convenir à qqn* §USU ; aller à qqn comme une mitaine

96
aller à qqn comme un tablier à une vache : *ne pas convenir à qqn* §ORA

97
aller à sa perte : *aller vers un échec, une catastrophe matérielle ou morale* §USU ; marcher, courir à sa perte

98
aller à tâtons : *avancer dans l'obscurité en cherchant la route avec ses mains* §PRA *aller au hasard, sans méthode* §ROB

99
aller au balai : *ficher la paix à qqn, déguerpir* §DEX

100
aller au casse-pipes : *aller à la guerre* §ROB

101
aller au catéchisme : *aller au cours de catéchisme* §ROB ; marcher au catéchisme

102
aller au corps : *aller au salon funéraire* §ORA ; veiller au corps

103
aller au pas de la grise : *aller lentement et placidement* §BEA ; aller au pas, au train de la blanche

104
aller au petit coin : *aller à la toilette* §ORA ; aller au petit; aller au jardin, aller téléphoner; aller voir sa tante; aller faire ses besoins, ses commodités

105
aller au plus pressé : *s'occuper en premier lieu de ce qui ne peut pas attendre* §PRA ; aller au plus coupant; faire qqc au plus coupant

106
aller au-devant du danger : *s'exposer témérairement* §ROB

107
aller aux cerises : *se caresser l'un l'autre dans un endroit retiré* §ORA ; aller à la montagne, au bois, aux asperges, aux champignons, aux épinards, aux fraises, aux gadelles; faire des niches; aller se serrer

108
aller aux femmes : *se mettre en quête de femmes, d'aventures galantes* §DEX

109
aller aux glaces : *aller à la chasse aux phoques* §DUL

110
aller aux grainages : *aller à la*

cueillette des fruits sauvages §DUL

111
aller aux malades : *se dit d'une sage-femme qui va aider à un accouchement* §DEX

112
aller aux petites vues : *aller au cinéma* §ORA

113
aller aux portes : *récolter des cancans* §ORA

114
aller aux sucres : *aller fêter dans une érablière* §ORA

115
aller bon train : *aller, évoluer vite, en parlant d'une situation* §USU

116
aller bride en main : *agir très prudemment* §PON

117
aller cahin-caha : *aller d'une manière inégale, tant bien que mal* §RAT

118
aller changer son poisson d'eau : *aller uriner* §ORA ; aller changer d'eau, lâcher de l'eau; aller à l'eau; aller changer l'eau des patates; aller se salir ; faire pisser pine

119
aller chercher du feu chez le voisin : *se dit de qqn qui va flâner chez le voisin et qui voudrait expliquer ses absences par une raison acceptable* §CLS

120
aller comme à des noces : *se dérouler parfaitement, sans anicroches* §DEX

121
aller comme les chars : *aller rondement, ponctuellement* §DEX

122
aller comme sur des roulettes : *s'applique à une action qui s'accomplit ou se développe sans effort* §PRA ; marcher comme sur des roulettes

123
aller comme une bénédiction : *aller à la perfection* §DEX

124
aller contre le courant : *poursuivre une entreprise à laquelle les circonstances sont contraires* §ORA ; aller en remontant le courant

125
aller d'aguette : *aller, marcher en tapinois* §CLS ; marcher d'aguette

126
aller dans le bain avec ses skis : *signifie que ce n'est ni le temps ni le lieu pour faire ou dire la chose en question* §DEX *être maladroit* §ORA

127
aller dans le bois sans hache : *entreprendre qqc sans les outils nécessaires* §ORA

128
aller dans les hauts : *aller en direction du sud* §DEX

129
aller de l'autre côté : *mourir* §DEX ; passer de l'autre côté; attraper la peau courte; avaler sa chique, son bulletin de naissance; faire le grand voyage; péter au fret; virer la crêpe; manquer d'huile; lâcher la rampe

130
aller de l'avant : *expression applicable à l'audace déployée dans la poursuite d'un but* §PRA

131
aller de mal en pis : *expression servant à constater l'aggravation d'une maladie ou d'une situation financière* §PRA

132
aller de pair avec qqc : *aller avec, être bien assorti avec qqc* §USU

133
aller droit au but : *expression impliquant une entière franchise dans l'action ou la parole* §PRA

134
aller droit son chemin : *poursuivre ses entreprises régulièrement, sans se laisser distraire* §USU

135
aller du blanc au noir : *passer d'un extrême à l'autre* §PRA ; passer du blanc au noir

136
aller en dessous : *voir ses affaires décliner, aller à la ruine* §GLO

137
aller en dur : *déféquer* §DEX ; aller au gros, en gros; aller sur le trône, être sur

le trône; aller couler un bronze; faire son devoir de chrétien, faire son tas

138
aller en petits bas : *marcher en chaussettes* §ORA ; marcher nu-bas

139
aller flic à flac : *aller comme ci comme ça* §DEX

140
aller le corps lâche : *souffrir de diarrhée* §DEX ; aller du corps; mener la calèche, la petite voiture; avoir la calèche, la cliche, la petite voiture, le flux, le va-vite; avoir les maux qui courent; avoir le ventre slack

141
aller le nez au vent : *aller sans but précis* §ORA

142
aller mal à la shop : *expression signifiant que les choses ne vont pas pour le mieux* §ORA

143
aller par en haut et par en bas : *avoir des vomissements, avoir la diarrhée* §BEA ; charrier, voyager par en haut et par en bas; avoir l'estomac comme un ascenseur

144
aller plus vite que le violon : *aller trop vite en affaires, manquer de mesure ou de modération* §BEA ; aller plus vite que la musique

145
aller quelque part comme aux noces : *aller d'emblée quelque part* §DEX

146
aller se canter : *aller se coucher* §DEX

147
aller seiner chez qqn : *aller chez qqn pour l'épier* §ORA ; aller sentir, écornifler chez qqn

148
aller sniper qqc : *aller chercher qqc en vitesse* §DEX

149
aller son petit bonhomme de chemin : *signifie que les affaires dont il s'agit marchent sans accélération ni ralentissement* §PRA ; faire son petit bonhomme de chemin

150
aller sur le couteau : *perdre la vie* §DEX

151
aller sur les brisées de qqn : *entrer en rivalité avec qqn, se poser en concurrent* §PRA ; courir, marcher sur les brisées de qqn; suivre les brisées de qqn

152
aller sur les erres de qqn : *se modeler sur qqn* §PON ; suivre les erres de qqn

153
aller tout seul : *se dit de qqc qui se fait sans peine, qui ne présente aucune difficulté* §ORA ; marcher tout seul

154
aller vite en besogne : *être expéditif* §PON

155
allonger la courroie à qqn : *donner plus de latitude à qqn* §PON ; donner du lousse à qqn; lâcher les guides à qqn

156
allonger la sauce : *alourdir un texte, un récit, de détails inutiles* §USU

157
allonger le compas : *marcher plus vite* §ORA

158
allonger le nez : *se mêler de ce qui ne nous regarde pas* §ORA ; allonger les oreilles

159
allumer ses lumières : *s'ouvrir les yeux, se réveiller* §BEA *devenir attentif* §BEA ; ouvrir ses lumières

160
amancher une claque à qqn : *donner, allonger une gifle à qqn* §BEA ; sacrer une claque à qqn

161
ambitionner sur le pain bénit : *ambitionner, abuser de la bonté, de la sollicitude de qqn* §DEX

162
amener de l'eau au moulin de qqn : *donner involontairement des arguments à qqn dans un débat* §USU

163
amener qqn de l'avant : *présenter, mettre sur les rangs, poser la candidature de qqn* §CLS ; mettre qqn de l'avant

164
amener son pavillon : *se rendre* §PON

165
amuser (s') à rien : *s'occuper de choses insignifiantes, piétiner dans l'accomplissement de qqc* §BEA

166
amuser la galerie : *montrer son adresse et sa décontraction, faire rire les autres* §ORA ; *épater la galerie; amuser le parterre, le tapis*

167
amuser le temps : *faire passer le temps* §CLS

168
ancrer (s') qqc dans la tête : *s'assurer, se convaincre de qqc* §DEX

169
annoncer la couleur ; *dire ce que l'on a à dire* §ROB

170
annoncer la misère : *avoir l'air maladif* §DEX

171
apiquer (s') les yeux : *fixer qqn, qqc* §ORA ; *aiguiser, darder son regard, sa vue*

172
appeler (en) à qqn : *recourir à un arbitre ou à une autorité supérieure* §PRA

173
appeler un chat un chat : *dire les choses sans détours* §ORA

174
apprendre (en) des belles : *entendre des commérages étonnants* §ORA ; *en apprendre de bien belles*

175
apprendre à qui parler : *apprendre la politesse, donner la leçon à qqn* §DEX

176
apprendre à vivre à qqn : *blâmer énergiquement qqn* §PRA ; *montrer à vivre à qqn*

177
apprendre qqc à ses dépens : *apprendre qqc par une expérience cuisante* §ROB

178
apprendre qqc sur le bout des doigts : *mémoriser qqc* §ORA ; *apprendre qqc par cœur*

179
apprivoiser une femme : *chercher à séduire une femme* §ORA

180
approcher qqn : *prendre contact avec une personne difficile à atteindre* §ORA

181
appuyer (s') sur une planche pourrie : *se fier à une personne ou une chose sur laquelle on ne peut pas compter* §ORA

182
appuyer sur la chanterelle : *insister sur un point essentiel* §PON

183
armer qqn contre un autre : *inciter qqn à attaquer l'autre* §ROB

184
arracher (en) : *éprouver des difficultés* §BEA

185
arracher (s') la face : *se démener, se remuer* §DEX

186
arracher (s') les cheveux : *expression indiquant un profond désespoir ou une vive contrariété* §PRA

187
arracher la face à qqn : *donner une raclée à qqn* §ORA ; *casser la figure, la gueule à qqn; arranger, défoncer, démolir, maganer, organiser le portrait à qqn*

188
arracher le crin de qqn : *faire souffrir qqn, le mettre hors de lui* §DEX

189
arracher une plume de l'aile à qqn : *priver qqn de ce qu'il a de précieux* §USU ; *tirer, ôter une plume de l'aile à qqn*

190
arranger qqc à la mode : *arranger qqc à la pleine satisfaction de qqn, bien arranger qqc* §DEX

191
arranger qqn : *rouler, manipuler, neutraliser qqn* §BEA

192
arranger qqn en petite culotte : *duper, tromper qqn* §DEX

193
arrêter (ne pas s') en si beau

chemin : *usité ironiquement pour engager qqn à poursuivre l'œuvre commencée* §PRA
194

arrêter (s') net fret sec : *s'arrêter soudainement, brusquement* §ORA
195

arrimer (s') avec qqn : *vivre avec qqn* §ORA
196

arrimer ses affaires : *se fixer* §ORA
197

arriver (ne pas) à la cheville de qqn : *être très inférieur à qqn* §USU
198

arriver à bon port : *arriver en lieu sûr, dans l'endroit ou dans la situation que l'on désire atteindre, obtenir* §USU ; *aborder, toucher à bon port*
199

arriver à qqc : *réussir dans la vie* §PRA
200

arriver à ses fins : *réaliser une chose à laquelle on tend avec énergie* §ORA
201

arriver au bout du bout : *être dégoûté d'une situation* §ORA
202

arriver avec un paquet : *être enceinte* §ORA
203

arriver avec une claque puis une bottine : *arriver dans le dénuement* §DEX
204

arriver comme mars en carême : *signale l'invariable retour d'un phénomène à époque fixe* §PRA ; *arriver comme marée en carême*
205

arriver comme tambourin à noces : *surgir à propos, au moment propice* §DEX
206

arriver comme un cheveu sur la soupe : *arriver inopinément, mal à propos* §ORA
207

arriver comme un chien dans un jeu de quilles : *se produire très mal à propos* §USU ; *arriver comme une boule dans un jeu de quilles*
208

arriver comme une bombe : *arriver brusquement, sans qu'on s'y attende* §USU ; *tomber comme une bombe*
209

arriver comme une fleur : *arriver ingénument* §ORA
210

arriver dans le trou : *faire un déficit commercial* §BEA
211

arriver dans les meilleures familles : *se dit de qqc de courant, d'usuel, pour excuser une erreur, un état de fait* §DEX
212

arriver dans un fauteuil : *arriver facilement, sans faire d'effort particulier* §CEL
213

arriver en bouledogue : *arriver bruyamment, avec des manières brusques* §ORA
214

arriver en dessous : *être perdant dans une affaire, être déficitaire* §DUL
215

arriver en Survenant : *surgir à l'improviste* §DEX
216

arriver en ville : *se dit pour inciter qqn à se déniaiser, à se dégourdir, à être de son temps* §ORA ; *checker, ôter ses claques pis arriver en ville*
217

arrondir les coins : *composer avec le mauvais caractère de qqn* §ORA ; *arrondir les angles*
218

arroser qqn : *verser un pot-de-vin à qqn* §ORA
219

asseoir (s') dessus : *s'arrêter* §DEX *se passer de qqc* §ORA
220

asseoir (s') en petit bonhomme : *s'accroupir* §ORA ; *s'asseoir en canard, à brayette*
221

asseoir (s') en sauvage : *s'asseoir avec les jambes croisées et repliées devant soi* §ORA ; *s'asseoir à la sauvage*
222

asseoir (s') sur un nid de guêpes : *subir des ennuis qu'on s'est attiré par sa propre étourderie* §DEX

223
asseoir qqn : *remettre qqn à sa place (moralement)* §BEA

224
astiquer le poêle : *remuer les braises* §ORA ; *achaler le feu, le poêle*

225
attacher (s') aux pas de qqn : *suivre une personne partout où elle va* §PRA

226
attacher le grelot : *se charger d'une tentative périlleuse* §PON

227
atteler (s') à l'ouvrage : *commencer à travailler* §ORA

228
atteler (s') de bonne heure : *se lever tôt pour travailler* §ORA *se mettre résolument au travail, y mettre tous ses efforts* §BEA

229
atteler qqn : *assujettir qqn, le maîtriser* §CLS

230
attendre (ne pas) midi à quatorze heures : *ne pas attendre longtemps* §DEX

231
attendre (ne pas) son reste : *s'en aller précipitamment afin d'éviter pire que ce qu'on a déjà reçu* §PRA

232
attendre cent sept ans : *attendre longtemps, trop longtemps, jusqu'à lasser la patience de celui qui attend en vain* §CEL

233
attendre d'être dans le trou du bedeau pour faire qqc : *s'abstenir jusqu'à ce qu'il soit trop tard* §DEX

234
attendre le messie : *se dit d'une femme qui attend d'accoucher* §DEX *attendre qqc qui ne peut se produire* §ORA

235
attendre les appoints de qqn : *attendre la décision, le bon vouloir de qqn* §CLS

236
attendre les sauvages : *attendre la naissance d'un enfant* §BEA ; *guetter les sauvages; attendre du nouveau*

237
attendre qqn au tournant : *réserver un mauvais traitement à qqn* §ORA

238
attendre qqn avec une brique et un fanal : *attendre qqn avec des intentions hostiles* §SEU

239
attendre qqn de pied ferme : *attendre qqn avec détermination, en vue de l'affronter* §ORA

240
attendre sa chance : *espérer prendre une revanche* §ORA

241
attendre une escousse : *passer beaucoup de temps à attendre qqn, qqc* §ORA

242
attendre une lune : *attendre longtemps* §DEX ; *attendre une mèche, une pipe*

243
attirer (s') des bosses : *s'attirer des ennuis* §ORA ; *s'attirer des histoires*

244
attraper l'air : *perdre la face, rester décontenancé* §BEA ; *perdre de l'air*

245
attraper la gratte : *recevoir une fessée* §ORA

246
attraper sa niaise : *déchanter, perdre contenance* §DEX

247
attraper son coup de mort : *se rendre malade par exposition au froid le plus souvent* §BEA

248
attraper une dégelée : *recevoir une semonce, se faire dire son fait, ou subir une pluie d'injures et d'insultes* §BEA ; *attraper une sauce; se faire lever la rigouèche*

249
attribuer (s') la part du lion : *s'attribuer la plus grosse part* §USU

250
avaler des couleuvres : *subir des affronts* §ORA *être trompé* §ORA

251
avaler la pilule : *supporter un désagrément, une insulte, un mauvais traitement sans protester* §USU

252
avaler le bouchon : *vivre au-dessus de ses moyens* §DEX

253
avaler qqc comme du lait : *être crédule* §ORA

254
avaler sa langue : *ne pas pouvoir parler* §ORA

255
avaler un affront : *être ridiculisé* §ORA

256
avancer à pas de loup : *avancer en marchant avec précaution, en tapinois* §USU ; marcher à pas de loup

257
avancer à pas de tortue : *avancer très lentement* §USU ; aller, avancer pioume-pioume

258
avantager (s') de qqc : *se donner du mérite, du crédit* §ORA

259
avoir (en) assez de qqn ou qqc : *être excédé par qqn ou qqc* §ORA

260
avoir (en) contre qqn : *avoir du ressentiment envers qqn* §ORA

261
avoir (en) dans la caboche : *être intelligent, érudit* §DEX

262
avoir (en) dans la canisse : *déborder d'énergie, de ressources, d'espièglerie* §DEX

263
avoir (en) dans le caquet : *être saoul* §ORA ; en avoir plein le sac; être pris de boisson

264
avoir (en) dans le casque : *être très intelligent* §ROU *être ivre* §DEX *se dit d'un enfant espiègle, agité* §DEX

265
avoir (en) de reste : *avoir l'effronterie, l'audace* §CLS

266
avoir (en) des frissons dans le dos : *avoir une grande peur* §ORA

267
avoir (en) gros sur la rate : *avoir un grand ressentiment* §DEX ; en avoir sur la rate

268
avoir (en) gros sur le cœur : *avoir de nombreux motifs de récrimination* §DEX ; en avoir gros sur la patate

269
avoir (en) long de décousu : *avoir peu de scrupules* §DEX *porter une robe échancrée* §DEX *être grand* §DEX

270
avoir (en) plein l'échine : *être criblé de dettes* §DEX

271
avoir (en) plein le capot : *en avoir assez, être excédé* §DEX ; en avoir par-dessus la tête, par-dessus les épaules, par-dessus les oreilles, par-dessus les yeux; en avoir ras-le-bol; en avoir sa claque; en avoir soupé

272
avoir (en) plein le casque : *en avoir assez, être excédé* §ORA ; en avoir plein la boîte à poux, plein le capot, plein le casque, plein le collet, plein le cul, plein le sac, plein les bottes

273
avoir (en) plein les jambes : *avoir trop marché, être fatigué* §ROB

274
avoir (en) pour sa grosse dent : *en avoir assez pour combler son appétit* §DEX

275
avoir (en) pour son argent : *recevoir en proportion de ce qu'on a donné* §ROB

276
avoir (en) son raide de qqc : *en avoir assez, être exténué* §DEX

277
avoir (en) tout son saoul : *en avoir à satiété, autant qu'on veut* §USU

278
avoir (en) une coche : *en avoir beaucoup* §DEX

279
avoir (en) une couche : *être complètement idiot* §USU

280
avoir (en) vu d'autres : *être accoutumé à des choses pires que celles dont il s'agit* §PRA

281
avoir (l') échappé belle : *s'être dérobé à un grand danger couru* §PRA

282
avoir (l') l'affaire : *s'y connaître dans qqc* §ORA *avoir des atouts* §ORA

283
avoir (n') cure de qqn ou qqc : *ne se soucier en aucune façon de qqn ou qqc* §PRA

284
avoir (n') d'yeux que pour qqn ou qqc : *concentrer toute son attention sur qqn ou qqc* §PRA

285
avoir (n') ni feu ni lieu : *n'avoir ni foyer, ni domicile* §PON

286
avoir (n') ni foi ni loi : *n'avoir ni religion, ni loi morale* §PON

287
avoir (n') ni son ni ton : *être absurde* §ORA ; n'avoir ni rime ni bon sens, ni rime ni raison

288
avoir (n') ni sou ni maille : *qualifie le manque de ressources pécuniaires* §PRA ; n'avoir que la cape et l'épée

289
avoir (n') ni vent ni nouvelles : *n'avoir aucune nouvelle* §ORA

290
avoir (n') plus de jambes : *ne plus avoir la force de marcher* §ROB

291
avoir (n') plus que le watap et l'erre d'aller : *être très maigre, très faible* §DUL ; n'avoir plus que le tic-tac et l'aire d'aller; n'avoir que les poteaux et la musique

292
avoir (n') que faire de qqn ou qqc : *trouver que qqn ou qqc est encombrant, inutile* §ORA

293
avoir (n') que la peau et les os : *être très maigre* §ORA

294
avoir (n') rien à se mettre sous la dent : *n'avoir rien à manger* §ORA

295
avoir (n') rien à son épreuve : *pouvoir entreprendre n'importe quoi, ou résister à n'importe quoi* §BEA

296
avoir (n') rien dans les mains rien dans les poches : *n'avoir rien à cacher* §ORA

297
avoir (ne pas en) à perdre : *avoir l'esprit, l'intelligence fragile* §DEX ; ne pas en avoir de reste

298
avoir (ne pas en) épais sur la côte : *être d'une grande maigreur* §DIO ; ne pas en avoir épais sur le brochet

299
avoir (ne pas l') volé : *subir un désagrément bien mérité* §PRA

300
avoir (ne pas y) de quêteux de riche : *signifie que les gens fortunés n'ont guère de soucis* §DEX *marque l'inéluctabilité des choses* §BEA

301
avoir (ne pas y) de quoi éternuer : *ne pas y avoir de quoi s'en faire, se tracasser* §DEX

302
avoir (ne pas y) de soin : *signifie qu'il n'y a pas lieu de s'inquiéter du sort de qqn ou qqc* §ORA

303
avoir (ne pas y) le feu : *signifie que la situation n'est pas urgente* §ORA

304
avoir (ne pas y) moyen de moyenner : *être dans l'impossibilité d'arriver à un compromis* §ORA

305
avoir (ne pas y) un chat : *n'y avoir absolument personne* §USU

306
avoir (ne pas) d'arrime : *ne pas avoir de bon sens* §ORA

307
avoir (ne pas) d'avance : *être pressé* §ORA

308
avoir (ne pas) de bout : *être infatigable* §GLO

309
avoir (ne pas) de centaine : *ne pas comprendre, ne pas avoir de jugement* §DEX ; ne pas avoir de brain

310
avoir (ne pas) de plomb dans la tête : *agir de manière déraisonnable, être stupide* §DEX

311
avoir (ne pas) de quoi vivre : *être dans l'impossibilité de faire face aux dépenses journalières* §PRA

312
avoir (ne pas) de retiens-ben : *souffrir d'incontinence, avoir les sphincters relâchés* §ORA

313
avoir (ne pas) de rime : *se dit de qqn qui n'a pas de manières* §BEA *être idiot* §DEX

314
avoir (ne pas) de tête : *être irréfléchi* §ORA

315
avoir (ne pas) des jambes de poil : *ne pas être peureux, couard* §DEX

316
avoir (ne pas) été nourri les jours gras : *être rachitique, maigre* §DEX

317
avoir (ne pas) froid aux yeux : *ne rien craindre, être brave en face du danger* §PRA

318
avoir (ne pas) grand commotion : *avoir peu d'énergie, de force* §DEX

319
avoir (ne pas) inventé l'eau chaude : *être peu éveillé* §ORA ; *ne pas avoir inventé la poudre, la poudre à canon, le fil à couper le beurre; ne pas être la tête à Papineau, la tête à Galilée; ne pas être une lumière, une cent watts; ne pas avoir inventé les boutons à quatre trous; ne pas avoir posé les pattes aux mouches, les springs aux sauterelles; ne pas être fort sur le Coran*

320
avoir (ne pas) l'air d'y toucher : *aborder avec tact un sujet délicat* §PRA

321
avoir (ne pas) l'heur de qqc : *ne pas avoir la chance de, la bonne fortune de, etc.* §BEA

322
avoir (ne pas) la langue dans sa poche : *ne pas craindre de dire ce qu'on pense, avoir la répartie vive ou facile* §BEA

323
avoir (ne pas) la tête à qqc : *ne pas être dans les dispositions pour faire une chose* §ORA

324
avoir (ne pas) le cœur à l'ouvrage : *ne pas avoir envie de travailler* §ORA

325
avoir (ne pas) le nombril sec : *être trop jeune pour faire telle ou telle chose* §BEA ; *ne pas avoir le nombril mûr; avoir le nombril humide, trempe, vert*

326
avoir (ne pas) le pied marin : *tituber en état d'ivresse* §DEX *ne pas pouvoir porter l'alcool* §DEX

327
avoir (ne pas) le sens du ridicule : *être inconscient de ses gaffes* §ORA

328
avoir (ne pas) les yeux dans sa poche : *avoir le regard pénétrant* §PON

329
avoir (ne pas) les yeux en face des trous : *s'endormir* §ORA *souffrir de strabisme* §ORA

330
avoir (ne pas) pour un sou de bon sens : *être déraisonnable* §ORA ; *ne pas avoir une cenne de bon sens*

331
avoir (ne pas) son idée : *perdre l'esprit* §GLO *avoir l'esprit faible, avoir le délire* §GLO

332
avoir (ne pas) son pareil : *implique qu'une personne ou une chose ne saurait être égalée* §PRA

333
avoir (ne pas) tout son génie : *être un peu timbré* §DEX ; *ne pas être tout là; ne pas avoir toute sa tête; ne pas être tout à soi*

334
avoir (ne pas) un grain de sel dans la caboche : *manquer d'esprit* §ORA

335
avoir (ne pas) un poil de sec : *transpirer abondamment (de chaleur, de peur)* §ROB

336
avoir (ne pas) une cenne noire : *être sans le sou, être désargenté* §ORA ; *ne pas avoir un kopeck, une tôle, une tomate;*

ne pas avoir une cenne qui nous adore, une cenne pour s'acheter la presse; avoir le cul, le derrière sur la paille; être sur la paille

337
avoir (y en) bien manque de qqc : *avoir beaucoup de qqc, à satiété* §DEX

338
avoir (y en) pour les fins puis pour les fous : *y en avoir à profusion, pour tous les goûts* §DEX

339
avoir (y) de la fesse : *y avoir des femmes* §ORA

340
avoir (y) de la marde dans l'air : *être incroyable, inattendu* §DEX

341
avoir (y) du sort dans qqc : *y avoir de la sorcellerie, une réalité inexplicable dans qqc* §DEX

342
avoir (y) rien là : *indique qu'une chose ne nous impressionne guère ou qu'elle nous semble naturelle* §ORA

343
avoir (y) une blanche : *se dit d'un endroit déserté par les gens* §ORA

344
avoir (y) une crosse : *y avoir un attrape-nigaud, un piège* §DEX

345
avoir à cœur de faire qqc : *tenir beaucoup à qqc, se faire un devoir de l'accomplir* §PRA

346
avoir accoutumance de qqc : *avoir ou prendre l'habitude de qqc* §SEU ; avoir accoutumé de qqc; prendre l'accoutumance de qqc

347
avoir affaire à forte partie : *sert à signaler la puissance d'un adversaire* §PRA

348
avoir affaire à qqn : *implique une entrée en relations, soit amicales, soit hostiles* §PRA

349
avoir appris à conduire par correspondance : *être un mauvais conducteur* §ORA

350
avoir assez faim pour manger un chien avec le poil : *avoir grand faim* §ORA

351
avoir autant d'acquêt de faire qqc : *faire aussi bien de, avoir autant d'avantage à faire qqc* §DEX

352
avoir avalé sa gaffe : *être mort* §USU

353
avoir beau : *faire qqc inutilement, sans obtenir de résultat* §USU *pouvoir faire ce qu'on veut* §USU

354
avoir beau jeu de qqc : *être en bonne situation, avoir les meilleurs atouts pour réussir* §USU

355
avoir bec et ongles : *savoir se défendre énergiquement* §PRA

356
avoir besoin : *mieux valoir pour qqn* §ORA

357
avoir besoin de faire : *se dit d'une situation qu'on ne peut contourner* §ORA *se dit d'un objet qui doit satisfaire coûte que coûte à une norme, une mesure* §ORA

358
avoir bon bec : *être bavard, volontiers médisant* §ROB

359
avoir bon marché de qqc : *triompher facilement de la résistance, des scrupules ou objections de qqn* §PRA

360
avoir bon nez : *expression applicable à un pressentiment qui a bien guidé qqn* §PRA

361
avoir bon pied bon œil : *avoir une allure vive et alerte* §USU

362
avoir bonne conscience : *état de celui qui estime (souvent à tort) n'avoir rien à se reprocher* §ROB

363
avoir bonne main : *savoir s'y prendre* §GLO ; avoir la main heureuse

364
avoir bonne mine : *avoir l'air d'être en bonne santé* §USU

365
avoir bonne presse : *être bien jugé, d'abord par les journaux, puis, par extension, par l'opinion en général* §USU

366
avoir carte blanche : *avoir entière liberté d'action* §PRA

367
avoir chaud : *avoir honte* §GLO *échapper de peu à un danger et en être conscient* §ORA

368
avoir chaud au casque : *avoir peur, être dans une mauvaise situation* §ORA

369
avoir chié la colonne : *se tenir exagérément droit, raide, digne* §CEL

370
avoir d'autres chats à fouetter : *avoir en perspective des besognes plus urgentes que celles dont il est question* §PRA

371
avoir de ça : *avoir de l'argent, être riche* §GLO

372
avoir de grandes baguettes : *avoir les jambes élancées* §DEX ; *avoir de grands chicots, de grands jarrets, de grands gigots, de grandes cannelles, de grandes gigues, de grandes pattes sèches, de grandes pattes d'alouette, de grandes pattes de quêteux, de grandes pattes de sauterelle, de grandes perches, de grandes quenouilles; être haut sur pattes; être monté sur pattes; avoir les jambes comme des manches de parapluie*

373
avoir de l'abattage : *avoir du brio, de l'entrain* §ROB ; *tenir son public en haleine*

374
avoir de l'adon avec qqn : *s'entendre avec qqn* §ORA

375
avoir de l'allure : *se dit d'une personne, d'une chose ou d'une situation, comme jugement favorable sur son bon sens, sa convenance ou son opportunité* §BEA

376
avoir de l'aplomb : *avoir l'assurance d'une personne que rien ne déconcerte* §ROB *avoir une audace effrontée* §ROB

377
avoir de l'arse : *avoir de la place, de l'espace, du temps* §CLS

378
avoir de l'ascendant sur qqn : *exercer sur lui une influence déterminante* §RAT ; *prendre de l'ascendant sur qqn*

379
avoir de l'atout : *avoir des ressources, être débrouillard* §DEX

380
avoir de l'avance sur qqn : *indique que la personne dont on parle a devancé celle que l'on va nommer* §PRA ; *prendre de l'avance sur qqn*

381
avoir de l'eau dans la cave : *se dit de qqn qui porte des pantalons trop courts* §BEA ; *avoir les culottes à marée haute*

382
avoir de l'eau dans la tête : *être un simple d'esprit* §ORA

383
avoir de l'esprit de corps : *éprouver de la solidarité entre les membres d'un groupe* §USU

384
avoir de l'esprit jusqu'au bout des ongles : *être raffiné dans ses propos* §ORA

385
avoir de l'estomac : *faire preuve de hardiesse, d'audace* §ROB

386
avoir de l'étoffe : *avoir des capacités, des qualités* §USU

387
avoir de l'humeur : *être irrité* §USU ; *prendre de l'humeur*

388
avoir de l'idée : *être ingénieux* §ORA

389
avoir de l'imagination : *avoir l'imagination fertile* §ROB

390
avoir de l'oreille : *pouvoir reconnaître un son juste* §ORA

391
avoir de la barbe : *se dit d'une chose éculée, connue de tous* §ORA

392
avoir de la bolle : *être intelligent* §ORA ; *être une bolle, un bollé*

393
avoir de la brioche : *avoir un ventre rebondi* §USU

394
avoir de la classe : *avoir une élégance naturelle, une distinction remarquable* §USU ; avoir de la branche

395
avoir de la comprenure : *être éveillé, comprendre facilement* §DEX ; être facile de comprenure

396
avoir de la corde de pendu dans sa poche : *avoir une chance extraordinaire* §PON

397
avoir de la façon : *être affable, engager facilement la conversation par politesse* §BEA ; avoir de la façon à revendre; avoir une belle façon

398
avoir de la faconde : *avoir l'élocution facile et abondante* §ROB

399
avoir de la gueule : *parler fort et souvent* §USU *se dit de qqn ou de qqc qui a une bonne apparence ou qui est impressionnant* §ORA

400
avoir de la jacasse : *être bavard* §BEA ; avoir de la jase, de la jasette, de la margoulette, de la parlette, de la parlotte, de la platine

401
avoir de la jambe : *se dit d'une boisson qui a du goût* §DEX

402
avoir de la jarnigoine : *avoir de l'initiative, être débrouillard, rusé, entreprenant, etc.* §BEA *se dit d'une femme qui a du chic, du montant, du relief, un tempérament* §BEA *avoir la parole facile, avoir de l'esprit, être plein de ressort* §DEX

403
avoir de la marge : *avoir du temps, de l'espace en suffisance pour accomplir une tâche quelconque* §PRA

404
avoir de la mesoune : *avoir de l'argent* §DEX ; avoir de la galette; avoir des bidous

405
avoir de la mine dans le crayon : *avoir envie de faire l'amour (en parlant d'un homme)* §ORA

406
avoir de la misère à faire qqc : *avoir de la difficulté à faire qqc* §CLS

407
avoir de la mosselle : *être fort, bien musclé* §BEA ; avoir des mosselles, des muscles, de la molsonne

408
avoir de la pogne : *être autoritaire* §ORA *être physiquement fort* §ORA

409
avoir de la suite dans les idées : *tenir à ses idées, être opiniâtre* §USU

410
avoir de la tête : *avoir du caractère, du sang-froid et du jugement* §PRA

411
avoir de la touée : *avoir de la marge, de la chance, du crédit, du temps devant soi, se tirer facilement d'affaire* §GLO

412
avoir de la trempe : *avoir une qualité d'âme, un courage* §ORA

413
avoir de la voile mais pas de gouvernail : *avoir beaucoup de volonté mais aucun jugement* §DEX

414
avoir de la voix : *avoir une voix appropriée au chant* §ROB

415
avoir de qui tenir : *ressembler à qqn* §ROB

416
avoir déboulé : *être devenue enceinte* §DEX

417
avoir déjà été au Champ-de-Mars après neuf heures : *avoir l'expérience de la vie* §DEX ; être déjà sorti après neuf heures; ne pas être né d'hier, de la dernière pluie, de ce printemps

418
avoir déjà vu passer les chars : *avoir l'expérience de la vie* §ORA ; avoir déjà vu les gros chars, les trains; avoir déjà fait le tour du bloc; avoir déjà navigué, déjà vu neiger

419
avoir des ailes : *aller vite* §ORA

420
avoir des antennes : *avoir une sensibilité très aiguë, de l'intuition* §ROB

421
avoir des atouts dans son jeu : *avoir toutes les chances de son côté* §USU

422
avoir des babines de bœuf : *avoir de grosses lèvres* §ROU ; avoir des babines de velours, de nègre

423
avoir des bibites dans la tête : *être un peu fou* §ORA

424
avoir des boyaux de père : *éprouver de la tendresse pour ses enfants* §CLS

425
avoir des buzz : *souffrir d'étourdissements, de confusion mentale* §DEX

426
avoir des cannes de quêteux : *avoir des jambes très maigres* §ROU

427
avoir des chandelles au nez : *avoir le nez morveux* §ORA ; avoir la guedille au nez; avoir le nez qui coule comme un érable

428
avoir des coliques bâtonneuses : *avoir la tuberculose* §ORA

429
avoir des cornes : *souffrir de jalousie* §DEX

430
avoir des croûtes à manger avant de faire qqc : *devoir prendre de l'expérience avant d'accomplir qqc* §DEX *ne pas être prêt d'arriver au but fixé* §DEX

431
avoir des culottes de bouleau : *avoir une culotte de travail* §DEX

432
avoir des doigts de fée : *avoir des doigts très habiles* §USU

433
avoir des épingles dans le fessier : *être agité, turbulent* §DEX

434
avoir des fils d'araignée dans la gorge : *avoir soif* §DEX *avoir la gorge enrouée* §DEX

435
avoir des fourmis dans les jambes : *avoir des picotements après une longue immobilité* §LAF

436
avoir des gosses : *pour un homme, avoir du courage, du dynamisme* §DEX

437
avoir des hauts et des bas : *avoir des alternances de bons et de mauvais états, de santé (au physique et au moral) ou de fortune* §USU

438
avoir des humeurs : *faire des caprices* §ORA

439
avoir des idées croches : *avoir des intentions malhonnêtes* §ORA

440
avoir des idées noires : *avoir des pensées tristes, sombres* §USU

441
avoir des impatiences : *être agité, ne pas tenir en place* §DEX

442
avoir des jambes comme des poteaux : *avoir des jambes grosses et informes* §ROB

443
avoir des jambes de coton : *avoir les jambes faibles* §LAF

444
avoir des jambes de vingt ans : *avoir encore de bonnes jambes* §ROB

445
avoir des larmes dans la voix : *avoir une voix étranglée par l'émotion* §USU

446
avoir des mains au bout des bras : *savoir travailler* §ORA

447
avoir des mains de beurre : *avoir des mains qui laissent tout échapper* §BEA ; avoir des mains de laine

448
avoir des marguerites dans le cresson : *être un peu fou* §ORA ; avoir des moineaux dans la tête

449
avoir des mots avec qqn : *avoir une altercation avec qqn* §USU

450
avoir des œillères : *avoir l'esprit borné et unilatéral* §PON

451
avoir des petites nouvelles pour qqn : *réserver une mauvaise surprise à qqn* §ORA

452
avoir des politiques de bout de chemins : *faire de la politique à la petite semaine* §DEX

453
avoir des sautes d'humeur : *avoir de brusques changements de l'humeur* §ROB

454
avoir des serrements de gosses : *souffrir d'impuissance, être incapable d'érection* §DEX

455
avoir des traces de brakes dans ses caleçons : *avoir souillé son caleçon, sa petite culotte* §DEX ; avoir des traces de brakes dans son caleçon

456
avoir des tripes : *avoir du courage* §ORA

457
avoir des vapeurs : *avoir des troubles et des malaises divers dus à des exhalaisons* §ROB

458
avoir des vers : *se dit d'un enfant agité, malcommode* §DEX

459
avoir des visions : *déraisonner* §ROB

460
avoir des vues sur qqn : *avoir des desseins, des projets* §ROB

461
avoir des yeux de chat : *avoir une vue perçante* §ORA ; avoir des yeux de lynx; avoir un œil de goéland

462
avoir des yeux de porc frais : *avoir un regard idiot* §ORA

463
avoir des yeux tout le tour de la tête : *surveiller étroitement, ne rien laisser échapper à son regard* §ORA ; avoir des yeux d'argus

464
avoir deux paroles : *être menteur* §ORA

465
avoir deux poids et deux mesures : *juger de manière différente deux choses analogues selon l'intérêt, les circonstances* §USU

466
avoir droit de cité quelque part : *avoir un titre à y être admis, à y figurer* §ROB

467
avoir du bacon : *être riche* §ORA ; avoir le motton, la palette; faire le motton, la piastre, des bidous; en avoir de collé

468
avoir du bagout : *avoir une loquacité effrontée tendant parfois à faire illusion ou à duper* §ROB ; avoir du bagou

469
avoir du berlan : *être disloqué* §GLO

470
avoir du bien au soleil : *vivre à l'aise* §ORA

471
avoir du bois fendu : *avoir envie de baiser* §DEX

472
avoir du bol : *être chanceux* §ORA

473
avoir du bon : *se dit d'une situation favorable* §ORA

474
avoir du bon sens : *avoir de l'allure, convenir* §ORA

475
avoir du bon temps : *vivre heureux et dans l'insouciance* §ORA

476
avoir du cachet : *avoir de l'originalité, du style* §USU

477
avoir du chemin : *aimer la société des garçons, être causeuse dans la compagnie des garçons (en parlant d'une jeune fille)* §GLO

478
avoir du chien : *avoir de l'entrain* §GLO *fasciner les hommes par un charme un peu canaille, en parlant d'une femme* §GLO ; avoir du chien dans le corps

479
avoir du cœur au ventre : *être très courageux* §DUN

480
avoir du coffre : *avoir de la résistance physique ou morale* §USU *avoir du souffle* §ROB

481
avoir du cran : *avoir de l'assurance, du courage* §USU ; avoir du crâne

482
avoir du crayon : *savoir dessiner* §ORA

483
avoir du culot : *avoir de l'audace, de l'aplomb* §ROB ; avoir du toupet

484
avoir du diable dans le corps : *être rusé* §CLS

485
avoir du fion : *avoir du front, de l'aplomb, être effronté* §DEX

486
avoir du flair : *avoir une aptitude instinctive à prévoir, à deviner* §ROB

487
avoir du foin à vendre : *avoir la braguette ouverte* §BEA ; avoir la flaye ouverte, le magasin ouvert; devoir cinq cennes au bedeau; montrer son magasin, sa boutique; avoir mal au pouce

488
avoir du foin dans ses bottes : *jouir d'une grande fortune* §PRA ; avoir de la gomme

489
avoir du fumier dans ses bottes : *être niais, mal dégrossi* §DEX

490
avoir du fun : *s'amuser* §ORA

491
avoir du grippette dans le corps : *avoir de la vitalité à revendre* §DEX *être haïssable, coquin* §DEX

492
avoir du gueuloir : *avoir de la répartie* §ORA

493
avoir du guts : *avoir du courage, de l'audace* §ORA

494
avoir du jarret : *être bon marcheur, bon danseur* §BEA

495
avoir du jeu : *avoir un assemblage de cartes plus ou moins favorable en mains* §ROB

496
avoir du lousse : *avoir une marge de manœuvre* §ORA

497
avoir du nerf : *avoir de la vigueur* §ROB

498
avoir du nez : *avoir du flair, deviner à bon escient* §USU

499
avoir du nouveau : *être parent d'un nouveau-né* §ORA

500
avoir du pain cuit : *être rentier* §GLO *avoir des réserves* §ORA

501
avoir du pain sur la corniche : *avoir des économies* §DIO

502
avoir du pain sur la planche : *avoir énormément de travail, à ne pas en voir le bout* §DUN

503
avoir du pep : *avoir de l'entrain, du dynamisme* §CLS ; être plein de pep; être peppé

504
avoir du père dans le nez : *ressembler à son père* §DEX

505
avoir du pic : *avoir de l'aplomb, du mordant, de l'agressivité* §BEA *se dit d'un outil tranchant qui mord bien, qui ne glisse pas* §BEA

506
avoir du plomb dans l'aile : *être dans un état précaire, être menacé dans sa santé, sa prospérité (se dit des personnes, des entreprises, etc.)* §USU

507
avoir du plomb dans la tête : *être réfléchi et calme, raisonnable* §USU ; avoir du plomb dans la cervelle

508
avoir du poil aux dents : *être effronté* §DUL ; avoir du poil jusqu'après les dents

509
avoir du poil aux pattes : *être vieux (pour une personne ou une chose)* §BEA

510
avoir du poil dans les oreilles : *avoir l'expérience de la vie* §DEX

511
avoir du pot : *avoir de la chance* §ORA

512
avoir du pull : *avoir de la force, de l'effet* §CLS ; avoir de la pull

513
avoir du pushing : *avoir des relations influentes, jouir de passe-droits* §ORA ; avoir des connections

514
avoir du répondant : *avoir de la répartie* §ORA

515
avoir du retiens-ben : *avoir de la retenue, de la discipline* §DEX

516
avoir du sable dans les yeux : *avoir les yeux lourds de sommeil* §DEX ; avoir une peau sur l'œil

517
avoir du sang dans les veines : *être énergique* §USU

518
avoir du sang sur les mains : *avoir fait couler le sang* §ROB

519
avoir du sauvage : *avoir du sang amérindien* §DEX

520
avoir du serpent dans le corps : *être agité, ne pas pouvoir rester en place* §DEX ; avoir du vif argent dans les veines

521
avoir du spring : *récupérer, revenir rapidement, reprendre rapidement son sang-froid* §DEX

522
avoir du tintouin : *avoir une hallucination* §DUN

523
avoir du toupet : *faire preuve d'une hardiesse allant jusqu'à l'indiscrétion* §PRA ; avoir du casque, du croc

524
avoir du trouble : *avoir des ennuis, des problèmes* §ORA

525
avoir du vent dans les voiles : *se dit d'une personne ivre, qui ne marche pas droit* §ROB

526
avoir du visou : *savoir viser juste* §BEA *avoir du flair* §DEX

527
avoir en beau de faire qqc : *avoir avantage à faire qqc, pouvoir faire qqc* §DEX ; avoir en belle de faire qqc

528
avoir encore la couche aux fesses : *être trop jeune, inexpérimenté* §DEX ; avoir la couche aux fesses

529
avoir encore sa valise à la gare : *être peu dégourdi, mal au courant des coutumes d'un lieu et en particulier d'une grande ville* §CEL

530
avoir eu chaud : *avoir eu peur* §ORA

531
avoir faim comme un enragé : *être affamé* §DEX ; avoir faim comme un ours

532
avoir faim de qqc : *désirer vivement qqc* §CLS

533
avoir fait son règne : *se dit d'une chose ou d'une personne qui a dépassé son apogée depuis un certain temps* §BEA ; avoir fait son temps

534
avoir formance de qqn : *avoir apparence de forme* §CLS

535
avoir gain de cause : *l'emporter, réussir* §ROB ; obtenir gain de cause

536
avoir gardé les cochons ensemble : *expression applicable à d'anciens camarades d'enfance qui se retrouvent dans la vie* §PRA

537
avoir l'adon de faire qqc : *avoir le tour, la chance, l'occasion de faire qqc* §CLS

538
avoir l'air à pic : *ne pas être de bonne humeur et le laisser voir* §BEA *avoir une mine peu engageante, naturellement* §BEA

539
avoir l'air anglais : *paraître idiot à la suite d'une situation où on s'est laissé avoir* §BEA

540
avoir l'air baptiste : *avoir une allure de paysan* §ORA

541
avoir l'air bête : *laisser apparaître sa mauvaise humeur* §BEA *être surpris et décontenancé* §BEA *avoir l'air idiot* §BEA

542
avoir l'air cabassé : *avoir l'air abattu* §DEX

543
avoir l'air chameau : *avoir l'air nigaud, bête* §DEX *se dit d'une femme à l'allure dégingandée* §DEX

544
avoir l'air chromé : *être habillé d'une façon provinciale* §ORA

545
avoir l'air colon : *être mal habillé* §ORA ; avoir l'air colonne

546
avoir l'air d'un chien battu : *être triste et penaud* §ORA

547
avoir l'air d'un tout nu : *avoir l'air pauvre, être sans le sou* §DEX

548
avoir l'air d'un valentin : *être habillé d'une manière jugée ridicule ou voyante* §ORA ; avoir l'air d'un arbre de Noël

549
avoir l'air d'une chenille à poil : *être disgracieux, repoussant* §DEX ; être, ressembler à une chenille à poil

550
avoir l'air de qqn : *ressembler à qqn* §DUL *avoir une allure distinguée* §ORA

551
avoir l'air débrêlé : *avoir une tenue vestimentaire négligée, des vêtements défaits ou malpropres, ou tout simplement déboutonnés* §BEA

552
avoir l'air du diable en calèche : *être mal bâti, mal habillé* §ROU

553
avoir l'air emprunté : *être gauche, raide, manquer d'aisance* §PRA

554
avoir l'air fou : *être mal habillé* §ORA *avoir l'air idiot* §ORA

555
avoir l'air gadaye : *avoir l'air fou* §DEX *se dit d'une femme mal habillée* §DEX *se dit d'une femme qui a l'air d'une prostituée* §ORA

556
avoir l'air magané : *avoir l'air atterré, fatigué* §DEX

557
avoir l'air moukmouk : *avoir l'air niais, bizarre* §DEX ; avoir l'air nounoune

558
avoir l'air moumoune : *avoir l'air d'un homosexuel efféminé* §ORA ; avoir l'air d'une mimi

559
avoir l'air poqué : *avoir l'air amoché, fourbu* §DEX

560
avoir l'air souillonne : *se dit d'une femme mal habillée* §DEX

561
avoir l'air teton : *avoir l'air niais* §ORA ; avoir l'air bleuet, l'air cave, l'air concombe, l'air cornichon, l'air gorlot, l'air habitant

562
avoir l'âme chevillée au corps : *résister à ce qui serait normalement une cause de mort* §USU

563
avoir l'avantage du terrain : *avoir l'avantage de la situation* §ROB

564
avoir l'eau à la bouche : *sécréter de la salive devant un mets appétissant* §ROB *être mis en appétit, désirer qqc* §ROB

565
avoir l'endormitoire : *s'assoupir* §DEX

566
avoir l'épiderme sensible : *être susceptible* §ROB ; avoir l'épiderme chatouilleux

567
avoir l'esprit ailleurs : *être distrait, penser à autre chose* §ROB

568
avoir l'esprit aux talons : *être sot, ou inattentif au point de commettre des bévues* §USU

569
avoir l'esprit de corps : *se dit du sentiment de solidarité entre les membres d'un groupe* §USU ; avoir l'esprit d'équipe

570
avoir l'esprit de l'escalier : *avoir les idées embrouillées* §DUN

571
avoir l'esprit de paroisse : *voir aux intérêts de son groupe, de ses proches avant tout* §DEX *avoir l'esprit borné* §DEX *; avoir l'esprit de clocher*

572
avoir l'esprit de suite : *avoir une tendance à la persévérance, à la continuité* §USU *avoir de l'entêtement, de l'obstination* §USU

573
avoir l'esprit élastique : *n'être guère honnête* §DEX

574
avoir l'esprit mal tourné : *être disposé à prendre les choses en mauvaise part, à les interpréter d'une manière défavorable, scabreuse* §ROB

575
avoir l'estomac à l'envers : *avoir envie de vomir* §ORA *; avoir le cœur barbouillé*

576
avoir l'estomac bien accroché : *supporter sans dégoût une vue, un spectacle, une odeur, etc. écœurants* §USU

577
avoir l'estomac comme un crusher : *avoir bon appétit* §DEX

578
avoir l'estomac comme une planche à laver : *avoir de petits seins* §DEX

579
avoir l'estomac creux : *avoir faim* §ROB *; avoir l'estomac dans les talons*

580
avoir l'haleine bête : *avoir mauvaise haleine* §ORA

581
avoir l'humeur à l'envers : *être de mauvaise humeur* §ORA

582
avoir l'indien magané : *éprouver des douleurs corporelles à cause d'abus ou de souffrances* §ORA

583
avoir l'injure à la bouche : *dire des injures* §ROB

584
avoir l'œil : *savoir juger* §ORA

585
avoir l'œil américain : *être vigilant et perspicace* §USU

586
avoir l'œil ouvert : *être attentif, aux aguets* §ORA

587
avoir l'œil sur qqn ou qqc : *surveiller avec attention* §USU

588
avoir l'onglée : *se dit de l'engourdissement douloureux de l'extrémité des doigts, provoqué par le froid* §ROB

589
avoir l'oreille au guet : *écouter dans le silence pour surprendre le moindre bruit* §PRA

590
avoir l'oreille basse : *être honteux* §USU

591
avoir l'oreille du maître : *être écouté de qqn* §ROB

592
avoir l'oreille dure : *être un peu sourd* §ORA *; être dur d'oreille*

593
avoir la babine dépendue : *avoir la lèvre inférieure pendante* §CLS

594
avoir la beauté du diable : *avoir la beauté que confère la jeunesse, la fraîcheur, à qui n'a pas d'autres agréments* §USU

595
avoir la berlue : *avoir des visions* §ROB *se faire des illusions* §ROB

596
avoir la bibitte : *souffrir de cette irritation des yeux commune aux soudeurs négligents qui examinent l'arc électrique sans lunettes noires* §BEA *avoir l'onglée* §CLS

597
avoir la blancheur persil : *être innocent* §ORA

598
avoir la bosse de qqc : *avoir une aptitude pour qqc* §PON

599
avoir la bouche en trou de cul de poule : *avoir la bouche petite, arrondie* §ORA

600
avoir la bougeotte : *avoir l'envie, l'habitude de se déplacer, de voyager* §ROB

601
avoir la branlette : *trembler sans arrêt, souffrir de la maladie de Parkinson* §DEX *se dit de qqc qui n'est pas bien assujetti, qui a du jeu, qui manque de solidité* §DEX ; avoir la branlotte, la tremblotte

602
avoir la broue au toupet : *être en sueur* §DEX

603
avoir la chair de poule : *avoir froid au point que la peau réagisse* §BEA *avoir une peur qui provoque la même réaction que celle du froid* §BEA

604
avoir la chienne : *ne pas être d'humeur à travailler* §GLO *avoir peur* §GLO ; attraper, pogner, poigner la chienne

605
avoir la chienne sur le dos : *être amorphe, fainéant* §DEX ; avoir la chienne qui grimpe, qui monte sur le dos

606
avoir la conscience élastique : *ne pas être exigeant en matière de morale personnelle* §USU

607
avoir la couche épaisse : *être insensible, grossier, endurci* §DEX

608
avoir la couenne dure : *être endurci aux épreuves morales, ne pas être facilement blessé par des paroles* §BEA ; avoir la couenne épaisse

609
avoir la cuisse légère : *se dit d'une femme aux mœurs faciles* §USU ; avoir la cuisse hospitalière; avoir la jambe légère

610
avoir la dalle en pente : *aimer à boire* §ROB

611
avoir la danse de Saint-Guy : *être agité, turbulent* §DEX

612
avoir la dent : *avoir faim* §ROB

613
avoir la dent dure : *être très sévère, dur dans la critique* §ROB

614
avoir la face comme une forçure : *avoir le visage enflé, adipeux* §DEX

615
avoir la face comme une fressure : *avoir la figure grêlée de variole* §DEX

616
avoir la face en pistache : *avoir l'air renfrogné* §DEX

617
avoir la face longue : *laisser voir sa déception* §ORA

618
avoir la face qui tombe : *être envieux* §ORA

619
avoir la falle à l'air : *avoir la chemise ouverte, le torse nu* §DEX ; avoir la phalle à l'air; avoir la falle, la phalle ouverte

620
avoir la falle basse : *avoir grand faim* §BEA *être découragé, déprimé* §SEU ; avoir la clenche, la fale, la phalle basse

621
avoir la fesse triste : *ne pas être porté sur les plaisirs sensuels* §ORA

622
avoir la flemme : *paresser* §ROB ; tirer sa flemme

623
avoir la foi du charbonnier : *avoir la foi humble des ignorants* §PON

624
avoir la folie des grandeurs : *avoir un désir excessif de gloire, de puissance, ou l'illusion qu'on les possède* §ROB ; avoir des idées de grandeur

625
avoir la fringale : *avoir faim* §ORA

626
avoir la gagne sur le bras : *devoir travailler physiquement très fort* §DEX

627
avoir la gorge serrée : *être angoissé* §USU

628
avoir la gotte : *avaler de travers* §DEX

629
avoir la graine serrée : *être embarrassé et gêné devant qqn* §BEA

630
avoir la grande opération : *subir une*

hystérectomie §DEX ; subir la grande opération

631
avoir la gueule de bois : *avoir la bouche sèche après avoir trop bu* §USU

632
avoir la gueule fendue jusqu'aux oreilles : *rire de bon cœur* §BEA *sourire très largement (trop pour être sincère)* §BEA ; avoir la bouche fendue jusqu'aux oreilles

633
avoir la guigne : *qualifie une mauvaise chance continue* §PRA

634
avoir la haute main sur qqn ou qqc : *commander, diriger qqn ou qqc* §ROB ; avoir la main haute

635
avoir la langue bien pendue : *s'exprimer facilement, avec abondance* §PRA

636
avoir la langue comme un bardeau : *avoir soif, avoir la langue sèche, râpeuse* §CLS

637
avoir la langue fourchue : *buter sur les mots* §ORA

638
avoir la langue raide : *colporter des ragots* §DEX ; avoir la langue trop longue; avoir la langue bien affilée

639
avoir la main : *avoir l'initiative au jeu* §ROB

640
avoir la main haute : *avoir une autorité prépondérante* §PON ; avoir la haute main

641
avoir la main heureuse : *agir à bon escient* §ROB

642
avoir la main légère : *se montrer habile et adroit dans des soins matériels donnés à un malade ou dans un travail délicat* §PRA

643
avoir la main longue : *avoir du pouvoir ou de l'autorité* §ORA

644
avoir la main malheureuse : *agir à mauvais escient* §ROB

645
avoir la main souple : *être prompt à frapper, corriger (notamment un enfant), avoir la main leste* §DEX

646
avoir la mauvaise adresse : *se tromper sur la personne* §DEX

647
avoir la mine basse : *être déçu, avoir honte, perdre contenance* §BEA

648
avoir la morfondure : *être transi* §DEX *être épuisé physiquement à cause d'un excès de travail* §DUL

649
avoir la mort dans l'âme : *être très angoissé* §ORA

650
avoir la palette : *être riche* §BEA ; avoir du foin

651
avoir la palette du genou plate : *être paresseux, inventer des prétextes pour ne rien faire* §DEX *être un habitué de l'église* §ORA

652
avoir la parole en bouche : *avoir la parole facile* §BEA

653
avoir le passage en feu : *avoir envie de faire l'amour* §ORA ; être en chaleur

654
avoir la patate fatiguée : *avoir le cœur faible, être usé, fourbu* §DEX

655
avoir la patience qui sonne le fond de canisse : *être à bout de patience* §DEX

656
avoir la patte en l'air : *être euphorique, joyeux, insouciant* §DEX

657
avoir la peau courte : *être à court de moyens* §BEA *être de mauvaise humeur ou facilement irritable* §BEA

658
avoir la peau dure : *être capable d'endurer les mauvais coups moraux* §ORA

659
avoir la pelle : *être éconduit par une jeune fille* §DEX ; recevoir, attraper la pelle

660
avoir la pépie : *avoir très soif* §ROB

661
avoir la queue basse : *être discret, timide, manquer d'aplomb, surtout à la suite d'une rebuffade* §BEA

662
avoir la tête à l'envers : *ne plus savoir ce que l'on fait* §PRA ; avoir la tête à l'évent

663
avoir la tête comme une chatte d'Espagne : *avoir les cheveux déteints* §ROU

664
avoir la tête croche : *être désobéissant, rebelle, têtu* §DEX *avoir des idées malhonnêtes* §DUL ; être une tête croche

665
avoir la tête en botte de foin : *avoir une chevelure abondante, raide et peu soignée* §BEA

666
avoir la tête enflée : *se donner une importance démesurée, snober* §ORA ; s'enfler la tête

667
avoir la tête entre les jambes : *être piteux* §ORA

668
avoir la tête sur les épaules : *être raisonnable, bien équilibré* §ORA ; avoir une tête sur les épaules

669
avoir la tire longue : *être lent à se mettre au travail* §DUL

670
avoir la tremblotte : *souffrir de la maladie de Parkinson* §ORA

671
avoir la tuque droite : *être en érection* §ORA ; avoir le bâton

672
avoir la twist : *avoir la bonne manière, le tour, le secret de faire les choses, être habile* §BEA

673
avoir la vedette : *être au premier plan* §ROB

674
avoir la vie dure : *être malchanceux* §ORA

675
avoir la visière courte : *désigne une*

intelligence bornée §PRA
676
avoir la visite des Sauvages : *accoucher* §DEX

677
avoir la vogue : *être très à la mode* §PRA ; être en vogue

678
avoir le balai bas : *avoir le moral au plus bas* §CLS ; avoir le moral à six pieds sous terre

679
avoir le beau rôle : *être avantagé dans une situation* §ORA

680
avoir le bec à l'eau : *échouer* §ORA

681
avoir le bec bien affilé : *être bavard* §ORA *dire du mal de qqn* §ORA ; avoir le bec bien effilé

682
avoir le bec carré : *parler difficilement (en raison du froid, notamment)* §DEX

683
avoir le bras long : *se dit de l'auteur de petits vols sans violence et de peu d'importance* §BEA *avoir beaucoup de pouvoir, donc capable d'exercer une vengeance* §BEA

684
avoir le call : *être attirant pour le sexe opposé* §SIM

685
avoir le champ libre : *ne pas éprouver d'obstacles* §ORA

686
avoir le charbon : *souffrir du diabète* §DEX

687
avoir le cœur à l'envers : *se faire du souci* §ORA *avoir une mauvaise surprise* §ORA

688
avoir le cœur au diable : *être abattu, déprimé* §DEX

689
avoir le cœur brisé : *souffrir d'une peine d'amour* §ORA

690
avoir le cœur dur : *être insensible, dur* §ORA ; avoir le cœur où les poules ont l'œuf; avoir le cœur où la poule a l'œuf

691
avoir le cœur net de qqc : *arriver à la certitude d'une chose que l'on soupçonnait* §PRA

692
avoir le cœur plus gros qu'on est gros : *être trop généreux, trop charitable* §DEX

693
avoir le cœur qui danse la claquette : *avoir des palpitations* §DEX ; avoir le cœur à l'épouvante; avoir le cœur qui toque; avoir le cœur qui bat la breloque, la campagne, la chamade

694
avoir le cœur sur la main : *être généreux avec spontanéité* §USU ; avoir le cœur large

695
avoir le cœur tendre : *être enclin au pardon* §ORA

696
avoir le collet en roue : *faire le beau, se pavaner* §BEA ; avoir le cou en roue

697
avoir le compas dans l'œil : *être adroit* §ORA *juger à vue d'œil, avec une grande précision* §ROB ; avoir le coup d'œil

698
avoir le coq à terre : *être fatigué, dépité* §DEX ; avoir la pelote, la poche à terre

699
avoir le corps barré : *avoir des crampes à l'estomac, la diarrhée ou des douleurs sans cause identifiée* §BEA

700
avoir le corps dérangé : *être constipé* §DEX

701
avoir le corps raide et les oreilles molles : *se dit de qqn qui se tient droit, qui veut paraître énergique* §BEA ; se tenir le corps raide puis les oreilles molles; se tenir droit et avoir les oreilles molles

702
avoir le coup de foudre pour qqn ou qqc : *être subjugué subitement par qqn ou qqc* §ORA

703
avoir le crâne étroit : *avoir l'intelligence bornée* §PON

704
avoir le cul bordé de nouilles : *avoir de la chance* §USU

705
avoir le cul sur la paille : *être sans le sou, ruiné* §DEX ; avoir le derrière sur la paille; être sur la paille

706
avoir le dernier mot : *l'emporter dans une discussion* §BEA *juger ou décider sans appel* §BEA

707
avoir le derrière à la crèche : *n'être d'accord sur rien* §DUL *bouder* §DUL ; avoir le cul à la crèche

708
avoir le dessous : *être dans un état d'infériorité dans une lutte, une discussion* §ROB

709
avoir le dessus sur qqn ou qqc : *dominer qqn ou qqc* §ORA

710
avoir le diable au corps : *déborder de vigueur* §ORA ; avoir le diable dans le corps

711
avoir le diable bleu : *avoir le vague à l'âme* §DEX

712
avoir le diable couleur de rose : *être rasséréné, réjoui* §DEX

713
avoir le don de se mettre dans la misère : *manquer d'organisation, être imprévoyant* §ORA ; avoir le don de se mettre dans la marde

714
avoir le don des larmes : *pleurer facilement* §USU

715
avoir le dos large : *se sentir responsable de plusieurs choses ou s'attribuer la responsabilité de divers maux* §ORA ; avoir les épaules larges

716
avoir le dos rond comme un chat : *avoir le dos voûté* §DEX ; avoir le dos rond comme un forgeron

717
avoir le dos tourné : *ne pas faire attention à qqn* §ORA

718
avoir le feu au cul : *être en colère, en furie* §DEX *être pressé de partir* §DEX *être sensuel, en quête d'aventures amoureuses* §DEX

719
avoir le feu sacré : *avoir de l'enthousiasme, de l'inspiration* §USU

720
avoir le feu vert : *avoir l'autorisation, la permission de faire qqc* §USU

721
avoir le fixe : *avoir le regard fixe, absent, (notamment par manque de sommeil), rester interdit, figer sur place* §DEX ; poigner, pogner le fixe

722
avoir le fortillon : *être agité, turbulent (se dit notamment d'un enfant)* §DEX

723
avoir le fou rire : *ne pouvoir s'empêcher de rire* §ORA

724
avoir le frimas : *avoir froid* §DEX

725
avoir le front de faire qqc : *avoir l'audace de faire qqc* §BEA

726
avoir le fuseau : *se sentir souffrant, malade* §DEX

727
avoir le gorgoton serré : *être sur le point de pleurer* §ORA ; être au bord des larmes; avoir le cœur gros; avoir le motton

728
avoir le gosier sec : *être assoiffé (d'alcool)* §DEX ; avoir le gosier sec comme un rond de poêle

729
avoir le goût de qqn ou qqc : *avoir envie de qqn ou qqc* §CLS

730
avoir le grain serré : *être timide, ou intimidé et embarrassé* §BEA *avoir peur* §DEX ; avoir le grain fin

731
avoir le gros bout du bâton : *avoir l'avantage dans une querelle ou un affrontement, être en position de force* §BEA ; tenir le gros bout du bâton

732
avoir le honteux tout trempe : *avoir le front en sueur* §DEX

733
avoir le kick sur qqn : *s'amouracher, s'enticher de qqn* §DEX ; avoir le kick pour qqn

734
avoir le kit : *avoir tout le nécessaire, voire le superflu* §DEX ; avoir le gros kit

735
avoir le mal du pays : *avoir la nostalgie de son pays d'origine* §ORA

736
avoir le malheur facile : *être porté à la neurasthénie* §DEX

737
avoir le mauvais œil : *être malchanceux* §ORA

738
avoir le moral à terre : *être déprimé, déçu* §ORA

739
avoir le nez comme un taillant de hache : *avoir le nez busqué* §DEX

740
avoir le nez creux : *avoir du flair, deviner à bon escient* §USU

741
avoir le nez fin : *se montrer très perspicace* §PRA

742
avoir le numéro de qqn : *bien connaître qqn, avoir jaugé qqn* §DEX

743
avoir le pas sur qqn : *posséder un titre qui vous confère la préséance* §PRA

744
avoir le penchant pour la cenne : *être avare* §SEU ; être baise-la-piastre, liche-la-piastre, serre-la-cenne, serre-la-piastre, serre-la-poigne, suce-la-cenne, tord-la-mèche; être un peigne de corne, un séraphin

745
avoir le pesant : *avoir sommeil, faire un cauchemar* §DEX

746
avoir le pied marin : *garder son équilibre, ne pas être malade sur un bateau, malgré le roulis, le tangage* §ROB

747
avoir le pied pesant : *aimer conduire à haute vitesse en automobile* §DEX

748
avoir le pied sur le perron : *vouloir sortir, s'en aller* §DEX *vouloir s'immiscer dans qqc* §ORA

749
avoir le poil : *se dit à propos des seins qui se gonflent chez la femme enceinte* §DEX

750
avoir le poil raide : *être de mauvaise humeur* §GLO ; avoir le poil fou, de travers, à pic, à rebours, à rebrousse-poil

751
avoir le pouce vert : *réussir la culture de plantes intérieures* §ORA

752
avoir le robinet ouvert : *être généreux* §ORA

753
avoir le sang chaud : *être irascible, impétueux* §ROB *avoir des pulsions sexuelles* §ORA

754
avoir le souffle : *être asthmatique* §ORA

755
avoir le taquet bas : *être déçu* §ORA *avoir la mine basse, le taquet à terre* §ORA

756
avoir le temps dans sa poche : *ne pas être pressé* §ORA

757
avoir le tour avec qqn : *savoir raisonner, convaincre qqn* §ORA

758
avoir le tour de faire qqc : *connaître la façon de faire, connaître les particularités de qqc* §DEX

759
avoir le tour du diable : *posséder des ressources insoupçonnées* §DEX

760
avoir le trait sur qqn : *l'emporter, avoir l'avantage sur qqn* §DEX

761
avoir le trou de cul en dessous du bras : *être très fatigué physiquement, exténué après une journée de travail* §BEA

762
avoir le trou de cul joyeux : *lâcher*

des gaz en public §DEX

763
avoir le vent dans les voiles : *se dit d'une personne dont les affaires vont bien, qui est en train de réussir* §ROB ; avoir le vent en poupe

764
avoir le ventre collé aux reins : *être très maigre* §DUL

765
avoir le ventre comme une barouche : *avoir le ventre plat* §DEX

766
avoir le ventre comme une loche : *être pansu* §DEX

767
avoir le vin gai : *avoir l'ivresse gaie* §ROB

768
avoir le vin triste : *avoir l'ivresse triste* §ROB

769
avoir le visage comme un coin de rue : *bouder, faire mauvaise mine* §DEX

770
avoir le vivre et le couvert : *être nourri et logé* §PRA

771
avoir le wabel : *avoir la nausée* §DEX

772
avoir les baguettes en l'air : *gesticuler beaucoup* §BEA *être en colère et s'agiter* §BEA ; avoir les masses en l'air

773
avoir les bleus : *être déprimé* §ORA ; avoir le cafard; être, tomber dans les bleus; être down; être sur un down

774
avoir les cheveux fâchés : *avoir les cheveux rebelles* §ORA ; avoir une tête de porc-épic; avoir la tête comme un poulain; avoir les cheveux en queue de vache

775
avoir les cheveux raides comme de la corde de poche : *avoir les cheveux rebelles* §DEX ; avoir les cheveux, la mèche en bataille

776
avoir les copeaux : *avoir peur* §USU

777
avoir les côtes comme une planche

à laver : *être très maigre* §GLO ; ne pas en avoir épais sur les côtes

778
avoir les côtes sur le long : *être paresseux* §GLO *être courbaturé* §GLO *être maigre* §DEX

779
avoir les coudées franches : *avoir la liberté entière d'agir* §PON

780
avoir les dents dans les babines : *avoir un appétit démesuré* §DEX

781
avoir les dents longues : *être à jeûn, ne pas avoir mangé à sa faim* §PRA *être très ambitieux* §USU

782
avoir les dents molles : *être amorphe, apathique* §DEX

783
avoir les deux pieds dans la même bottine : *être peu débrouillard* §BEA

784
avoir les deux pieds sur terre : *être sensé* §ORA

785
avoir les deux yeux dans le même trou : *souffrir de strabisme* §ORA *avoir difficulté à voir, sous l'effet de l'alcool* §ORA ; avoir les yeux dans le même trou

786
avoir les doigts croches : *être toujours à l'affût des occasions de larcins, piquer des choses* §BEA ; avoir les doigts crochus, longs

787
avoir les épaules carrées : *prendre une attitude fausse, hypocrite* §DEX

788
avoir les faux airs de qqn : *ressembler à qqn* §DEX

789
avoir les fesses à zéro : *avoir très peur, redouter le pire, être pris d'effroi* §CEL

790
avoir les fesses serrées : *être gêné, intimidé, essayer de ne pas attirer l'attention sur soi* §DEX ; se tenir les fesses serrées

791
avoir les foies bilieux : *être enclin à la colère, susceptible, rancunier* §ORA

792
avoir les foies blancs : *avoir peur* §USU ; avoir les jetons

793
avoir les idées étroites : *être très conservateur* §ORA

794
avoir les idées larges : *être tolérant, surtout d'un point de vue de la sexualité* §ORA

795
avoir les jambes comme de la guenille : *avoir les jambes flageolantes* §DEX ; avoir les jambes molles, en jello, en mâchemâlo, en pâté de foie; avoir des navets dans les mollets

796
avoir les jambes comme un butor : *avoir les jambes élancées* §DEX ; avoir les jambes comme un goéland; avoir des cotons de blé d'Inde; avoir le califourchon fendu long; être monté sur des cannes à pêche, sur des échasses; être monté en broche

797
avoir les jambes coupées : *être frappé de stupéfaction, d'étonnement* §USU

798
avoir les jambes en guidon de brouette : *avoir les jambes arquées* §DEX ; avoir les jambes à la pisse, en parenthèses

799
avoir les joues bourrées comme un écureuil : *avoir la bouche pleine* §DEX

800
avoir les mains en guenille : *être maladroit, tout échapper* §DEX

801
avoir les mains libres : *avoir toute latitude d'agir* §ROB

802
avoir les mains liées : *être momentanément privé de sa liberté d'action* §PRA

803
avoir les mains nettes de qqc : *n'avoir aucun reproche à se faire sur qqc* §PON

804
avoir les mains pleines de pouces : *être maladroit de ses mains* §BEA ; avoir les

mains en pouces, plein de pouces
805
avoir les mains vides : *n'avoir rien à offrir, à donner* §ROB
806
avoir les moyens : *être riche* §ORA
807
avoir les nerfs : *être nerveux, irritable* §DEX ; *être sur les nerfs*
808
avoir les nerfs en bicycle : *être agité* §DEX
809
avoir les nerfs en boule : *être très énervé, irrité, en colère* §ROB ; *avoir les nerfs en pelote*
810
avoir les ongles en deuil : *avoir les ongles noirs, sales* §USU
811
avoir les oreilles chromées : *être peu raffiné* §DEX *être brillant* §DEX *se dit d'une femme pomponnée* §DEX
812
avoir les oreilles dans le crin : *être de mauvaise humeur, de mauvais poil* §BEA *être suspicieux dans une situation donnée, être aux aguets* §BEA
813
avoir les oreilles en chou-fleur : *avoir les oreilles épaisses* §ORA
814
avoir les oreilles en portes de grange : *avoir de grandes oreilles décollées* §DEX
815
avoir les oreilles molles : *être paresseux* §BEA *être piteux, timide* §BEA
816
avoir les oreilles rebattues de qqc : *avoir entendu nombre de fois la même chose* §PRA
817
avoir les orteils en anse de cruche : *avoir les orteils recourbés vers l'intérieur* §DEX *tituber* §DEX
818
avoir les orteils en éventail : *ne rien faire* §ORA
819
avoir les pieds bien placés : *avoir des relations influentes* §ORA *avoir une situation*

ou un emploi enviable §ORA
820
avoir les pieds mouillés : *être saoul* §DEX ; *avoir les pieds plus pesants, plus légers que la tête; avoir les pieds ronds*
821
avoir les pieds pris dans la glace : *être balourd* §ORA
822
avoir les pieds sur les chenêts : *mener une existence douce et confortable* §PRA ; *vivre les pieds sur les chenêts*
823
avoir les pieds sur terre : *être raisonnable* §ORA
824
avoir les quatre fers en l'air : *être sur le dos, à la renverse* §BEA
825
avoir les reins solides : *avoir de bonnes garanties financières* §ORA
826
avoir les sacres au corps : *jurer constamment* §ORA
827
avoir les seins comme une mâchée de gomme sur le mur : *avoir les seins amaigris et pendants* §ORA
828
avoir les souliers ronds : *tituber en état d'ivresse* §DEX
829
avoir les yeux à la gadelle : *plisser les yeux d'un air coquin, faire les yeux doux (notamment d'un enfant)* §DEX ; *faire les yeux à la gadelle; avoir, faire les yeux en gadelle*
830
avoir les yeux aux bouts des doigts : *être capable de faire des ouvrages très fins* §PRA
831
avoir les yeux battus : *le tour des yeux bleuâtre, comme si l'on avait reçu un coup* §ROB
832
avoir les yeux comme des culs de bouteille : *avoir les yeux exorbités* §DEX ; *avoir les yeux grands comme des piastres*
833
avoir les yeux comme un pistolet :

avoir un regard colérique, rempli de reproche
§DEX

834
avoir les yeux crasses : *avoir le regard*
espiègle §DEX *avoir l'air sensuel* §ORA

835
avoir les yeux dans la graisse de
bines : *avoir le regard absent, langoureux*
§DEX ; *avoir les yeux dans la graisse de*
patates, de rôti, de veau; avoir les yeux
dans le beurre, dans le sirop d'érable

836
avoir les yeux en corde de poche :
avoir les yeux bridés §DEX *avoir les yeux*
bouffis de sommeil §DEX

837
avoir les yeux en trous de beigne :
avoir les yeux ronds de surprise, ou de
convoitise §BEA *avoir les yeux exorbités*
§DEX

838
avoir les yeux en trous de suce :
avoir les yeux minuscules (en raison de la
fatigue, notamment) §DEX

839
avoir les yeux plus grands que la
panse : *se servir d'un plat trop copieuse-*
ment pour son appétit §BEA *être trop avide*
pour ses capacités §BEA

840
avoir les yeux ronds comme des
cinquante cents : *être très surpris*
§DUL ; *avoir les yeux grands comme des*
trente sous, des cinquante cennes

841
avoir les yeux ronds comme des
piastres françaises : *avoir les yeux tout*
grands ouverts, ne pas dormir §GLO

842
avoir les yeux sur qqn ou qqc :
désirer posséder qqn ou qqc §ORA

843
avoir long de corde : *posséder bien des*
ressources §DEX *avoir une bonne marge de*
manœuvre §ORA

844
avoir maille à partir avec qqn :
avoir un différend avec qqn §PON

845
avoir mal au bloc : *avoir mal à la tête*
(après une cuite par exemple) §DUL ; *avoir*
le bloc; avoir un mal de bloc

846
avoir mal au cœur : *avoir envie de*
vomir §ORA

847
avoir mal au pouce : *être parrain*
§GLO *négliger de boutonner son pantalon*
§GLO

848
avoir mal aux cheveux : *avoir mal à*
la tête pour avoir trop bu §ROB

849
avoir mal dans le corps : *avoir la*
diarrhée, des coliques §GLO

850
avoir mangé de l'ours : *être maussade*
§DEX *être enceinte* §DEX

851
avoir mangé de la soupe à la gri-
mace : *se dit de l'épouse mécontente qui*
réserve un accueil désagréable à son époux
qui rentre à une heure tardive pour manger
§ORA

852
avoir mangé de la vache enragée :
être de mauvaise humeur, agressif §ORA ;
avoir mangé du lion enragé, du serpent
cru

853
avoir mangé tout son foin : *avoir tout*
dépensé son argent §ORA

854
avoir marché le vent dans le dos :
avoir les oreilles décollées §DEX

855
avoir mauvaise conscience : *avoir la*
conscience morale douloureuse, un sentiment
pénible d'avoir mal agi §ROB

856
avoir mauvaise grâce à qqc : *montrer*
de l'ingratitude §PRA

857
avoir mauvaise mine : *avoir l'air*
malade §USU

858
avoir mauvaise presse : *être mal jugé,*
d'abord par les journaux, puis, par exten-
sion, par l'opinion générale §USU

859
avoir mis le doigt dessus : *avoir de-*
viné juste §PRA

860
avoir mis le nez dans qqc : *s'être*
mêlé de qqc §PRA

861
avoir neuf jours : *être percé, troué (en parlant des habits)* §CLS
862
avoir part au gâteau : *avoir part au profit* §ROB
863
avoir perdu sa langue : *s'obstiner à ne pas parler* §ORA
864
avoir peur de son ombre : *être très craintif* §ROB
865
avoir pieds et poings liés : *ne pas être libre de faire qqc* §ORA
866
avoir pignon sur rue : *être propriétaire d'une maison, d'un fonds de commerce dans une ville* §USU *être honorablement connu dans un domaine d'activité* §USU
867
avoir plus d'un tour dans son sac : *être plein de malice* §ORA
868
avoir plus de peur que de mal : *se tirer à bon compte d'un événement fâcheux* §ORA
869
avoir plus de poudre que de plomb : *avoir plus d'éclats que de ressources* §DEX
870
avoir plus de voilure que de gouvernail : *avoir plein de projets et ne pas toujours les mener à terme* §ORA
871
avoir plusieurs cordes à son arc : *avoir plus d'une ressource pour réussir, pour atteindre son but* §ROB
872
avoir pour son dire : *être d'avis* §BEA *prétendre, penser qqc et le dire sans vouloir l'imposer* §BEA
873
avoir prise sur qqn : *avoir de l'influence sur qqn* §PRA
874
avoir qqc à cœur : *tenir à qqc* §ORA
875
avoir qqc à la pochetée : *avoir qqc en quantité* §ORA ; avoir qqc à la pelletée, à pleines culottes; avoir qqc au tombereau

876
avoir qqc à sa portée : *pouvoir saisir avec la main* §PRA *pouvoir profiter de qqc* §PRA
877
avoir qqc à son actif : *posséder en manière de compensation* §PRA
878
avoir qqc d'écrit dans le front : *paraître un individu non recommandable* §ORA
879
avoir qqc dans l'idée : *tenir obstinément à qqc* §ORA ; avoir qqc dans la caboche, dans le chignon, dans le cibolot, dans le chou; avoir qqc derrière la tête
880
avoir qqc dans le bras : *être habile* §CLS
881
avoir qqc dans le sang : *se dit de qqc d'inné, d'inhérent à la personne, par nature, de naissance* §ROB
882
avoir qqc en mains : *mener qqc à sa guise* §ROB
883
avoir qqc pour les fous et les fins : *avoir d'une chose en abondance* §ORA
884
avoir qqc pour une chanson : *faire un bon marché, débourser peu à l'achat d'une chose* §ORA
885
avoir qqc présent à l'esprit : *se souvenir de qqc au moment où l'on parle* §PRA
886
avoir qqc sous la main : *avoir qqc tout près de soi ou à sa portée* §PRA
887
avoir qqc sur le bout de la langue : *avoir un souvenir vague de qqc sans être capable de le retrouver* §USU
888
avoir qqc sur le chantier : *s'applique à une œuvre à laquelle on est en train de travailler* §PRA
889
avoir qqc sur le cœur : *avoir du ressentiment pour qqc* §USU

890
avoir qqc sur les oreilles : *s'attirer des désagréments* §PRA

891
avoir qqn à la bonne : *favoriser qqn* §ORA

892
avoir qqn à sa main : *dominer qqn* §ORA ; *avoir la haute main sur qqn*

893
avoir qqn à sa merci : *tenir qqn en son pouvoir* §USU

894
avoir qqn à ses trousses : *être poursuivi* §ORA

895
avoir qqn dans la peau : *être amoureux de qqn* §USU

896
avoir qqn dans le collimateur : *avoir qqn en vue* §ROB

897
avoir qqn dans le cul : *haïr, détester qqn* §DEX

898
avoir qqn dans le dos : *mépriser qqn, ne pas s'en occuper* §GLO

899
avoir qqn dans le nez : *ne pas supporter qqn* §USU

900
avoir qqn dans sa manche : *être dans les bonnes grâces de qqn* §DEX *disposer de qqn à son gré* §USU

901
avoir qqn de travers : *ne pas estimer qqn* §ORA ; *avoir qqn en abomination*

902
avoir qqn en aversion : *avoir une grande répugnance pour qqn* §ROB

903
avoir qqn en haute estime : *expression servant à désigner des personnes dont on fait grand cas* §PRA

904
avoir qqn en veillée : *avoir qqn en visite pour passer la soirée* §BEA

905
avoir qqn ou qqc à l'œil : *surveiller avec attention* §USU

906
avoir qqn ou qqc sur les bras : *avoir qqn ou qqc à sa charge* §USU ; *avoir qqn ou qqc sur le dos*

907
avoir qqn par les sentiments : *convaincre qqn en invoquant des sentiments* §ORA

908
avoir raison de qqn : *vaincre sa résistance* §ROB

909
avoir rien que l'aire d'aller : *être très faible et continuer sur l'élan d'une énergie épuisée* §BEA

910
avoir sa journée dans le bras : *être fourbu après une journée de travail* §DEX ; *avoir sa journée dans le corps*

911
avoir sa ration : *faire l'amour* §ORA

912
avoir ses entrées chez qqn : *pouvoir pénétrer aisément dans un milieu d'accès difficile* §PRA

913
avoir ses raisons : *avoir ses motifs, le plus souvent inexprimés* §USU

914
avoir six pouces de jambes puis le trou de cul tout de suite : *être court de taille* §DEX

915
avoir son air de bœuf : *avoir un air renfrogné, maussade* §DEX

916
avoir son bon côté : *se dit de qqn ou de qqc qui est utile* §ORA

917
avoir son change : *se faire rabrouer de manière méritée* §DEX

918
avoir son compte : *n'avoir plus rien à réclamer* §PRA *être ivre* §ORA *être mort ou à l'article de la mort* §ORA

919
avoir son content : *être comblé* §ROB

920
avoir son fond de penouille : *connaître la tranquillité après une vie agitée* §DEX

921
avoir son mot à dire : *se reconnaître le droit d'intervenir* §ORA

922
avoir son nombre : *se dit d'une mère qui a le nombre d'enfants qui convient dans une famille* §DEX

923
avoir son voyage : *en avoir assez, marre, ras le bol* §BEA *être surpris, étonné, ébahi* §BEA ; *avoir son quota, son load*

924
avoir souleur de qqc : *pressentir qqc, avoir peur de qqc* §DEX

925
avoir tiré le bon numéro : *être bien marié* §ORA

926
avoir toujours la larme à l'œil : *avoir tendance à la sensiblerie, s'émouvoir facilement* §USU

927
avoir toujours un boyau de vide : *avoir toujours faim* §CLS

928
avoir toujours un mot à la bouche : *le répéter constamment, parler toujours du même sujet* §ROB

929
avoir tout son reste à faire qqc : *épuiser ses dernières ressources pour faire qqc* §DEX

930
avoir un beau balcon : *pour une femme, avoir de beaux seins* §ORA ; *avoir une belle piste d'atterrissage; avoir un avenir devant soi; avoir une belle devanture; être greyée, bien équipée; être chaussée en mille vingt; avoir de belles sacoches*

931
avoir un blanc de mémoire : *oublier momentanément qqc* §ORA ; *avoir un trou de mémoire*

932
avoir un bon coffre : *avoir une santé robuste* §USU

933
avoir un bon coup de fourchette : *être gros mangeur* §ROB ; *avoir, être une bonne fourchette*

934
avoir un brandy nose : *être alcoolique* §ORA

935
avoir un call-down : *se faire*

réprimander §DUL ; *avoir, manger un blé d'Inde, un chapitre, une épître, une beurrée, une dégelée, une gratte, une ronde, une sarabande*

936
avoir un caractère seul : *être de nature renfrognée* §CLA

937
avoir un chat dans la gorge : *avoir la gorge enrouée* §DEX

938
avoir un cœur d'airain : *être dur, sans pitié* §ORA ; *avoir un cœur de bronze, de marbre, de pierre*

939
avoir un cœur d'or : *être généreux* §ORA ; *avoir un cœur en or*

940
avoir un corps à corps avec qqn : *en venir aux mains avec qqn* §PRA

941
avoir un coup au cœur : *être triste* §ORA

942
avoir un coup dans le nez : *être légèrement ivre* §ORA ; *avoir un coup dans le corps; avoir un verre dans le nez*

943
avoir un coup de barre : *être soudainement très fatigué* §ORA

944
avoir un creux : *avoir faim* §ROB ; *avoir un creux dans l'estomac*

945
avoir un de ces times : *s'amuser follement* §DEX

946
avoir un détour dans les reins : *souffrir d'un lumbago* §DEX ; *avoir un tour de rein*

947
avoir un dossier long comme le bras : *avoir un dossier judiciaire chargé* §DEX

948
avoir un estomac d'autruche : *digérer n'importe quoi* §USU

949
avoir un faible pour qqn ou qqc : *avoir du goût, un penchant pour qqn ou qqc* §ROB

950
avoir un faux cordeau : *être mal ajusté* §DEX

951
avoir un flash : *se rappeler soudainement qqc* §ORA

952
avoir un fun noir : *s'amuser follement* §ORA ; *avoir un fun bleu, vert; se faire un fun d'éléphant*

953
avoir un kick à faire qqc : *ressentir un plaisir intense à faire qqc* §DEX

954
avoir un mal de chien à faire qqc : *éprouver une grande difficulté à faire qqc* §USU

955
avoir un mal de cornes : *avoir un mal de tête* §DEX

956
avoir un motton dans la gorge : *avoir envie de pleurer* §ORA ; *avoir un nœud, une boule dans la gorge; avoir des mottons dans la gorge*

957
avoir un nom à coucher dehors : *avoir un nom qui se prononce ou s'écrit difficilement* §ORA

958
avoir un œil qui se crisse de l'autre : *loucher, être atteint de strabisme* §BEA ; *avoir un œil qui dit, qui donne de la marde à l'autre; avoir les yeux en sautoir*

959
avoir un parti pris contre qqn ou qqc : *en vouloir à qqn ou qqc* §ORA

960
avoir un pied dans la fosse : *être vieux* §ORA *être près de mourir* §ORA ; *avoir un pied dans la tombe*

961
avoir un pneu : *être gros, faire de l'embonpoint* §ORA ; *avoir un tire*

962
avoir un poil dans la main : *être très paresseux* §ROB

963
avoir un rat dans la tête : *avoir des lubies, des idées saugrenues* §USU

964
avoir un rebours : *être indisposé, malade* §GLO *ne pas avoir d'appétit, de sommeil pendant quelque temps* §GLO

965
avoir un rush : *avoir un surcroît de travail, une urgence* §DEX *être sous l'effet maximum d'une drogue* §ORA

966
avoir un teint délavé : *avoir une pâleur fade* §PON

967
avoir un train d'affaires : *être affairé, occupé* §DEX

968
avoir un ventre de bière : *se dit d'un homme ventru* §DEX ; *avoir une bedaine, une panse de bière; avoir un pneu, un tire*

969
avoir une absence : *avoir une crise d'épilepsie* §ORA

970
avoir une araignée au plafond : *être fou* §USU ; *avoir un hanneton au plafond; avoir un bicycle, une roue de bicycle dans la tête; avoir une craque dans la tête, au cerveau, au plafond, dans la boîte à poux*

971
avoir une attelée : *avoir une peur, une inquiétude allant jusqu'à l'alarme* §CLS

972
avoir une belette : *avoir honte* §GLO

973
avoir une belle boule en main : *être dans une belle position de fortune, avoir une position avantageuse* §GLO

974
avoir une belle façon : *être souriant et aimable* §ORA

975
avoir une bonne attelée devant soi : *avoir une tâche sérieuse et fatigante à exécuter* §CLS

976
avoir une bonne descente : *pouvoir boire beaucoup d'alcool* §ORA

977
avoir une bonne partance : *avoir une bonne avance* §DEX

978
avoir une ceinture de feu : *souffrir du zona* §ORA ; avoir un bardeau

979
avoir une cervelle d'oiseau : *être idiot* §ORA

980
avoir une claque dans la face : *essuyer une rebuffade, un revers* §DEX ; manger une claque dans la face, sur la gueule

981
avoir une coquetterie dans l'œil : *se dit d'une femme qui louche légèrement* §DEX

982
avoir une corneille à plumer avec qqn : *avoir une affaire à régler avec qqn* §BER ; avoir une corneille à pleumer avec qqn

983
avoir une crotte contre qqn : *avoir du ressentiment contre qqn* §DEX ; avoir une crotte sur le cœur; avoir une dent, une vieille dent contre qqn; garder une dent contre qqn

984
avoir une double face : *être un dormeur* §ORA

985
avoir une drôle de bette : *avoir un drôle d'air, une drôle d'allure* §DEX ; faire une drôle de bette

986
avoir une face à claques : *se dit d'une personne particulièrement antipathique qu'on giflerait volontiers* §DUL ; avoir une face à fesser dedans

987
avoir une face à grimace : *avoir une figure qui porte à rire* §DEX

988
avoir une face d'enterrement : *avoir une figure inexpressive, triste* §DEX

989
avoir une face de bois : *avoir un air renfrogné* §DEX ; avoir une face de bœuf, de bois franc, de plâtre, de porc frais

990
avoir une face de carême : *avoir la mine rabougrie* §DEX ; avoir une face de mi-carême

991
avoir une faillette : *perdre connaissance* §DEX ; avoir une faillite

992
avoir une faim de cheval : *avoir une grosse faim* §DIO ; avoir une faim d'ours, de chien, de loup

993
avoir une fêlure : *avoir le cerveau dérangé* §PON

994
avoir une grand-langue : *être bavard, mouchard* §DEX ; être une grand-langue ; avoir, être une grande langue; avoir une grande boîte

995
avoir une grande gueule : *être hâbleur, plastronner* §DEX ; avoir une gueule de fer-blanc

996
avoir une grosse pratique : *avoir beaucoup de clients* §ORA ; avoir une bonne pratique

997
avoir une idée derrière la tête : *expression impliquant que celui qui parle n'exprime pas sa pensée entière* §PRA ; avoir une idée dans la caboche

998
avoir une mémoire de chatte : *n'avoir aucune mémoire* §DEX

999
avoir une mémoire de chien : *avoir une mémoire remarquable* §DEX ; avoir une mémoire d'éléphant, une mémoire de singe

1000
avoir une mine de déterré : *avoir un visage pâle, défait, comme celui d'un cadavre* §ROB ; avoir un air de déterré

1001
avoir une misère du diable à faire qqc : *avoir de la difficulté à accomplir qqc* §DEX

1002
avoir une patience d'ange : *être très patient* §ORA

1003
avoir une peur bleue : *subir une grande frayeur* §DEX

1004
avoir une pique : *avoir une altercation*
§DEX

1005
avoir une place au soleil : *avoir une place en vue, une situation où l'on profite de certains avantages* §ROB

1006
avoir une preuve en béton armé : *avoir une preuve irréfutable* §DEX ; *avoir un argument en béton armé*

1007
avoir une prise de bec avec qqn : *avoir une dispute avec qqn* §USU

1008
avoir une santé de fer : *être de constitution robuste* §DEX

1009
avoir une taille de guêpe : *être mince* §ORA

1010
avoir une tête d'enterrement : *avoir l'air triste* §ORA ; *avoir un air, une face, une mine d'enterrement*

1011
avoir une tête d'œuf : *être borné, niais* §DEX ; *être une vraie tête d'œuf*

1012
avoir une tête de cochon : *être entêté* §ORA ; *avoir une tête de pioche, une tête dure; être tête de cochon, tête de pioche, tête dure*

1013
avoir une tête de mailloche : *être têtu, obstiné* §DEX *être timbré* §DEX

1014
avoir une tôle : *avoir un ennui* §DUL

1015
avoir une trâlée d'enfants : *avoir une famille nombreuse* §DEX

1016
avoir une veine de cocu : *avoir une chance insolente* §USU ; *avoir une veine de pendu*

1017
avoir une voix blanche : *avoir une voix sans timbre* §ROB

1018
avoir une voix d'ange : *avoir une voix limpide* §DEX

1019
avoir une volonté de fer : *être inébranlable dans ses décisions* §ORA

1020
avoir vent de qqc : *être informé de qqc, apprendre qqc* §USU

1021
avoir vidé son carquois : *ne plus avoir envie de faire l'amour* §ORA

1022
avoir voix au chapitre : *avoir autorité, crédit pour prendre part à une délibération, à une discussion* §ROB

1023
avoir vu le loup : *se dit d'une fille qui a couché avec un homme* §ORA

B

1024
baigner dans l'huile : *se dit quand tout fonctionne bien* §ORA ; baigner dans le beurre, dans la marguerine

1025
baîller à se décrocher la mâchoire : *bailler avec la bouche grande ouverte* §ORA

1026
baiser (se) le dos : *échouer, manquer son coup* §DEX

1027
baiser la main de qqn : *se faire gifler* §DEX

1028
baiser la patène : *communier* §DEX

1029
baiser le cul de la vieille : *revenir bredouille, échouer, perdre au jeu* §DEX ; baiser la vieille, la Fanny

1030
baiser le cul du diable quand il est frette : *agir au moment opportun* §DEX

1031
baiser le pied de qqn : *recevoir un coup de pied* §CLS

1032
baiser sa grand-mère : *tomber à terre* §GLO *revenir bredouille* §GLO ; embrasser sa grand-mère

1033
baiser son lièvre : *ravaler son amour-propre, se faire repousser* §DEX

1034
baisser le front : *s'humilier* §ORA

1035
baisser le pouce : *abaisser le prix (d'un produit, d'un article)* §DEX

1036
baisser le ton : *parler avec moins d'audace, d'importance ou de suffisance* §RAT ; baisser le taquet

1037
baisser pavillon : *s'incliner devant une supériorité reconnue* §PRA

1038
balancer le cash : *compter la recette, en fin de journée notamment* §DEX

1039
balayer le plancher : *être de petite taille* §DEX

1040
baptiser le vin : *mettre de l'eau dans le vin* §ORA

1041
baratter (en) un coup : *tousser violemment* §DEX

1042
barbouiller (se) la face : *se mettre en état d'ivresse* §BEA

1043
barrer (ne pas) qqn pour une mère moutonne : *ne pas vouloir échanger la compagnie de qqn contre celle d'une autre personne* §DEX

1044
barrer (se) les mâchoires : *s'abstenir de parler* §DEX

1045
barrer les jambes à qqn : *donner un croc-en-jambe à qqn* §DUL

1046
bâtir sur le sable : *se lancer dans une entreprise, faire des projets sans bases solides* §USU

1047
battre (se) avec le peigne : *n'avoir pas l'habitude de se coiffer* §ORA ; *se chicaner avec le peigne*

1048
battre (se) contre des moulins à vent : *se mesurer avec des ennemis imaginaires* §PRA

1049
battre (se) la gueule : *s'emporter verbalement* §DEX *se vanter* §BEA

1050
battre (se) les flancs : *se donner du mal pour obtenir un résultat* §USU ; *se remuer les flancs*

1051
battre à l'unisson : *signale une complète similitude de sentiments et de pensées* §PRA

1052
battre des mains à qqc : *applaudir ou approuver hautement* §PRA

1053
battre en retraite : *reculer après avoir fermement défendu une position* §ORA

1054
battre l'eau avec un bâton : *faire des efforts vains* §ORA

1055
battre la chamade : *être affolé* §ROB

1056
battre la comète : *se dit d'une histoire ou d'une situation extraordinaire, rare ou curieuse* §BEA

1057
battre la semelle : *frapper le sol avec ses pieds pour les réchauffer* §ROB

1058
battre la vieille année : *célébrer le Nouvel An* §DEX

1059
battre le fer pendant qu'il est chaud : *ne pas laisser passer le moment opportun pour faire une chose* §PRA

1060
battre le pavé : *se promener de long en large en le heurtant de la semelle par désœuvrement* §DUN

1061
battre le rappel : *héler les retardataires* §PRA

1062
battre qqn à plate couture : *infliger une défaite complète à un adversaire* §BEA

1063
battre qqn comme blé : *battre qqn durement, sauvagement* §ORA ; *battre qqn comme plâtre*

1064
battre qqn en brèche : *attaquer, entamer l'activité, le crédit de qqn* §ROB

1065
battre qqn ou qqc cent milles à l'heure : *surclasser nettement qqn ou qqc* §DEX

1066
battre qqn sur le poteau : *avoir un avantage soudain et décisif sur l'autre* §DUN

1067
battre quatre as : *être insurpassable, ne pas avoir son pareil* §SEU

1068
battre sa coulpe : *s'avouer coupable* §ORA

1069
battre son plein : *être en pleine activité ou avoir atteint son point culminant* §PRA

1070
battre un homme à terre : *accabler qqn qui ne peut plus se défendre* §ROB

1071
bavasser sur le dos de qqn : *dire du mal de qqn* §ORA ; *avoir la langue bien effilée; baver sur qqn*

1072
baver qqn : *injurier, insulter, provoquer qqn* §CLS

1073
bayer aux corneilles : *regarder en l'air sans penser à rien* §PRA ; *bâiller aux corneilles*

1074
becquer bobo : *expression affectueuse d'une mère qui applique un baiser sur la*

partie endolorie du corps d'un enfant §DEX

1075

becquer coco pour acheter des terres : *être prêt à toutes les compromissions pour s'enrichir* §DEX

1076

bégopper sur son passé : *revenir sur, ressasser son passé* §DEX

1077

bercer (se) d'illusions : *être irréaliste dans ses prévisions de succès* §ORA

1078

blaguer le service : *ne pas s'occuper d'une affaire, bien qu'on s'en soit chargé* §CLS *fausser la vérité* §CLS

1079

blesser qqn au cœur : *chagriner qqn* §ORA

1080

boire à la grande tasse : *se noyer* §ORA ; *boire la tasse*

1081

boire à même qqc : *boire à la façon des animaux, sans se servir de verre* §PRA

1082

boire comme un trou : *boire beaucoup, trinquer* §ORA ; *boire comme un biberon, comme un Polonais, comme un puits, comme un tonneau, comme une éponge, comme une morue, comme une terre sèche*

1083

boire d'un trait : *avaler sans reprendre haleine tout le contenu d'un vase* §PRA

1084

boire dans son verre : *se dit pour inviter qqn à se mêler de ses affaires* §ORA

1085

boire en suisse : *boire tout seul, sans inviter les amis* §ROB

1086

boire la mer et les poissons : *avoir une soif inextinguible* §USU

1087

boire le calice jusqu'à la lie : *supporter une épreuve pénible jusqu'au bout* §USU ; *avaler le calice jusqu'à la lie; vider la coupe jusqu'à la lie*

1088

boire son butin : *dépenser ses biens à boire* §CLA ; *boire sa paye, son bien, sa maison*

1089

boire son chien de saoul : *trinquer, s'enivrer* §DEX ; *prendre une frime*

1090

boire sur les brakes : *boire de l'alcool à crédit* §DEX

1091

boire une tasse : *avaler involontairement de l'eau en se baignant* §ROB ; *boire un bouillon*

1092

botcher une job : *faire un travail sans soin* §DEX

1093

botter le derrière à qqn : *réprimander qqn* §ORA

1094

botter qqn au ras le péché : *lui donner des coups de pied au derrière* §ORA

1095

boucher un coin à qqn : *l'étonner vivement* §USU ; *boucher une surface, un trou à qqn*

1096

boucler ses malles : *se préparer au départ* §PRA ; *faire ses malles, ses valises*

1097

bouffer de la tarte aux poils : *lécher ou sucer le sexe d'une partenaire* §CEL

1098

bouillir d'impatience : *être très impatient* §ORA

1099

boutonner (se) en jaloux : *se tromper de boutonnière quand on ferme son vêtement à boutons* §BEA

1100

brandir l'étendard de la révolte : *menacer de se révolter* §ORA

1101

branler dans le manche : *se dit de qqn d'irrésolu, ou qui doute encore de son choix* §BEA

1102

brasser (se) le traîneau : *se remuer, se dépêcher* §DEX ; *se brasser les chnolles; se grouiller le cul, le derrière*

1103

brasser de la poussière pour rien : *bouleverser, perturber inutilement* §DEX ; *brasser de la poussière*

1104
brasser la cage à qqn : *semoncer qqn*
§DEX ; brasser le cadran, le canayen, la
canisse, le derrière à qqn

1105
briller par son absence : *se dit de qqn*
dont l'absence ne passe pas inaperçue §ORA

1106
briser le party : *interrompre le plaisir, la*
joie, notamment par des propos intempestifs
§DEX

1107
briser le tympan à qqn : *parler trop*
fort §PON

1108
brosser le chien : *faire la fête* §DIO

1109
brouiller les cartes : *détruire l'accord*
entre les personnes, l'harmonie entre les
choses §PON

1110
broyer du noir : *se laisser aller à une*
humeur sombre §PRA

1111
brûler (se) la cervelle : *se tuer d'un*
coup de fusil §ORA ; se flamber la cervelle

1112
brûler (se) les ailes : *être téméraire et*
échouer §ORA

1113
brûler de l'encens devant qqn :
flatter qqn §ORA

1114
brûler la chandelle par les deux
bouts : *épuiser son revenu ou ruiner sa*
santé par des excès §PON

1115
brûler les étapes : *aller plus vite que*
prévu, ne pas s'arrêter dans un progrès
§ROB

1116
brûler sa dernière cartouche : *faire*
usage du dernier moyen de défense qui reste
§PRA

1117
brûler ses mèches : *manquer son coup*
§GLO

1118
brûler ses vaisseaux : *accomplir un*
acte, une démarche qui ôte toute possibilité
de recul ou de revirement §ROB

C

1119
cabaler pour qqn : *intriguer, manœuvrer en faveur de qqn* §CLS

1120
cacher sa moissonneuse : *se dit de qqn d'effacé qui réussit un coup d'éclat* §ORA

1121
cacher son jeu : *dissimuler les moyens qu'on emploie pour réussir* §PON ; couvrir son jeu

1122
cailler (ne pas) sur l'estomac : *ne pas être gardé longtemps secret* §GLO ne pas *lambiner* §DEX

1123
câler ça à qqn : *chicaner qqn* §DEX ; conter ça à qqn

1124
caler de l'argent : *faire de mauvaises affaires* §ORA

1125
câler l'orignal dans le grand téléphone blanc : *dégueuler dans le bol de toilette* §ORA ; jaser dans le grand téléphone blanc

1126
caler un verre : *boire rapidement* §CLS

1127
câler une danse : *annoncer les figures au cours d'une danse carrée* §CLS ; câler un set; caller une danse, un set

1128
calmer (se) les nerfs : *se maîtriser* §ORA ; prendre sur soi

1129
canner devant la bouillie qui renverse : *fuir la difficulté des problèmes* §DEX

1130
canter une femme : *faire l'amour à une femme* §DEX

1131
capoter au bout : *déraisonner complètement, dérailler* §DEX ; capoter fort

1132
caresser la bouteille : *boire* §ORA

1133
casser (ne pas se) les jambes à faire qqc : *lambiner sur la tâche, paresser* §ORA ; ne pas se casser le bonnet, le tronc à faire qqc

1134
casser (ne) rien : *se dit d'un événement ou d'une situation tout à fait ordinaire* §ORA ; ne pas casser les vitres, les trois pattes à un canard

1135
casser (se) des assiettes sur la tête : *se chicaner, en venir aux coups* §ORA

1136
casser (se) la jambe : *accoucher* §SIM ; débouler; rester malade; prendre le lit; faire une trouvaille; trouver une fille ou d'un garçon

1137
casser (se) la margoulette : *échouer, manquer son coup* §DEX *se faire mal en tombant* §DEX

1138
casser (se) la nénette : *faire des efforts pour trouver une solution* §ORA

1139
casser (se) la tête : *se torturer l'esprit pour trouver ou deviner une chose, ou pour en retrouver une oubliée* §PRA ; *se creuser le citron, les méninges, la tête*

1140
casser (se) le cou : *rater une opération, une entreprise* §ORA ; *se casser le nez*

1141
casser (se) le nez sur la porte : *ne trouver personne au logis* §ORA *ne pouvoir entrer dans un lieu* §ORA

1142
casser (se) les assiettes : *tomber sur le postérieur* §CLS ; *se casser une assiette, se casser le porte-crotte; casser le verre de montre*

1143
casser (se) les dents sur qqc : *échouer* §USU ; *se casser les reins*

1144
casser (se) une cuisse : *devenir enceinte hors mariage* §DEX

1145
casser (se) une jambe : *devenir enceinte* §DUL

1146
casser bras et jambes à qqn : *enlever à qqn le courage ou la force d'agir* §PRA ; *couper bras et jambes à qqn*

1147
casser du sucre sur le dos de qqn : *dire du mal de lui en son absence* §USU

1148
casser la baraque : *remporter un succès triomphal* §USU *démolir, faire échouer brutalement une entreprise, faire un coup d'éclat, un scandale* §USU ; *casser la cabane*

1149
casser la croûte : *prendre un repas frugal* §ORA

1150
casser la glace : *dissiper la gêne, faire cesser la contrainte dans un entretien, une entrevue* §ORA ; *briser, rompre la glace*

1151
casser la margoulette à qqn : *donner une raclée à qqn* §DEX

1152
casser la politesse à qqn : *fausser compagnie à qqn* §DEX ; *brûler la politesse à qqn*

1153
casser le fun : *interrompre le plaisir de la fête* §ORA

1154
casser le morceau : *prendre une collation* §ORA

1155
casser les pieds à qqn : *embêter qqn* §ORA

1156
casser les reins à qqn : *empêcher les initiatives de qqn* §ORA ; *briser les reins de qqn*

1157
casser maison : *cesser de vivre dans sa maison ou son appartement et se débarrasser dans ce contexte, des meubles, de la lingerie et des choses encombrantes* §BEA

1158
casser sa parole : *manquer à sa promesse* §DEX

1159
casser sa pipe : *mourir* §ROB ; *aller au royaume des taupes; descendre la garde*

1160
casser sa pipe au ras le trente sous : *échouer* §DEX *faire une chute* §DEX *mourir* §DEX

1161
casser son français : *parler le français avec un accent étranger* §ORA

1162
casser une terre : *rendre un terrain cultivable* §SEU

1163
céder (ne pas) d'un pouce : *rester fermement sur ses positions* §ORA ; *ne pas reculer d'une semelle*

1164
céder à un homme : *(en parlant d'une femme) s'abandonner à un homme* §ROB

1165
changer (se) les sangs : *se calmer après une colère* §BEA ; *se calmer, se refroidir les sangs*

1166
changer d'idée comme de chemise : *changer très souvent d'idées* §ORA

1167
changer de batterie : *modifier ses plans, recourir à d'autres moyens* §PRA

1168
changer de disque : *parler d'autre chose, cesser de répéter qqc* §USU

1169
changer de gamme : *changer de ton, de discours ou de conduite* §USU ; changer de note

1170
changer de gomme avec qqn : *donner un baiser profond à qqn* §ORA

1171
changer de paroisse : *changer de camp politique* §ORA

1172
changer de pied d'ancre : *modifier son approche* §DEX

1173
changer de poil : *changer d'humeur* §ORA *se dit d'une chose dont l'aspect physique a été amélioré* §ORA

1174
changer de viande pour se mettre en appétit : *tromper son conjoint* §ORA

1175
changer la question : *implique que ce qui vient d'être dit donne un autre aspect à la question* §PRA

1176
changer le mal de place à qqn : *changer d'activité* §ORA

1177
changer quatre trente sous pour une piastre : *ne faire aucun bénéfice dans une transaction* §BEA

1178
changer son fusil d'épaule : *changer sa stratégie, son argumentation* §DEX

1179
chanter comme un rossignol : *bien chanter* §ORA ; chanter comme un serin

1180
chanter comme une corneille : *chanter faux* §DEX ; chanter comme une rangée de bois, comme une corde de bois qui déboule; chanter comme une mouche à vers

1181
chanter des bêtises à qqn : *lancer des injures, des invectives à qqn* §BEA ; dire des bêtises à qqn

1182
chanter la même chanson : *répéter la même chose* §ORA ; chanter la même antienne

1183
chanter la pomme à une femme : *chercher à obtenir les faveurs d'une femme* §ORA ; *faire la cour, l'amitié à une femme; faire de la broche, une broche à une femme; partir en découverte; aller à la poussière*

1184
chanter le coq : *crier victoire, se vanter* §BEA *tousser par quinte pendant une coqueluche* §SEU

1185
chanter matines : *annoncer le lever du jour* §SEU

1186
chanter misère : *se plaindre perpétuellement de son sort* §PRA

1187
chanter pouilles à qqn : *enjôler qqn* §DEX *l'accabler d'injures, de reproches* §ROB

1188
chanter sa gamme à qqn : *lui défiler tous les griefs qu'on a contre lui* §PON ; chanter une gamme à qqn

1189
chanter son libera : *dire adieu* §CEL

1190
chanter une chanson à qqn : *flatter, amadouer qqn* §DEX

1191
charger qqn à dos : *enivrer qqn* §GLO

1192
chatouiller (se) pour se faire rire : *se forcer à rire* §PON

1193
chatouiller la queue du diable avec l'argent de la messe : *se livrer à toutes les compromissions* §CLS

1194
chauffer (se) la guerloute : *se chauffer le derrière près du poêle* §DEX

1195
chauffer la couenne à qqn : *donner une raclée, une fessée à qqn* §DEX

1196
chauffer le casque à qqn : *réprimander vertement qqn* §DEX

1197
chauffer le four : *boire des liqueurs fortes* §DIO *faire l'amour à une femme* §DEX

1198
chauffer qqn : *exciter qqn* §PON

1199
checker ses claques : *être prudent, vigilant* §DEX

1200
chenailler par là : *déguerpir, filer à toute vitesse* §DEX

1201
chenailler son affaire : *savoir agir avec célérité* §DEX

1202
chercher (se) des poux : *chercher des motifs, des raisons à ses gestes* §DEX

1203
chercher à qui s'en prendre : *chercher qqn sur qui rejeter la faute* §PRA

1204
chercher des poux à qqn : *chercher querelle à qqn, embêter qqn avec des détails* §ORA ; *chercher des puces à qqn*

1205
chercher la bagarre : *provoquer qqn* §ORA ; *chercher la chicane, le trouble*

1206
chercher la corde à tourner le vent : *désirer, chercher l'impossible* §DEX ; *chercher la corde à virer le vent*

1207
chercher la petite bête : *être extrêmement méticuleux ou s'efforcer de découvrir une erreur, une irrégularité* §ROB ; *chercher la bête noire; chercher des taches dans le soleil*

1208
chercher la quadrature du cercle : *chercher l'impossible* §PON ; *chercher la pierre philosophale, le mouvement perpétuel*

1209
chercher le soleil en plein midi : *chercher une chose qui crève les yeux* §DIO

1210
chercher midi à quatorze heures : *chercher des difficultés où il n'y en a pas, compliquer les choses* §ROB ; *chercher de midi à quatorze heures*

1211
chercher noise à qqn : *chercher l'occasion d'une dispute* §ORA

1212
chercher une aiguille dans un voyage de foin : *faire une recherche vouée à l'échec ou sans aucun espoir* §ORA ; *chercher une aiguille dans une botte de foin*

1213
chier (se) le cœur : *être trop généreux* §ORA

1214
chier dans le dos de qqn : *ridiculiser qqn derrière son dos* §DEX

1215
chier dans ses bottes : *avoir peur, être effrayé* §BEA ; *faire dans ses bottes, dans ses culottes, dans ses chausses*

1216
chier sur la tête de qqn : *ridiculiser, insulter qqn* §DEX

1217
chier sur le bacul : *refuser de travailler, paresser au travail* §BEA *refuser d'agir par poltronnerie* §SEU ; *s'asseoir sur le bacul, sur son steak*

1218
chiquer la guenille : *être de mauvaise humeur, ronchonner* §BEA *bavarder de tout et de rien* §BEA

1219
chiquer la guenille sur qqn : *déblatérer sur qqn, dénigrer qqn* §DEX

1220
cirer ses bottes : *se préparer à mourir en recevant l'extrême-onction* §CLS

1221
clairer la place : *s'esquiver* §ORA ; *clairer le chemin, la voie*

1222
claquer le coup : *boire plus souvent qu'à son tour* §DIO

1223
cogner (se) la tête contre les murs : *se désespérer* §USU ; *se taper, se casser, se jeter la tête contre les murs*

1224
cogner des clous : *hocher de la tête pour lutter contre le sommeil* §DEX ; planter des clous; cogner, planter des piquets

1225
coiffer (se) de qqn : *être amoureux, entiché de qqn* §USU ; être coiffé de qqn

1226
coiffer Sainte-Catherine : *rester fille* §PRA

1227
coller à cul-plat sur son siège : *se caler dans son siège* §DEX

1228
coller à qqn comme la glu : *importuner qqn, le suivre partout* §ORA

1229
coller les mouches au plafond : *(en parlant d'un homme) se masturber au lit, couché sur le dos* §ORA

1230
coller qqn au cul : *le serrer de près, le censurer* §DUN

1231
combler la mesure : *arriver à la dernière minute de qqc* §PON

1232
commander qqn à la baguette : *commander qqn avec autorité et vigueur* §ROB ; mener qqn à la baguette

1233
commencer à s'écouter pisser sur les écopeaux : *commencer à avoir des idées sexuelles à l'âge de la puberté* §BEA

1234
commencer au bas de l'échelle : *commencer au plus bas dans la hiérarchie* §ORA

1235
comprendre sa douleur : *souffrir beaucoup* §USU *se rendre compte de sa bêtise* §ORA ; voir sa douleur

1236
compter l'un sans l'autre : *compter en laissant tomber les nombres pairs* §DUL

1237
compter les moutons : *indique une longue attente avant de dormir* §ORA

1238
compter pour des pinottes : *être négligé ou méprisé, ne pas être pris en considération* §ORA

1239
compter ses sous : *être radin* §ORA ; compter ses cennes

1240
condamner un malade : *enlever tout espoir de guérison* §PON

1241
condamner une maison : *en clore toutes les ouvertures avec des planches, des panneaux, pour la laisser inhabitée* §DUL

1242
condamner une porte : *bloquer une porte pour en rendre l'usage impossible (pendant la saison froide)* §ORA

1243
conduire comme un cowboy : *conduire vite et imprudemment* §ORA

1244
conduire qqn au doigt et à l'œil : *avec vigilance et précision* §USU ; mener, régler qqn au doigt et à l'œil

1245
connaître (en) un rayon : *être très compétent (dans un domaine)* §USU

1246
connaître (ne) qqn ni d'Eve ni d'Adam : *n'avoir jamais entendu parler de lui, ne l'avoir jamais vu* §PON

1247
connaître la game : *avoir de l'expérience, connaître les ficelles* §DEX ; connaître l'heure, la chanson, la gamique, la gammique, la gammick, la musique, le tabac, le terrain, le tour du bâton

1248
connaître le fond et le tréfond d'une affaire : *en connaître même les dessous, les replis* §PON

1249
connaître le fort et le faible de qqn : *n'ignorer ni les défauts ni les qualités de qqn* §PRA

1250
connaître le jeu de qqn : *savoir ce que qqn manigance* §ORA

1251
connaître le portrait de qqn : *prendre la véritable mesure de qqn* §DEX ; avoir, prendre, reconnaître le portrait de qqn

1252
connaître le tabac : *être au courant,*

avoir de l'expérience §BEA en parlant d'une jeune fille, connaître l'amour §DUL
1253
connaître les aires : être familier avec un endroit §ORA
1254
connaître les ficelles du métier : en connaître les procédés artificiels §PON
1255
connaître qqc dans les coins : connaître à fond et par le menu §RAT
1256
connaître qqn ou qqc comme une prière : connaître parfaitement §DEX ; connaître qqn ou qqc comme le fond de sa poche, comme ses bottes ; savoir qqn par cœur; avoir fait le tour de qqn
1257
connaître ses classiques : avoir de la culture §ORA
1258
connaître son monde : connaître les défauts et les faiblesses de ceux avec qui l'on vit §PON
1259
conserver sa fleur : être spontané §ORA en parlant d'une femme, être vierge §ORA
1260
construire des châteaux de cartes : faire des rêves, des projets faciles et vains §ROB
1261
contempler (se) le nombril : être égocentrique et prétentieux §USU ; se regarder le nombril
1262
conter des peurs à qqn : raconter des histoires peu crédibles, des blagues, des mensonges purs §BEA
1263
conter des pipes à qqn : tromper, raconter des mensonges à qqn §DEX
1264
conter fleurette à qqn : parler d'amour à une jeune fille sans intention sérieuse §PRA
1265
conter qqc par le menu : rapporter un événement ou un incident sans en omettre le moindre détail §PRA

1266
conter une romance à qqn : tenir des propos invraisemblables §ORA
1267
convoler en justes noces : se marier §ROB
1268
corner aux oreilles de qqn : parler très fort à qqn, lui ressasser qqc §ROB
1269
coucher (se) à l'heure des poules : se coucher de bonne heure §DEX ; se coucher comme, avec les poules
1270
coucher (se) en cochon : se coucher tout habillé §DEX ; se coucher tout cru, tout attelé, tout rond ; se coucher comme un cochon
1271
coucher (se) en rôle de chien : se coucher tout habillé §DEX ; se coucher en cuiller, en mouton, en pompier, en oignon, en paresseux
1272
coucher à la belle étoile : passer la nuit en plein air §PRA
1273
coucher au noir : coucher dans le bois, à l'affût §DEX
1274
coucher les fesses nu-tête : dormir nu ou insuffisamment couvert (se dit pour expliquer pourquoi on a le rhume) §BEA ; dormir les fesses nu-tête, les fesses à l'air
1275
coucher qqn du poignet : le battre dans une partie de bras-de-fer §ORA
1276
coucher qqn sur le carreau : renverser qqn grièvement blessé ou mort sur le sol, le plancher §PRA
1277
coucher qqn sur son testament : s'en faire un héritier §ORA
1278
coucher sur la dure : passer la nuit étendu sur le sol ou sur un plancher §PRA ; coucher sur le dur
1279
couler (se la) douce : faire une belle vie, une vie facile §BEA

1280
couler à pic : *sombrer, échouer brusquement* §USU

1281
couler de source : *expression servant à affirmer l'origine logique d'un fait* §PRA

1282
couper (se) en parlant : *laisser échapper une parole qui va contre ce qu'on vient d'affirmer* §PON

1283
couper comme un manche de hache : *mal couper, avoir le tranchant émoussé* §DEX ; couper comme un mal de ventre; ne pas couper plus que des genoux de veuve

1284
couper dans le gras : *couper dans le superflu* §DEX ; trancher dans le gras

1285
couper dans le vif : *prendre des mesures décisives, particulièrement énergiques* §USU ; trancher dans le vif

1286
couper épais : *avoir l'esprit lourd, grossier* §GLO

1287
couper l'arbre pour avoir le fruit : *tarir la source de la richesse* §ROB

1288
couper l'herbe sous les pieds à qqn : *expression servant à qualifier le tort causé par une concurrence* §PRA

1289
couper la chique à qqn : *l'interrompre brutalement, l'interloquer, lui causer une vive surprise* §USU ; couper la parole, le sifflet à qqn

1290
couper la poire en deux : *partager une bonne chose avec qqn* §DUN *arriver à un compromis* §ORA

1291
couper le cordon ombilical : *se détacher de ses origines* §USU *partir de la demeure de ses parents* §ORA

1292
couper le souffle à qqn : *causer une grande surprise à qqn* §ORA ; couper le respir à qqn

1293
couper les ponts avec qqn : *interrompre toute relation avec qqn* §USU

1294
couper les vivres à qqn : *ne plus lui donner de subsides* §ROB

1295
courber l'échine : *avoir un comportement servile, complaisant* §USU ; plier, tendre l'échine

1296
courir (ne pas) les rues : *se dit pour qualifier la rareté d'une chose* §ORA

1297
courir à bride abattue : *courir à toute vitesse* §DEX ; aller à bride abattue

1298
courir à perdre haleine : *implique une course rapide, prolongée et sans halte* §PRA ; courir à toutes jambes; courir à fendre l'air

1299
courir après son ombre : *poursuivre en vain un objectif inaccessible* §ORA

1300
courir après son souffle : *chercher son souffle, être hors d'haleine* §DEX

1301
courir comme le vent : *très vite* §USU ; aller plus vite que le vent

1302
courir comme une queue de veau : *courir à droite et à gauche sans but précis* §DEX

1303
courir comme une tortue : *avancer lentement* §DEX

1304
courir des bordées : *s'absenter sans permission et de là, s'amuser à courir cabarets et mauvais lieux* §DUN ; courir une bordée

1305
courir deux lièvres à la fois : *poursuivre simultanément deux buts différents* §PRA

1306
courir la chèvre : *se dit d'un homme qui recherche la compagnie féminine* §DEX

1307
courir le cachet : *chercher des leçons à domicile, des engagements pour une soirée, etc. (en parlant d'artistes, de musiciens)* §USU

1308
courir le même lièvre que qqn :
poursuivre un but identique §PRA

1309
courir le poisson d'avril : *se faire jouer un tour le premier avril* §ORA

1310
courir le risque de qqc : *s'exposer au danger de qqc* §PRA

1311
courir les châssis : *aller lorgner par la fenêtre des voisins* §DEX *pour un jeune homme, aller reluquer les jeunes filles à travers les fenêtres des maisons* §DEX

1312
courir les chemins : *rechercher les aventures galantes* §DEX ; courir la bourdaine, la galipette, la galipotte, la prétentaine, la ribambelle, les chemins, les jupons, les rues

1313
courir par monts et vaux : *expression applicable à une recherche longue et infructueuse* §PRA

1314
courir son mille : *déguerpir, courir à toute vitesse* §DEX

1315
courir ventre à terre : *courir à toute vitesse* §BEA

1316
coûter la peau des fesses : *coûter excessivement cher* §ORA ; coûter les yeux de la tête; coûter des pinottes; coûter un bras

1317
couver à la dérobée : *manquer de fidélité (en parlant d'une femme)* §CLS

1318
couver qqn ou qqc des yeux : *regarder avec un intérêt passionné* §USU

1319
couvrir son jeu : *le cacher, le déguiser* §PON

1320
cracher (ne pas) dedans : *aimer les boissons alcooliques* §DIO

1321
cracher (ne pas) dessus qqc : *ne pas dédaigner, ou même trop aimer* §BEA

1322
cracher (ne pas) sur qqn ou qqc : *se dit pour indiquer que qqn ou qqc plaît* §ORA

1323
cracher (se) les poumons : *expectorer abondamment* §ORA

1324
cracher blanc : *avoir soif* §DIO

1325
cracher court : *être ivre* §CLS

1326
cracher dans la fourche : *faire l'amour à une femme* §DEX

1327
cracher des trente-sous : *cracher un rhume* §DIO

1328
cracher en l'air : *être imprévoyant pour soi* §ORA

1329
cracher le morceau : *passer aux aveux* §ORA ; cracher la vérité

1330
craindre qqn ou qqc comme le feu : *implique une grande frayeur ou une forte répugnance* §PRA

1331
crêper (se) le chignon : *se dit de femmes qui se battent, se disputent* §ROB

1332
creuser (se) la cervelle : *se livrer à une réflexion profonde* §PON

1333
creuser sa fosse : *faire des excès qui ruinent la santé* §PON

1334
creuser sa tombe avec ses dents : *faire des excès à table* §ORA

1335
creuser son sillon : *vivre sa vie* §DEX *entreprendre un projet lentement et sûrement* §PON

1336
crever le ballon de qqn : *briser le rêve, les illusions de qqn* §DEX

1337
crier après qqn : *appeler qqn en criant* §SEU

1338
crier au meurtre : *crier à tue-tête* §ORA ; crier comme un diable, comme un sourd, comme un perdu, comme un aveugle qui a perdu son bâton, comme une piroche; crier du haut de sa tête;

crier à démonter les horloges; beugler comme un enragé

1339
crier comme une démone : *se dit d'une femme qui crie à tue-tête* §DEX

1340
crier des noms à qqn : *dire, donner des sobriquets à qqn* §BEA ; appeler, dire des noms à qqn

1341
crier famine : *se plaindre de ses modestes ressources* §ROB

1342
crier haro sur qqn ou qqc : *manifester publiquement son indignation ou sa réprobation* §USU

1343
crier miracle : *être étonné d'un bienfait inattendu* §ORA ; crier au miracle

1344
crier qqc sur les toits : *donner une grande publicité à qqc* §PRA ; crier qqc à tout venant

1345
crier tollé contre qqn : *soulever une clameur d'indignation* §PON

1346
crisser qqn ou qqc là : *abandonner, laisser sur place qqn ou qqc* §ORA

1347
crocheter une fille : *faire l'amour à une femme* §DEX ; se crocheter, s'accrocher une fille

1348
crochir (se) les doigts à force de gratter : *tellement travailler à faire de l'argent qu'on en devient infirme, tout rachitique* §CLS

1349
croire (se) issu de la cuisse de Jupiter : *se croire de naissance supérieure* §ORA

1350
croire (se) le premier moutardier du pape : *se prendre à tort pour un personnage important* §ROB

1351
croiser (se) les bras : *ne rien faire alors que la situation l'exigerait* §ORA

1352
croiser le fer avec qqn : *se battre à l'arme blanche* §PRA *avoir une altercation avec qqn* §ORA

1353
croquer marmotte : *attendre, languir, ronger son frein* §DEX ; croquer le marmot

1354
croquer une fortune : *la gaspiller rapidement* §PON ; croquer un héritage

1355
crosser qqn : *berner, tromper qqn* §DEX ; faire une crossette à qqn

1356
crotter fin : *être intimidé, gêné* §DEX *se sentir embarrassé, confus* §DEX

1357
cueillir les lauriers : *avoir les mérites de qqc* §ORA

1358
cuisiner qqn : *l'interroger, chercher à obtenir de lui des aveux par tous les moyens* §ROB

1359
cultiver son jardin : *mener une vie calme et industrieuse, sans se préoccuper d'autrui et de la marche du monde* §USU

1360
cuver son vin : *expression applicable à un homme qui a trop bu et qui dort d'un sommeil lourd et profond* §PRA

D

1361
damer le pion à qqn : *l'emporter sur lui, le surpasser, répondre victorieusement à ses attaques* §ROB

1362
danser comme une marionnette : *danser avec entrain, en se contorsionnant* §DEX

1363
danser la gigue : *se faire donner une raclée* §DEX

1364
danser la gigue de l'ours : *sauter de joie* §DEX

1365
danser sur la gueule : *danser au son de la voix* §DEX

1366
danser sur un volcan : *vivre une situation périlleuse* §ORA

1367
dater de l'année du siège : *se dit d'une chose ou d'un événement très vieux, très loin dans le temps* §BEA ; dater de loin; dater de la guerre de quatorze

1368
débarquer de dessus le dos de qqn : *laisser la paix à qqn, arrêter de l'importuner, de l'assaillir de reproches, de paroles blessantes* §BEA

1369
débarrer (se) les mâchoires : *se mettre à parler* §DEX

1370
débattre (se) comme un diable dans l'eau bénite : *faire de gros efforts pour se sortir d'une situation fâcheuse* §ORA ; se démener comme un diable dans l'eau bénite

1371
débiter des bêtises : *accumuler des bourdes* §ORA

1372
déblayer le terrain : *faire disparaître les obstacles qui empêchent qqc* §PON

1373
débourrer (se) le cœur : *se confier à qqn* §CLS ; se décharger le cœur

1374
débrouiller (se) avec les moyens du bord : *se contenter des ressources disponibles* §ORA

1375
décharger sa rate : *laisser éclater sa mauvaise humeur* §USU ; laisser aller sa bile

1376
déchirer qqn à belles dents : *en dire beaucoup de mal* §PON

1377
déclarer forfait : *abandonner, se retirer (d'une compétition, d'une entreprise)* §USU

1378
décliner ses titres : *faire une énumération complaisante de ses droits et prérogatives* §PRA

1379
découvrir la mèche : *découvrir le secret d'un complot, une machination* §ROB

1380
découvrir le pot aux roses : *avoir trouvé la clé d'un mystère et se faire un plaisir de l'ébruiter* §PRA

1381
découvrir ses batteries : *attaquer ouvertement* §ORA

1382
décrocher la lune : *donner sans compter* §ORA

1383
déculotter (se) : *devenir mauvais, en parlant du temps* §ORA

1384
déculotter qqn : *voler, tromper qqn* §DEX *démasquer qqn* §DEX

1385
déculotter un nègre : *se dit quand deux personnes prononcent les mêmes paroles en même temps* §DEX

1386
défendre (se) comme un lion : *se défendre avec énergie* §ORA

1387
défendre sa porte à qqn : *refuser de recevoir qqn* §ORA

1388
déferrer qqn des quatre pieds : *déconcerter qqn* §PON

1389
défiler son chapelet : *dire tout ce qu'on a à dire à qqn* §PON ; *dévider son chapelet; dire un chapelet de bêtises à qqn*

1390
défintiser qqc : *briser, détruire qqc* §ORA ; *défuntiser qqc*

1391
défrayer la compagnie : *amuser, faire rire par des bons mots, des plaisanteries* §DUN

1392
défrayer la conversation : *constituer le sujet unique de l'entretien* §PRA

1393
dégourdir (se) le canayen : *se secouer, s'activer, se réveiller* §CEL

1394
dégourdir (se) le poireau : *aller au*

plaisir, en parlant d'un homme qui en a été privé longtemps §CEL

1395
dégourdir (se) les jambes : *faire de l'exercice* §ORA

1396
dégraisser (se) le cœur : *se remettre l'estomac en changeant d'alimentation* §DIO

1397
dégraisser son fusil avant le temps : *éjaculer prématurément* §ORA

1398
déguiser (se) en coup de vent : *partir précipitamment, déguerpir* §DEX ; *se déguiser en courant d'air*

1399
délayer ses idées : *les rendre languissantes en les exposant longuement* §PON

1400
démancher (se) pour obtenir qqc : *se donner beaucoup de mal* §PON ; *se démener pour qqc*

1401
demander (ne pas) mieux : *expression servant à accepter avec empressement une proposition ou à témoigner un désir* §PRA

1402
demander (ne pas) son reste : *ne pas insister, juger en avoir eu pour son compte (en fait de reproches, de tâches imposées, etc.)* §ROB

1403
demander (se) si c'est du lard ou du cochon : *hésiter entre deux choses, deux interprétations très voisines, malgré l'opposition de leurs apparences* §USU

1404
demander après qqn : *faire venir qqn* §ORA

1405
demander la lune : *chercher l'impossible, avoir de trop grandes exigences* §USU

1406
demander la main de qqn : *demander la permission d'épouser une jeune fille* §ORA

1407
demander qqc en grâce : *expression applicable à une très ardente requête ou supplication* §PRA

1408
demander raison de qqc : *réclamer satisfaction* §PRA

1409
déménager ses bottines : *se remuer,
être rapide, dynamique* §DEX

1410
demeurer les bras croisés : *demeurer
dans l'inaction* §PON

1411
demeurer penaud : *être honteux d'une
déconvenue* §PON ; *capot*

1412
demeurer porte à porte : *être tout
proches voisins* §PRA ; *rester porte à porte*

1413
demeurer sur sa bonne bouche : *ne
plus rien prendre après une chose dont on
veut garder le goût agréable* §PON

1414
démontrer qqc par A plus B :
prouver qqc avec une rigueur mathématique
§PON

1415
démordre (ne pas) de qqc : *expression
applicable à celui qui se cramponne à son
opinion* §PRA

1416
dénicher des parkings : *épier des
amoureux dans une voiture* §ORA

1417
dépaqueter (se) : *dissiper son ivresse*
§DEX

1418
dépayer (ne pas) qqn : *arranger, accommoder qqn* §DEX

1419
dépayser qqn : *le faire changer de vie*
§PON *changer l'environnement de qqn* §ORA

1420
dépenser sa salive pour rien : *parler
pour ne rien dire* §ORA *tenter en vain de
convaincre qqn* §ORA

1421
déployer ses ailes : *partir* §PRA

1422
dérougir (ne pas) : *ne pas désemplir*
§BEA *ne pas s'arrêter, ne pas y avoir relâche*
§DEX

1423
désâmer (se) à qqc : *s'éreinter à faire
qqc* §ROU

1424
descendre comme une masse : *descendre lourdement* §DEX ; *tomber comme
une masse*

1425
descendre dans l'arène : *être combatif*
§ORA

1426
descendre dans la rue : *participer à
une manifestation* §ORA

1427
descendre en bas : *sortir de la forêt
après un hiver au chantier* §DEX *aller vers les
régions peuplées du sud* §DEX ; *descendre
par en bas*

1428
descendre qqn en flèche : *dénigrer qqn*
§ORA

1429
descendre tous les saints du ciel :
proférer une série de blasphèmes §BEA ;
*descendre tout ce qu'il y a sur l'autel;
dégréyer l'autel; dire le chapelet, des
chapelets*

1430
désespérer de qqn : *perdre l'espoir de
son amendement* §PON

1431
**déshabiller Pierre pour habiller
Paul :** *dépouiller l'un pour secourir l'autre*
§DEX ; *découvrir, déshabiller saint Pierre
pour couvrir, pour habiller saint Paul*

1432
déshabiller qqn des yeux : *désirer
sexuellement qqn* §ORA

1433
desserrer (ne pas) les dents : *se taire
obstinément* §PRA

1434
déteindre sur qqn : *faire prendre qqc de
son caractère à qqn* §PON

1435
dételer un homme : *désarçonner, faire
perdre contenance* §DEX

1436
déterrer des vieilles histoires : *ra-
viver de mauvais souvenirs* §ORA ; *déterrer
les morts*

1437
devenir orignal : *se dit d'un homme qui
s'excite sexuellement* §DEX

1438
dévider un écheveau : *travailler à élucider une question obscure* §PRA

1439
deviner les fêtes quand elles sont passées : *se donner des airs de prophète en prédisant ce que tout le monde voit* §PRA

1440
dévisser (se) le canayen : *se remuer* §DEX ; *se dévisser le québécois; se maganer le canayen, le québécois*

1441
devoir (se) le cul : *être criblé de dettes* §DEX

1442
devoir du retour à qqn : *avoir fait moins pour lui qu'il n'a fait pour nous* §PON

1443
devoir une chandelle à sainte Anne : *lui être redevable* §DEX ; *devoir une chandelle à la Vierge, à Dieu*

1444
dévouer (se) corps et âme pour qqn ou qqc : *être très dévoué* §ORA

1445
dîner par cœur : *se passer de dîner* §PON

1446
dire (ne pas) un traître mot : *rester silencieux, ne pas dire un mot* §PON ; *ne pas dire un mot sur la game*

1447
dire bien des choses à qqn : *transmettre les amitiés de qqn* §ORA

1448
dire des choses à l'envers : *radoter* §DEX

1449
dire des messes basses : *parler en mal des autres à voix basse* §ORA

1450
dire des paroles en l'air : *parler de façon irréfléchie* §ORA

1451
dire deux mots à qqn : *faire une réprimande à qqn* §USU

1452
dire le fin mot de qqc : *révéler enfin ce qu'on avait caché jusque-là* §PRA

1453
dire les sept péchés mortels de qqn : *dire tout le mal imaginable de qqn* §PON

1454
dire qqc autant comme autant : *dire qqc des quantités de fois* §DEX

1455
dire qqc du bout des lèvres : *dire qqc sans le penser* §USU

1456
dire qqc sur tous les tons : *ne laisser ignorer qqc à personne* §PRA

1457
dire ses vérités à qqn : *dire la vérité sur ses défauts* §PON ; *dire ses quatre vérités à qqn*

1458
dire son mot : *revendiquer le droit qu'on a de donner son avis* §PRA

1459
dire un chapelet en bardeaux : *dire un chapelet à toute allure* §CLS

1460
discuter sur le sexe des anges : *se livrer à des discussions oiseuses* §ORA

1461
disparaître de la circulation : *ne plus donner de ses nouvelles* §ORA ; *disparaître de la mappe*

1462
donner ça à qqn : *engueuler qqn, lui donner une raclée* §DEX

1463
donner (ne pas) cher pour qqc : *estimer peu qqc* §ORA

1464
donner (ne pas) sa place : *être un boute-en-train* §ORA *être un leader* §ORA ; *ne pas donner son tour*

1465
donner (ne se) ni trêve ni repos : *désigne la poursuite acharnée et ininterrompue d'un but* §PRA

1466
donner (s'en) à cœur joie : *profiter pleinement de qqc* §ORA ; *s'en donner jusque-là*

1467
donner (se) à moitié : *donner sa ferme* §ORA

1468
donner (se) de l'eau : *accélérer* §DEX

1469
donner (se) de la peine : *se fatiguer,*

se dépenser pour obtenir qqc §ORA ; *se donner du mal, du trouble*

1470
donner (se) des airs : *assumer une importance d'emprunt* §PRA ; *prendre des grands airs*

1471
donner (se) des coups de pied au derrière : *s'encourager, se motiver* §ORA ; *se donner des coups de pied dans le derrière, au cul*

1472
donner (se) du pep : *prendre un verre d'alcool pour se remonter le moral* §ORA

1473
donner (se) en spectacle : *se montrer, s'exhiber* §USU

1474
donner (se) le mot pour qqc : *s'entendre d'avance pour agir tous de la même manière* §PRA

1475
donner (se) un genre : *avoir un comportement snob* §ORA

1476
donner (se) un kick : *se donner de l'exaltation, du plaisir* §DEX

1477
donner (se) un ton : *prendre le langage et les manières de la haute classe* §ORA ; *se donner, prendre un air, des airs*

1478
donner (se) une erre d'aller : *s'encourager* §ORA ; *se donner un coup de torchon*

1479
donner (se) une go : *s'offrir une partie de plaisir* §DEX

1480
donner à entendre que qqc : *faire deviner ce que l'on n'ose dire ouvertement* §ORA

1481
donner à penser : *faire naître chez qqn une opinion, une croyance, un soupçon* §PRA ; *donner à croire*

1482
donner à pleines mains : *se montrer d'une générosité ou libéralité excessive* §PRA

1483
donner dans le ridicule : *se laisser entraîner, s'exposer à faire rire ou à*

scandaliser §PRA

1484
donner de l'erre : *accélérer le mouvement d'une machine, l'allure d'un cheval* §ORA

1485
donner de la bande : *pencher* §ORA

1486
donner de la corde à qqn : *donner du jeu, une certaine liberté, de la marge* §BEA

1487
donner de la marde à qqn : *injurier, chicaner qqn* §DEX

1488
donner des coups de pied au soleil : *faire la fête* §DEX

1489
donner des pigeonnes à qqn : *jeter un (mauvais) sort* §GLO

1490
donner du bacul à qqn : *lui donner l'occasion de travailler moins à cause de son jeune âge ou de son âge avancé* §DUL

1491
donner du fil à retordre à qqn : *donner de la misère et de l'embarras à qqn* §DUN ; *donner, faire du trouble à qqn*

1492
donner du pic : *donner du goût* §CLS ; *donner du piquant*

1493
donner du poil : *faire un effort supplémentaire* §DUL ; *mettre du poil*

1494
donner du pushing à qqn : *recommander indûment qqn, contribuer par des passe-droits à l'avancement de qqn* §DEX

1495
donner essor à qqc : *laisser éclater des sentiments longtemps contenus* §PRA

1496
donner l'erre à qqn : *encourager qqn* §ORA

1497
donner l'éveil à qqn : *l'inciter à se tenir sur ses gardes* §PON

1498
donner l'heure à qqn : *dire sa façon de penser à qqn* §DEX

1499
donner la bascule à qqn : *se dit du jeu par lequel on souligne l'anniversaire du*

copain, on le saisit par les épaules et par les pieds, et en le balançant on lui frappe les fesses à terre une fois pour chacune de ses années §BEA

1500
donner la claque : *fournir tout l'effort qu'il faut pour accomplir ce qui est à faire* §BEA ; y donner ça

1501
donner la clé de qqc : *expliquer un mystère* §PRA

1502
donner la lune à qqn : *tout donner à qqn* §ORA

1503
donner la pelle à qqn : *éconduire un amoureux* §DEX ; donner le sac, le sac d'avoine à qqn; donner la claque à qqn; casser la pelle à qqn

1504
donner le Bon Dieu sans confession à qqn : *avoir une confiance aveugle en qqn* §DEX

1505
donner le branle à qqn : *donner une semonce à qqn* §GLO

1506
donner le change à qqn : *l'induire en erreur en lui faisant prendre une chose pour une autre* §PON

1507
donner le coup de grâce à qqn : *mettre fin aux tortures physiques ou morales de qqn* §ORA

1508
donner le coup de l'étrier à qqn : *offrir un dernier verre à qqn sur le point de partir* §ORA

1509
donner le dernier coup de fion à qqc : *soigner un travail en l'achevant* §ORA

1510
donner le diable à qqn : *faire des remontrances à qqn, sermonner qqn* §CLS ; mener le diable à qqn

1511
donner le feu vert à qqc : *autoriser officiellement (une action)* §ROB

1512
donner le mot à qqn : *mettre qqn dans le secret* §ORA

1513
donner le ton : *entraîner la discussion, amorcer un mouvement* §ORA

1514
donner prise à qqc : *s'exposer à un blâme, à une critique* §PRA

1515
donner qqc en mille : *formule usitée lorsqu'on veut faire deviner qqc à qqn* §PRA ; donner qqc en cent

1516
donner qqc pour des pinottes : *céder qqc pour presque rien* §DEX ; donner qqc pour des cenelles, pour des chandelles

1517
donner raison à qqn : *estimer qu'il est dans la vérité, ou dans son bon droit* §USU

1518
donner sa galette à qqn : *congédier qqn* §GLO ; faire sa galette à qqn

1519
donner sa langue aux chats : *s'avouer incapable de trouver une solution* §ROB ; donner aux chiens

1520
donner sa mesure : *montrer, par une action bonne ou mauvaise, son vrai caractère* §PRA

1521
donner sa notice à qqn : *congédier, renvoyer qqn* §ORA ; donner son bleu, son billet, ses bottes, ses huit jours à qqn

1522
donner sa parole d'honneur : *expression servant à renforcer la valeur d'un engagement pris ou affirmer la vérité de ce qu'on énonce* §PRA

1523
donner sa paye à qqn : *éconduire qqn (notamment un amoureux)* §DEX ; donner sa carte, sa carte de visite, son biscuit, son bleu, son chèque, son chapeau, son G. B., son ticket à qqn

1524
donner sa portion à qqn : *éconduire qqn (notamment un amoureux)* §DEX ; donner un coup de pied à qqn; donner la claque à qqn; mettre qqn sur la pelle; mettre qqn à l'herbe, au pacage; sonner sa mitaine à qqn

1525
donner signe de vie : *donner de ses nouvelles* §ORA

1526
donner son biscuit à une femme : *faire l'amour à une femme* §DEX ; donner sa pilule à une femme

1527
donner son call-down à qqn : *éconduire un prétendant* §DEX

1528
donner son fiat à qqn : *donner son accord sans condition* §BEA

1529
donner tête baissée dans qqc : *indique que, par naïveté, on s'est laissé prendre à un piège* §PRA

1530
donner un bec en pincettes : *donner une bise en pinçant les joues* §DEX ; donner un bec à pincettes

1531
donner un chèque en blanc à qqn : *accorder toute latitude d'agir à qqn* §ORA ; donner carte blanche à qqn

1532
donner un coup d'épée dans l'eau : *prendre une mesure énergique destinée à demeurer sans effet* §PRA

1533
donner un coup d'épingle à qqn : *faire une insinuation blessante à l'endroit de qqn* §PRA

1534
donner un coup de collier : *faire un effort supplémentaire pour atteindre un but souhaité* §PRA ; donner un coup de cœur

1535
donner un coup de fil à qqn : *téléphoner à qqn* §ORA

1536
donner un coup de fouet à qqn : *l'exciter, le stimuler à agir* §PON ; donner le sang à qqn

1537
donner un coup de griffe à qqn : *faire de la médisance* §PON

1538
donner un coup de main à qqn : *lui donner une aide momentanée* §ROB ; donner un coup de pouce à qqn; donner un coup d'épaule, prêter l'épaule à qqn

1539
donner un french kiss à qqn : *donner un baiser profond à qqn* §ORA ;

rouler un patin à qqn

1540
donner un galot à qqn : *réprimander vertement qqn* §CLA ; donner un galop à qqn

1541
donner un lift à qqn : *faire monter qqn en voiture* §DEX

1542
donner un os à ronger à qqn : *mettre qqn aux prises avec quelques difficultés* §PON

1543
donner une attisée : *travailler vite, redoubler d'efforts* §ORA

1544
donner une battée : *décupler d'efforts (notamment pour terminer un travail)* §DEX

1545
donner une bauche à qqn : *venir en aide à qqn* §CLS

1546
donner une beurrée à qqn : *éconduire qqn* §DEX ; mettre qqn à l'herbe

1547
donner une bourrée : *faire un effort soudain et intensif, qui ne durera pas, pour accomplir une tâche quelconque* §BEA ; donner une pull

1548
donner une croûte de pain : *remplir partiellement ses promesses* §DEX

1549
donner une entorse à qqc : *ne pas respecter qqc* §ROB

1550
donner une erre d'aller à qqn : *venir en aide à qqn* §ORA

1551
donner une go à qqn : *admonester qqn* §ORA

1552
donner une jambette à qqn : *donner un croc-en-jambe* §DEX *jouer un sale tour à qqn* §DEX *faire manquer une affaire à qqn* §ORA

1553
donner une mornifle à qqn : *donner une gifle, une raclée à qqn* §DEX

1554
donner une pine à qqn : *faire une réprimande à qqn* §DEX

1555
donner une poignée de main à qqn : *serrer la main à qqn* §PRA

1556
donner une salade à qqn : *barbouiller la figure de neige à qqn* §DEX

1557
donner une secousse : *travailler un bout de temps* §ORA

1558
donner une souince à qqn : *donner une raclée, une réprimande à qqn* §DEX

1559
donner une tape à qqn : *gifler, souffleter qqn* §DEX

1560
dorer la pilule à qqn : *faire accepter une situation négative en la présentant sous de bons aspects* §ORA

1561
dormir (ne) que d'un œil : *être toujours vigilant* §ORA *dormir inquiet* §ORA

1562
dormir comme père et mère : *dormir d'un sommeil profond* §ORA ; dormir le gros bout dans l'eau

1563
dormir comme un chérubin : *dormir avec la sérénité inscrite sur la figure* §DEX ; dormir à poings fermés, à poumons heureux

1564
dormir comme un ours : *dormir d'un sommeil profond* §DEX ; dormir comme un as de pique, comme un bienheureux, comme un loir, comme un ivrogne, comme un sabot, comme une bûche, comme une cruche, comme une marmotte, comme une taupe

1565
dormir d'aguette : *dormir inquiet* §GLO

1566
dormir du sommeil du juste : *avoir cessé de vivre* §PRA

1567
dormir par sauts et par buttes : *dormir par intermittence, irrégulièrement, par accès* §DUL

1568
dormir rien que d'un œil : *avoir le sommeil léger* §ORA

1569
dormir sur ses deux oreilles : *reposer sans qu'aucune inquiétude ne trouble notre sommeil* §PRA

1570
dormir tout d'un somme : *expression applicable à un long sommeil ininterrompu* §PRA

1571
dormir tout éveillé : *dire des choses qui ressemblent à des rêveries* §PON

1572
doubler le pas : *marcher beaucoup plus vite qu'on ne le faisait* §PRA

E

1573
échapper (l') belle : *échapper à qqc par miracle* §PON
1574
éclairer la lanterne de qqn : *donner à qqn les éléments nécessaires à la compréhension d'un fait* §USU
1575
écœurer le peuple : *ennuyer les gens* §DEX
1576
écouter (n') que d'une oreille : *écouter distraitement* §USU
1577
écouter (s') parler : *être prétentieux en parlant* §ORA
1578
écouter aux portes : *être indiscret, chercher à surprendre un secret* §USU
1579
écrire comme un ange : *écrire très bien* §ORA
1580
écrire comme un pharmacien : *écrire de façon illisible* §ORA ; *écrire comme un chat, comme un docteur*
1581
écrire qqc sur la glace : *ne plus tenir compte de qqc* §ORA
1582
effeuiller la marguerite : *détacher un à un les pétales de cette fleur, en disant par jeu ou par superstition : il m'aime, un peu, beaucoup, passionnément, à la folie, pas du tout, pour savoir si on est aimé* §USU
1583
égoutter la sardine : *secouer le pénis après avoir pissé* §ORA
1584
élever qqn dans le coton : *élever qqn trop mollement* §PON
1585
élever qqn jusqu'aux nues : *faire des louanges excessives* §PON
1586
élire domicile : *établir sa résidence pour un séjour prolongé* §PRA
1587
embarquer (s') dans une affaire : *être aventurier* §ORA ; *s'embarquer dans une aventure, sur une galère*
1588
embarquer sur le dos de qqn : *ennuyer, importuner* §SEU
1589
embêter (s') comme un rat mort : *trouver le temps long, se morfondre d'ennui* §CEL ; *s'ennuyer comme un rat mort, comme un crapaud, comme les pierres*
1590
emboîter le pas à qqn : *faire exactement ce que fait qqn* §PON
1591
emboucher la trompette : *prendre le ton poétique* §PON

1592
embrasser (s') à bouche que veux-tu : *s'embrasser à pleine bouche* §USU

1593
empoisonner l'existence de qqn : *embêter qqn* §ORA

1594
emporter (l') sur qqn : *expression servant à constater une supériorité que l'on doit reconnaître* §PRA

1595
emporter (ne pas) qqc au paradis : *se dit de qqn qui devra rendre des comptes avant de mourir* §ORA

1596
emporter qqc de haute lutte : *obtenir par force, par autorité, par habileté un éclatant succès* §PRA

1597
emporter son lunch : *aller en voyage avec son conjoint* §ORA ; voyager avec son lunch

1598
endormir (s') sur ses lauriers : *se contenter d'un premier succès* §ROB

1599
endurer un calvaire : *souffrir beaucoup* §ORA

1600
énerver (ne pas s') le poil des jambes : *expression utilisée pour inciter qqn à rester calme* §ORA

1601
enfarger (s') dans les fleurs du tapis : *s'empêtrer, faillir pour un rien* §DEX *voir des subtilités où il n'y en a pas* §ORA

1602
enfarger (s') dans ses idées : *bafouiller, s'exprimer de manière confuse, embrouillée* §DEX ; s'enfarger dans ses mots

1603
enfermer le loup dans la bergerie : *donner à qqn l'occasion de nuire* §PRA

1604
enfirouaper qqc : *manger, boire, avaler goulûment* §BEA

1605
enfirouaper qqn : *duper, tromper qqn* §BEA

1606
enfler (s') la tête : *exagérer ses mérites* §ROU

1607
enfoncer (s') dans les cantons : *se perdre, disparaître dans les solitudes* §CLS

1608
enfoncer une porte ouverte : *vouloir prouver par des raisonnements une chose qui saute aux yeux* §PRA

1609
enfourcher son dada : *revenir à son sujet favori* §USU

1610
enfuir (s') à toutes jambes : *expression s'appliquant à une retraite précipitée, à une course rapide* §PRA

1611
engager qqn sur le pouce : *embaucher qqn à la hâte* §DEX

1612
engraisser (ne pas) les cochons à l'eau claire : *expression utilisée pour justifier les moyens employés* §ORA

1613
engueuler qqn comme du poisson pourri : *injurier qqn* §ORA

1614
enlever (s') les morceaux de la bouche : *se priver de nourriture, du nécessaire au profit de qqn* §ROB

1615
enlever les toiles d'araignée : *coucher avec une femme âgée* §ORA

1616
enlever une épine du pied à qqn : *sauver qqn d'une situation délicate* §ORA

1617
ennuyer (s') comme un crapaud : *s'ennuyer à l'extrême* §DEX

1618
ennuyer (s') de sa mère : *hyperbole pour marquer son anxiété devant une situation qui nous apparaît étrange et menaçante* §BEA

1619
entendre (en) des vertes et des pas mûres : *entendre des histoires un peu fortes, que l'on préférerait ne pas entendre ou des réprimandes, des scènes excessives* §CEL

1620
entendre (ne pas) malice à qqc : *n'avoir nulle intention méchante ou malveillante* §PRA

1621
entendre (s') à **qqc :** *avoir l'expérience d'un travail* §PRA

1622
entendre (s') comme larrons en foire :** *s'entendre à merveille (comme des voleurs de connivence)* §ROB

1623
entendre à **rire :** *bien prendre la plaisanterie, la raillerie* §DUL

1624
entendre dur : *être un peu sourd* §ORA

1625
entendre la risée : *entendre à rire, savoir ne pas se froisser des moqueries* §DEX ; entendre la raillerie

1626
entendre le pour et le contre : *examiner une cause de tous les côtés, et en écouter les détracteurs aussi bien que les défenseurs* §PRA

1627
entendre les deux cloches : *écouter le récit des deux parties adverses avant de juger* §PRA ; entendre les deux sons de cloche

1628
entendre parler de qqn : *se dit de qqn qui sera sévèrement apostrophé par une autre personne* §ORA ; avoir des nouvelles de qqn

1629
entendre qqc à travers les branches : *apprendre par ouï-dire, d'une manière indirecte* §ORA ; apprendre, écouter qqc au travers des branches

1630
entendre raison : *se laisser convaincre par des arguments rationnels, cesser d'avoir une attitude déraisonnable* §USU

1631
entendre un autre son de cloche : *entendre qqc de différent par rapport à un récit précédent* §DEX

1632
entendre voler les mouches : *se dit lorsqu'un silence solennel règne dans un endroit* §ORA

1633
enterrer la hache de guerre : *faire la paix avec qqn* §ORA

1634
enterrer la synagogue : *bien finir qqc* §PON

1635
enterrer le Mardi gras : *fêter la fin du carnaval* §DEX

1636
enterrer sa vie de garçon : *faire une fête avant de se marier* §ORA

1637
entreprendre qqn : *surveiller qqn de près, taquiner* §DEX *essayer de convaincre qqn* §ORA

1638
entrer dans le chou à qqn : *attaquer qqn, lui donner des coups* §ROB *entrer en collision avec qqn* §ROB

1639
entrer dans le jeu : *prendre part à une entreprise déjà commencée* §ROB

1640
entrer dans le jeu de qqn : *entrer dans les intérêts de qqn* §ROB

1641
entrer dans qqc comme un os dans du beurre : *pénétrer facilement qqc* §ORA ; s'enfoncer comme une lance dans la côte du Christ

1642
entrer en lice : *se présenter à un concours, à un tournois, prendre part à une lutte, une bataille* §PRA

1643
entrer en matière : *aborder son véritable sujet* §PRA

1644
entrer en pourparlers avec qqn : *désigne les préliminaires d'une négociation* §PRA

1645
entrer en scène : *se mettre à l'action* §ORA ; entrer en service

1646
entrer par la grande porte : *accéder directement à un haut poste* §USU

1647
entrer par la petite porte : *commencer sa carrière par un petit emploi et suivre la filière* §ROB

1648
entrer par une oreille et sortir par l'autre : *expression usitée en parlant de la légèreté d'une personne qui oublie tout ce qu'on lui dit* §PRA

1649
entrer qqc en ligne de compte : *prendre qqc en considération, ne pas l'oublier dans ses calculs* §ORA

1650
entrer quelque part comme dans un moulin : *entrer quelque part comme on veut* §ORA ; *entrer quelque part comme dans une écurie*

1651
entrer un coin : *confondre qqn* §DEX

1652
envoyer (ne pas) dire qqc à qqn : *dire ses vérités à qqn* §ORA ; *envoyer qqc dans les gencives à qqn*

1653
envoyer (s') au septième ciel : *jouir sexuellement* §ORA ; *être au septième ciel*

1654
envoyer (s') en l'air : *faire l'amour* §ORA *s'amuser beaucoup, fêter* §ORA

1655
envoyer chier qqn : *se débarrasser de qqn de façon vulgaire* §ORA ; *envoyer qqn manger un siau; envoyer qqn sur le siau, sur les roses, sur les fraises*

1656
envoyer coucher qqn : *se séparer ou se défaire de qqn en l'insultant* §ORA ; *envoyer dinguer, gosser qqn; envoyer qqn pisser dans la gelée*

1657
envoyer fort : *se dit pour indiquer à son interlocuteur qu'on est d'accord avec sa proposition* §ORA

1658
envoyer le flan : *gronder, battre, maltraiter qqn en paroles* §GLO ; *envoyer le torchon*

1659
envoyer les garcettes en l'air : *gesticuler en parlant* §DEX ; *avoir les garcettes en l'air*

1660
envoyer qqn au balai : *envoyer promener qqn* §ORA ; *envoyer qqn péter dans le trèfle, péter dans les fleurs; envoyer qqn jouer dans le trafic, jouer sur la barre blanche; envoyer qqn pisser ailleurs*

1661
envoyer qqn au diable : *envoyer pro-*

mener qqn §ORA ; *envoyer qqn à la bourdaine, à la gomme, au bob, au bonhomme, au clos, chez le beau-père, chez le bonhomme; envoyer qqn derrière la porte, sous le four*

1662
envoyer qqn chercher la corde à tourner le vent : *demander à qqn de chercher une chimère* §DEX

1663
envoyer qqn faire un tour de canot : *menacer qqn de le noyer* §ORA

1664
envoyer qqn se licher : *se débarrasser de qqn qui n'a pas voulu profiter d'une chose qu'on lui a offerte* §ORA

1665
envoyer revoler qqn : *chasser qqn, le repousser violemment* §DEX

1666
envoyer son chien à la chasse malgré lui : *se dit quand on force qqn à faire qqc contre son gré* §ORA

1667
envoyer un blé d'Inde à qqn : *en présence de plusieurs personnes, faire une allusion fâcheuse à l'une d'entre elles* §CLS ; *pousser un blé d'Inde à qqn*

1668
envoyer une lettre de bêtises à qqn : *envoyer une lettre injurieuse à qqn* §DEX ; *écrire une lettre de bêtises à qqn*

1669
épanouir (s') la rate : *se réjouir* §DUN

1670
escompter le succès : *en tirer profit prématurément* §PON ; *escompter les chances, un héritage*

1671
essuyer les plâtres : *subir le premier les conséquences d'une situation fâcheuse* §ROB

1672
essuyer un refus : *subir un échec pénible* §PRA ; *essuyer un affront*

1673
étamper qqn : *frapper, assommer qqn* §DUL

1674
étendre (s') de tout son long : *s'affaler en tombant* §ORA

1675
éterniser (s') quelque part : *rester très longtemps quelque part* §PON

1676
étirer la pipe à qqn : *taquiner qqn, blaguer sur un sujet qui l'énerve* §BEA ; *tirer la pipe à qqn*

1677
étouffer bleu : *être en colère* §ORA ; *étouffer rouge*

1678
être (en) à son coup d'essai : *désigne une première et maladroite tentative* §PRA

1679
être (en) aux expédients : *recourir, par nécessité, à des moyens extrêmes pour gagner sa vie* §PRA

1680
être (en) de trop : *marque l'indignation et signifie qu'on ne saurait en supporter davantage* §PRA

1681
être (en) encore aux culottes à la Bavaroise : *être routinier, se défier des innovations* §CLA

1682
être (en) fait de qqn ou qqc : *avoir perdu sans retour un bien précieux* §PRA

1683
être (en) réduit à qqc : *désigne une pénible extrémité à laquelle il faut se résoudre* §PRA

1684
être (n') pour rien dans qqc : *sert à disculper qqn de qqc* §PRA

1685
être (n') que justice : *expression servant à énoncer l'approbation donnée à un acte* §PRA

1686
être (ne pas) à confesse avec qqn : *ne pas se sentir obligé de dire en détail tout ce que l'interlocuteur aimerait savoir* §DUL

1687
être (ne pas) à deux étages : *ne pas être riche, avoir de la peine à se procurer le nécessaire* §GLO

1688
être (ne pas) à la noce : *être dans une situation peu agréable* §USU ; *ne pas être aux noces*

1689
être (ne pas) à pied : *être bien mis, avoir du jeu, de l'importance, tout ce qu'il faut pour réussir* §GLO

1690
être (ne pas) à pied : *avoir bien mangé* §ORA *avoir une grosse voiture* §ORA

1691
être (ne pas) achalé : *ne pas se préoccuper de l'opinion d'autrui, ne pas avoir peur* §ORA

1692
être (ne pas) au bout de sa peine : *avoir encore des difficultés à surmonter, du travail pénible* §ROB

1693
être (ne pas) bâdré : *avoir du toupet, être fonceur* §DEX

1694
être (ne pas) baisable : *se dit d'une personne détestable, repoussante* §DEX

1695
être (ne pas) barré à quarante : *se dit de qqn qui fonce, qui n'est pas gêné par les règles sociales ou morales* §BEA ; *ne pas être barré*

1696
être (ne pas) bien : *être ou devenir enceinte* §SIM ; *se faire casser la cuisse; être en pleine ceinture, en balloune, en famille; être pleine; attendre, guetter les sauvages; attendre la cigogne, le chien jaune; faire achat; avoir un polichinelle dans le tiroir; partir sur l'autre bord; être paquetée; être en scène, en voyage; partir pour les Etats*

1697
être (ne pas) blanc de son affaire : *être mêlé à des opérations louches* §ORA ; *ne pas avoir les mains nettes*

1698
être (ne pas) bleu de rire : *n'avoir aucune envie de rire, avoir peur, être très irrité* §CLS

1699
être (ne pas) capable de mettre un pied devant l'autre : *être incapable de prendre des décisions* §ORA

1700
être (ne pas) catholique : *être inconvenant, répréhensible* §DEX

1701
être (ne pas) chaud pour qqc : *ne pas être emballé, convaincu par qqc* §ORA

1702
être (ne pas) clair de nœuds : *ne pas être sans défaut, sans faille* §DEX

1703
être (ne pas) commode : *être rabougri* §ORA

1704
être (ne pas) d'avance : *se dit d'un travail lent, difficile à faire et ingrat* §ORA

1705
être (ne pas) d'hier : *se dit de qqc qui n'est pas nouveau, qui dure depuis un certain temps* §ORA

1706
être (ne pas) dans le circuit : *être dépassé par les événements* §ORA

1707
être (ne pas) dans les ah! ah! : *n'être ni beau ni laid* §CLS

1708
être (ne pas) dans son assiette : *ne pas être bien, se sentir fatigué, indisposé ou de mauvaise humeur* §BEA

1709
être (ne pas) de bois : *ne pas manquer de sensualité* §ROB

1710
être (ne pas) de la croix de Saint-Louis : *ne pas être irréprochable, avoir une conduite moralement douteuse* §BEA ; *ne pas être une croix de Saint-Louis*

1711
être (ne pas) de la même paroisse : *ne pas être du même camp politique* §ORA

1712
être (ne pas) de la piquette : *ce n'est pas une petite affaire* §CEL

1713
être (ne pas) de refus : *expression indiquant la satisfaction causée par la proposition faite* §PRA

1714
être (ne pas) de rien : *être important, grave, sérieux* §GLO ; *ne pas être rien*

1715
être (ne pas) de service : *se dit d'une personne insupportable* §DEX *se dit d'une chose mal conçue, inutile* §ORA

1716
être (ne pas) demain la veille : *cela n'arrivera pas de sitôt* §CEL

1717
être (ne pas) des farces : *indique que la chose dont il s'agit n'est pas une blague, qu'elle doit être prise au sérieux* §ORA

1718
être (ne pas) disable : *être indescriptible, affreux* §DEX

1719
être (ne pas) dû à qqn de faire qqc : *ce n'est pas donné à qqn de faire qqc* §DEX

1720
être (ne pas) du gâteau : *se dit d'une tâche difficile à exécuter* §ORA

1721
être (ne pas) du monde : *être détestable, dissipé (notamment d'un enfant)* §DEX

1722
être (ne pas) en reste : *être toujours prêt à répondre* §PON

1723
être (ne pas) en reste avec qqn : *n'avoir aucune gratitude à témoigner mais au contraire, être en droit d'en attendre* §PRA

1724
être (ne pas) clair de sa sauce : *ne pas en avoir fini de qqc, ne pas être innocenté de sitôt* §DEX

1725
être (ne pas) facile à canter : *être difficile à vaincre* §CLS

1726
être (ne pas) fameux : *n'être rien de spécial, pas très fort, être bien ordinaire* §BEA ; *ne pas être vargeux*

1727
être (ne pas) futé : *être un peu timbré* §DEX ; *ne pas être futé futé; ne pas être fitté; ne pas être fitté fitté*

1728
être (ne pas) gros dans ses souliers : *se sentir coupable ou fautif de qqc* §ORA ; *ne pas être gros dans ses culottes*

1729
être (ne pas) homme à faire qqc : *être incapable d'un acte* §PRA

1730
être (ne pas) la banque à pitons : *ne pas être d'une richesse inépuisable* §ORA ; *ne pas être la banque à Jos violon*

1731
être (ne pas) la fin du monde : *ne pas être une catastrophe* §ORA *ne pas être extraordinaire* §ORA

1732
être (ne pas) la forme olympique : *ne pas être le meilleur état physique, ne pas avoir la meilleure santé possible* §ORA

1733
être (ne pas) la mer à boire : *se dit d'une chose dont l'accomplissement est moins difficile que prévu* §ORA

1734
être (ne pas) la mort d'un homme : *ne pas être aussi difficile, aussi exigeant que prévu* §ORA

1735
être (ne pas) là pour enfiler des perles : *ne pas être là pour perdre son temps à des futilités* §ROB

1736
être (ne pas) le Frère André : *être d'une intelligence limitée* §ORA *ne pas faire de miracles* §DUL

1737
être (ne pas) le Pérou : *se dit d'une situation peu profitable* §ORA

1738
être (ne pas) le perron de l'église : *se dit d'un milieu moralement douteux* §ORA *se dit d'un endroit où il n'y a pas beaucoup de monde* §ORA

1739
être (ne pas) le premier venu : *avoir de l'expérience, du savoir-faire* §DEX

1740
être (ne pas) les gros chars : *se dit de qqn ou de qqc de décevant ou de médiocre* §BEA

1741
être (ne pas) manchot : *être adroit* §ORA

1742
être (ne pas) mêlant : *être sûr et certain, ne pas être compliqué* §SEU

1743
être (ne pas) mon beurre : *cela ne me regarde pas, ne me concerne pas* §CEL

1744
être (ne pas) parlable : *se dit de qqn qui a mauvais caractère* §DEX

1745
être (ne pas) piqué des vers : *être excellent, de grande valeur, à ne pas négliger* §BEA

1746
être (ne pas) plus brillant qu'un fanal : *être peu doué* §ORA

1747
être (ne pas) regardant : *ne pas compter ses efforts* §ORA

1748
être (ne pas) regardant à la dépense : *être généreux* §ORA ; *ne pas regarder à la dépense; ne pas lésiner sur les dépenses*

1749
être (ne pas) riche : *se dit de choses, de situations dans un état pitoyable* §ORA

1750
être (ne pas) rougeaud : *être mal pris, être en peine* §GLO *être mal engagé, dans une impasse (en parlant d'une affaire)* §GLO

1751
être (ne pas) Samson : *être faible, sans force, en parlant de qqn qui relève d'une maladie, qui vient d'être opéré* §DUL

1752
être (ne pas) sorcier : *ne pas être difficile à comprendre, ou à faire* §LAF

1753
être (ne pas) sorti du bois : *ne pas être au bout de ses peines, de ses difficultés* §DEX ; *ne pas être sorti de l'auberge; ne pas être dans le plus creux*

1754
être (ne pas) tous les jours fête : *expression signifiant que le travail doit être la règle et le chômage l'exception* §PRA

1755
être (ne pas) tout de qqc : *expression signalant que ce qui à été fait ne suffit pas et que le plus difficile reste à faire* §PRA

1756
être (ne pas) traître : *se dit d'une situation qui n'a rien d'extraordinaire* §ORA

1757
être (ne pas) un cadeau : *se dit de tout et de n'importe quoi pour souligner*

ironiquement qu'on ne veut ou ne peut l'accepter comme ça se présente §BEA

1758
être (ne pas) un génie d'ouvrage : *se dit de qqn qui déteste le travail* §DEX

1759
être (ne pas) un petit méné : *être une personne importante* §DEX

1760
être (ne pas) un poteau de balustre : *se dit d'un homme laid* §DEX

1761
être (ne pas) un pur esprit : *avoir des besoins corporels, matériels* §ROB

1762
être (ne pas) une cassure : *se dit d'une situation qui ne nous apparaît pas aussi urgente qu'on le dit* §BEA

1763
être (ne pas) une lumière : *ne pas être intelligent* §ORA

1764
être (ne pas) une plaisanterie : *expression impliquant la gravité du sujet mentionné* §PRA

1765
être (ne pas) une traînerie : *se dit d'une chose qui ne pas prend pas de temps à se réaliser, qui se fait rapidement* §ORA

1766
être (ne pas) une trouvaille : *n'être rien d'extraordinaire* §ORA

1767
être (ne pas) une valise : *ne pas être crédule* §DUL

1768
être (ne plus en) à faire ses preuves : *avoir suffisamment montré ses capacités, ses mérites, ses talents* §PRA

1769
être (y) pour beaucoup dans qqc : *avoir eu une grande influence sur l'événement en question* §PRA

1770
être à bout : *indique l'épuisement total des forces physiques ou morales* §ORA ; être à bout de forces; être au bout

1771
être à bout d'âge : *être âgé, arriver au bout de sa vie* §DEX

1772
être à bout de forces : *être exténué* §BEA ; être à bout

1773
être à bout de nerfs : *être dans un état de surexitation qu'on ne peut maîtriser plus longtemps* §ROB

1774
être à cheval sur la clôture : *hésiter, tergiverser* §DEX ; se tenir sur la clôture

1775
être à cheval sur qqc : *être très strict, très exigeant dans ce domaine* §USU

1776
être à côté de la plaque : *être à côté de la question* §CEL

1777
être à côté de la track : *être dans l'erreur, se tromper, se fourvoyer* §DEX ; être à côté de la coche

1778
être à court de qqc : *avoir épuisé sa provision de qqc* §PRA

1779
être à couteau tiré avec qqn : *être dans une situation de grande hostilité* §USU

1780
être à demeure : *expression désignant une installation fixe et comme définitive* §PRA

1781
être à deux doigts de faire qqc : *être près de faire qqc* §ORA

1782
être à fond de cale : *être sans ressources* §PON ; être à bout de champs

1783
être à genoux devant qqn : *flatter qqn* §ORA

1784
être à gogo : *être dans le vent, à la mode* §BEA *n'être jamais content de ce qu'on a* §BEA *se dit d'une fille frivole, à la page* §DEX

1785
être à jour : *avoir les dernières informations* §ORA

1786
être à l'aise : *ne pas avoir de soucis d'argent* §DUL

1787
être à l'ambition : *rivaliser, travailler avec ardeur* §CLS

1788
être à l'ancre : *chômer, rester à attendre* §DEX *pour une jeune fille, ne pas trouver à se marier* §DEX

1789
être à l'article de la mort : *être au moment de mourir* §ROB

1790
être à l'eau : *se dit d'un projet, d'une activité, etc., dont la réalisation est devenue impossible* §ORA

1791
être à l'épreuve de qqc : *expression impliquant l'extrême solidité d'une matière ou d'un caractère* §PRA

1792
être à la bonne école : *fréquenter le milieu qui convient* §ORA

1793
être à la brèche : *occuper un poste dangereux ou pénible et difficile* §PRA *être un point de mire pour les adversaires* §PRA

1794
être à la dévotion de qqn : *avoir pour lui un attachement et un dévouement durable* §USU

1795
être à la gogaille : *tomber en ruine* §BEA *être à la dérive* §BEA

1796
être à la hache : *être réduit à la misère* §BEA ; *être à la petite hache*

1797
être à la merci de qqn ou de qqc : *être dans une dépendance totale à l'égard de qqn ou de qqc* §USU

1798
être à la pine : *être à bout de forces* §DEX

1799
être à la portée de qqn : *être accessible à l'intelligence de qqn* §PRA

1800
être à la remorque de qqn : *suivre qqn docilement* §PON

1801
être à la tête de qqc : *diriger qqc* §ORA

1802
être à la traîne : *manquer d'organisation matérielle* §ORA

1803
être à la vache : *au baseball, occuper la position de joueur de champ* §BEA *occuper un poste assez secondaire dans une affaire quelconque* §BEA

1804
être à la veille d'acheter : *être à la veille d'accoucher* §DEX

1805
être à la veille de faire qqc : *être sur le point de faire qqc* §SEU

1806
être à loyer : *être locataire* §ORA

1807
être à main : *être serviable, accommodant* §DEX

1808
être à même de faire qqc : *être en mesure, en état de faire qqc* §USU

1809
être à mille lieues de faire qqc : *expression figurée impliquant l'opposition, le contraste entre la pensée de qqn et une réalité prochaine* §PRA ; *être à cent lieues de faire qqc*

1810
être à n'en plus finir : *expression s'appliquant à une chose de très longue durée* §PRA

1811
être à pic : *se dit d'une personne difficile à aborder, à cause de son air maussade ou trop sérieux* §BEA

1812
être à pied : *se dit de qqn de pauvre* §BEA

1813
être à plat : *être épuisé* §USU

1814
être à poil : *être tout nu* §USU ; *être en costume d'Adam*

1815
être à portée de la main : *être accessible sans se déplacer* §ROB ; *être à main*

1816
être à prendre ou à laisser : *présente l'alternative ou d'accepter la proposition telle quelle ou d'y renoncer* §PRA

1817
être à quatre pattes devant qqn : *avoir une attitude considérée comme bassement servile* §BEA ; *être à plat ventre devant qqn*

1818
être à sa galette : *être à son compte*
§GLO ; se mettre à sa galette

1819
être à sec : *être démuni d'argent* §USU ;
être à sec comme un plâtrier

1820
être à son affaire : *faire ce qu'on aime
et ce qu'on sait faire, exercer une activité
qu'on aime* §USU

1821
être à son pire : *paraître sous son plus
mauvais jour* §CLS ; faire de son pire

1822
être à terre : *se dit de qqn qui est très fatigué, ou affaibli par la maladie* §BEA

1823
être à tu et à toi avec qqn : *être très
lié avec qqn* §USU

1824
être à une portée de fusil : *être peu
éloigné* §DEX ; se trouver à une portée de
fusil

1825
être à voile et à vapeur : *être à la fois
homosexuel et hétérosexuel (en parlant d'un
homme)* §USU ; être flic à flac

1826
être abattu des vents : *mal digérer*
§DEX

1827
être accoté avec qqn : *vivre en concu-
binage* §ORA ; vivre accoté; être marié de
la main gauche; être marié en face de la
couchette; être marié en face de bœufs

1828
**être accoutumé à faire qqc comme
un chien à aller nu-tête :** *avoir une
longue habitude de qqc* §DIO

1829
être achalant avec qqc : *insister
démesurément sur qqc* §ORA

1830
être affilé : *être irrité et prêt à la contre-
attaque* §BEA

1831
être agace-pissette : *se dit d'une jeune
femme ou d'une jeune fille qui se plaît à
aguicher les hommes* §DEX

1832
être agile comme un écureuil : *être
très agile* §DEX

1833
**être aimable comme une porte de
prison :** *être très désagréable, hargneux*
§USU

1834
être allumé : *être légèrement pris de
boisson* §CLS

1835
être amanché en bric-à-brac : *porter
des vêtements mal seyants* §DEX *avoir de
mauvais outils, mal se débrouiller* §DEX ;
être emmanché en bric-à-brac

1836
être âpre à la curée : *se montrer excessivement désireux de tirer un gros profit
d'une affaire* §PRA

1837
être après qqc : *être en train de
travailler sur une chose* §ORA

1838
être après qqn : *suivre qqn de près*
§ORA *harceler qqn* §ORA

1839
être arrangé avec le gars des vues :
*se dit d'une circonstance ou d'une situation
dont l'apparence fortuite n'est pas convain-
cante ou qu'on soupçonne carrément d'être
un coup monté* §BEA

1840
**être assez lâche pour chauffer avec
des billots :** *être très lâche* §ORA ; être
assez vache pour donner du lait en
poudre

1841
être assis entre deux chaises : *être
dans une situation incertaine, instable,
périlleuse* §ROB ; avoir le cul entre deux
chaises

1842
**être attaché après la patte du
poêle :** *ne pas être libre de ses sorties
(pour la femme au foyer)* §ORA

1843
être attelé au dernier trou : *être à
bout de ressources, de forces* §DEX

1844
être attendu comme le Messie : *être
attendu avec impatience* §DEP

1845
être au bord des larmes : *être sur le
point de pleurer* §USU

1846
être au bout : *fonctionner à plein rende-ment* §BEA *être moderne* §BEA

1847
être au bout de sa fusée : *être à bout de forces (épuiser ses derniers arguments, ses dernières forces)* §DEX ; être au bout de sa gamme, de sa corde, de son erre, de son fuseau, de son rouleau

1848
être au bout de ses cennes : *être à court d'argent* §DEX ; être au bout de la cenne

1849
être au comble de ses vœux : *obtenir tout ce que l'on désirait* §PON

1850
être au coton : *être exténué physique-ment ou moralement* §BEA

1851
être au courant de qqc : *connaître parfaitement la matière en question* §PRA

1852
être au galet : *être à sec, tari, en parlant d'un puits, d'un cours d'eau* §DUL

1853
être au guet : *prêter une attention vigi-lante* §PON

1854
être au large : *avoir de la place, des res-sources à profusion* §PRA

1855
être au mieux avec qqn : *implique un haut degré d'intimité entre deux ou plusieurs personnes* §PRA

1856
être au neutre : *s'arrêter, cesser toute activité* §DEX ; tomber au neutre

1857
être au pain et à l'eau : *avoir un régime alimentaire des plus sévères* §PRA

1858
être au parfum de qqc : *être informé, au courant d'une chose plus ou moins secrète ou cachée des autres* §USU

1859
être au pied du mur : *être contraint d'agir, ne plus pouvoir reculer* §USU

1860
être au point mort : *moment où une évolution s'arrête, où des événements ne se produisent plus* §USU

1861
être au régime jockey : *ne pas manger à sa faim* §CEL

1862
être au-dessous de la moyenne : *sert à établir un degré de capacité par comparai-son avec la généralité* §PRA ; au-dessus de la moyenne

1863
être au-dessus de la portée de qqn : *dépasser la compréhension de qqn* §PRA

1864
être au-dessus de ses affaires : *être dans une situation confortable* §ORA

1865
être aussi bien à l'ancre comme à la voile : *être indifférent, amorphe* §DEX

1866
être aussi gros que long : *être costaud* §ORA

1867
être aux abois : *être à la dernière extrémité* §USU

1868
être aux aguets : *être très attentif, qui épie, observe* §USU ; être aux aguettes

1869
être aux as : *être comblé* §DEX

1870
être aux bibites : *n'avoir de relations sexuelles ni avec des hommes ni avec des femmes* §ORA

1871
être aux champs : *en parlant de qqn dont la pensée est absente* §PON

1872
être aux deux : *être bisexuel* §ORA

1873
être aux écoutes : *se cacher pour surprendre un entretien* §PRA

1874
être aux femmes : *se dit d'une femme homosexuelle* §ORA *se dit d'un homme hétérosexuel* §ORA *se dit d'un homme qui aime bien les femmes* §ORA

1875
être aux hommes : *se dit d'un homme homosexuel* §ORA *se dit d'une femme hétérosexuelle* §ORA *se dit d'une femme qui aime bien les hommes* §ORA

1876
être aux noces : *être heureux dans une occasion donnée* §BEA

1877
être aux oiseaux : *être heureux, content, satisfait* §BEA ; être aux anges, aux petits oiseaux

1878
être aux pieds de qqn : *flatter qqn* §ORA

1879
être aux premières loges : *être témoin d'une chose* §ORA

1880
être aux prises avec qqn ou qqc : *éprouver des difficultés* §ORA

1881
être aux trousses de qqn : *poursuivre qqn* §ORA

1882
être avide d'air : *éprouver de la difficulté à respirer* §SEU

1883
être badlucké : *être malchanceux, poursuivi par la guigne* §SEU

1884
être bandé comme un chevreuil : *être en état d'érection* §ORA

1885
être bandé sur qqn ou qqc : *être attiré par qqn, être tenté par qqc* §DUL

1886
être baptisé d'eau de morue : *être né avec la mauvaise chance* §PON

1887
être bas sur ses roulettes : *être court de taille* §DEX

1888
être batailleur comme un coq : *être querelleur* §DEX

1889
être bâti comme une armoire à glace : *être musclé, avoir un physique imposant* §DEX ; être bâti comme un frigidaire, comme un pan de mur

1890
être beau à croquer : *être très beau* §ORA ; être beau comme Adonis, comme un ange, comme un cœur, comme une carte postale, comme un dieu

1891
être beau comme le diable : *se dit d'une beauté ensorcelante* §DEX

1892
être beau parleur petit faiseur : *être vantard* §ORA ; être grand parleur petit faiseur

1893
être belle à faire damner un saint : *être très belle* §ORA ; être belle comme une catin

1894
être bête à coucher dehors : *être stupide, impoli* §DEX ; être bête à faire brailler un veau; être bête à manger de l'herbe

1895
être bête comme chou : *se dit d'une chose simple, facile à comprendre* §ORA

1896
être bête comme ses pieds : *être brusque, colérique* §ORA ; être bête sur les bords; être bête comme un cochon, comme une oie

1897
être bien amanché : *avoir un gros pénis* §ORA ; être bien attelé, bien greyé, bien outillé; être amanché pour veiller tard

1898
être bien attentionné à qqc : *se concentrer sur qqc* §ORA

1899
être bien balancé : *être un beau garçon ou une belle fille aux membres bien proportionnés ou bien tournés* §RAT

1900
être bien dans les papiers de qqn : *avoir du crédit auprès de qqn dont on possède l'estime* §PRA

1901
être bien mis : *porter de beaux vêtements* §ORA

1902
être bien planté : *être grand, solide physiquement* §BEA

1903
être bien portant : *être en santé* §ORA

1904
être blanc bonnet et bonnet blanc : *revenir au même* §ROB

1905
être blanc comme du lait : *être très blanc, immaculé* §DEX

1906
être blanc comme neige : *se dit d'une totale innocence, d'une blancheur immaculée* §DEX

1907
être blanc comme un drap : *être livide* §ORA ; être blanc comme un linge, comme une feuille de papier, comme de la fleur

1908
être blanc comme un lièvre : *se dit de qqn dont les cheveux sont blancs* §DUL *être d'une blancheur immaculée, irréprochable* §DEX

1909
être blême comme un déterré : *être blafard* §DEX ; être blême comme une vesse de carême

1910
être bleu : *être très fâché* §ORA ; venir bleu

1911
être bleu comme la poule à Simon : *en politique, être conservateur* §CLS *être livide* §CLS

1912
être bleu comme un steak : *avoir le visage rouge à cause du froid* §ORA

1913
être bleu de rire : *rire aux éclats* §DEX ; être noir de rire

1914
être blood : *être généreux* §DEX ; faire son blood

1915
être bloqué dans le coude : *souffrir de constipation* §DEX

1916
être bombé comme une planche à laver : *être très arqué* §DEX

1917
être bon : *être, se sentir en forme, être capable de tenir le coup* §CLS

1918
être bon à s'en lécher les doigts : *être très bon, succulent* §ORA ; être bon à s'en lécher les babines, les badigouinces

1919
être bon comme du beurre : *être d'une grande bonté, être candide* §DEX

1920
être bon comme du bon pain : *être*

très bon, aimable, compatissant §DEX ; être bon comme du beurre, comme du pain bénit

1921
être bon comme la banque : *offrir de solides garanties, être solvable* §CLS

1922
être bon comme la vie : *être obligeant, dénué de malice* §DEX ; être bon comme le jour

1923
être bon de qqn ou qqc : *aimer qqn ou qqc* §DUL

1924
être bon des femmes : *aimer les femmes, avoir du succès auprès d'elles* §DEX ; être bon de femmes

1925
être bon prince : *faire preuve de générosité, de bienveillance, de tolérance* §DEX

1926
être bonne à marier : *se dit d'une jeune femme habile dans les travaux ménagers* §ORA

1927
être botte : *être fort à qqc, être costaud* §DEX *être chanceux* §DUL

1928
être bouche bée devant qqn : *l'admirer sans réserve* §ROB

1929
être bouché des deux bouts : *ne pas vouloir entendre raison* §DEX ; être bouché comme une huître

1930
être branché : *être de son temps* §ORA ; être à la mode, au goût du jour, dans le vent, dans le bag

1931
être brise-fer : *prendre peu de soins des objets* §ORA

1932
être bronzé comme un cachet d'aspirine : *être très pâle* §ORA ; être bronzé comme un petit suisse

1933
être brûlé : *être exténué, vanné* §DEX *être démasqué* §DEX

1934
être business : *être habile en affaires* §GLO

1935
être capable de tout : *n'être arrêté par aucun scrupule* §ROB

1936
être capable sur tout : *exceller en tout* §DEX

1937
être capoté : *être fantasque, timbré* §DEX

1938
être carré en affaires : *ne pas donner de chance* §ORA

1939
être cassé comme un clou : *être démuni financièrement* §DEX ; ne pas avoir un clou, un kopeck, une tôle, une token, un rond, un rouge liard, un sou vaillant, une cenne en avant de soi

1940
être castor : *être effronté* §DUL

1941
être catholique à gros grain : *être catholique de façade, de nom seulement* §DEX ; être un catholique à gros grain

1942
être catholique comme une bourrique : *être sans conviction* §ORA

1943
être catiche : *se dit d'un garçon qui a des goûts de petite fille, qui s'amuse aux jeux des jeunes filles* §DUL ; être calin-fillette, catinet, catineur, fifi, fillette, garçonnette, Jean-fillette, menette; avoir l'air catiche

1944
être catineuse : *aimer les jeunes enfants* §ORA

1945
être cave : *être benêt, naïf* §DEX

1946
être chanceux comme un bossu : *avoir beaucoup de chance* §ORA ; avoir plus de chance qu'un quêteux

1947
être chanceux comme un bossu qui perd sa bosse : *être très malchanceux* §DEX

1948
être changé comme un drap : *avoir pris un aspect maladif* §ORA

1949
être chargé à dos : *être ivre* §GLO

1950
être chargé comme un mulet : *être très chargé* §ORA ; être chargé à pleine perche

1951
être chargeant : *être lourd, indigeste* §ROU

1952
être chatouilleux sur qqc : *être extrêmement susceptible* §PRA

1953
être chatte : *être sensuelle* §DEX

1954
être chaud carré : *être ivre mort* §DEX ; être chaud comme une grive; être rond comme un pois, comme une citrouille, comme une pomme; être plein comme un petit siau, comme une tonne

1955
être chaud de la pipe : *être coureur, sensuel (d'un homme)* §DEX ; être chaud lapin, un chaud lapin, chaud comme un lapin; être chaud de la pince, de la pointe, de la pipe

1956
être chaud sur sa tire : *se dit d'un cheval prompt, rétif* §DEX

1957
être chaudasse : *être gris, éméché* §DEX

1958
être chaude comme une chatte en chaleur : *se dit d'une femme sensuelle* §DEX ; être chaude comme une lapine

1959
être chauve comme un œuf : *être complètement chauve* §ORA ; être chauve comme un genou; ne pas avoir un poil sur le caillou; avoir la tête comme une fesse, comme une patinoire à poux

1960
être cherrant : *demander un prix, des honoraires élevés* §ORA

1961
être chiant en culotte : *être craintif, poltron* §DEX ; être chien en culotte

1962
être chic and swell : *être impeccable, parfait* §DEX

1963
être chicaneux : *être chicanier* §DEX

1964
être chien : *être salaud, sans cœur* §DEX ; faire le chien

1965
être chien de poche : *se dit de qqn qui suit continuellement qqn d'autre* §BEA ; *suivre qqn comme un chien de poche, comme une queue de veau ; faire le chien de poche*

1966
être chienne : *être couard, lâche* §DEX

1967
être chieux : *être poltron* §DEX

1968
être chocolat : *être épatant, excellent, merveilleux* §DEX

1969
être chouette : *se dit de qqn ou qqc qui est agréable* §ORA

1970
être clair : *avoir reçu toutes les autorisations* §ORA

1971
être clair comme de l'eau de vaisselle : *ne pas être clair du tout* §ORA ; *être clair comme de la vase*

1972
être clair comme le jour : *être limpide, évident* §DEX ; *être clair et net comme le beau jour; être clair comme de l'eau de roche, comme de l'eau de source, comme de la vitre, comme du cristal; être clair comme deux et deux font quatre*

1973
être cloué au lit : *être malade et restreint à son lit* §ORA

1974
être cochon avec qqn : *faire du tort à qqn* §ORA

1975
être coco : *être idiot, imbécile* §DEX ; *être un vrai coco*

1976
être coiffé sur le poteau : *être battu de justesse* §USU ; *se faire coiffer au poteau*

1977
être collant : *importuner* §ORA

1978
être collet monté : *être prétentieux* §ORA

1979
être colon : *se dit d'un homme qui n'a pas de manières* §ORA

1980
être colonne : *se dit d'une femme qui n'a pas de manières* §ORA

1981
être comme de la guenille : *être effondré, sans ressort, comme une loque* §CLS ; *se sentir comme de la guenille*

1982
être comme la mélasse dans le mois de janvier : *être balourd* §ORA

1983
être comme la mouche à Picard : *être excité sexuellement* §SIM

1984
être comme Lantaya : *aimer jouer des tours* §DEX

1985
être comme les deux doigts de la main : *se dit de deux personnes qui s'entendent bien* §ORA ; *être comme cul et chemise; être deux culs dans la même chemise; être deux cœurs dans la même culotte*

1986
être comme rien : *être sûr, évident* §CLS

1987
être comme un coq en pâte : *être bien soigné, avoir toutes ses aises* §USU

1988
être comme un éléphant dans un magasin de porcelaine : *être lourd, maladroit* §ORA ; *être comme un chien dans un jeu de quilles*

1989
être comme un jeune poulain : *être plein de vigueur, d'une grande ardeur amoureuse (malgré l'âge)* §DEX ; *être encore sur ses quilles*

1990
être comme un mal de ventre : *se dit d'une personne insupportable* §DEX

1991
être comme un oiseau en cage : *être agité, nerveux* §ORA

1992
être comme un oiseau sur la branche : *être instable, ne pas tenir en place* §DEX

1993
être comme un pou sur une grange : *vouloir accomplir qqc qui excède ses capacités* §DEX

1994
être comme une âme en peine : *ne pas avoir de but dans la vie* §ORA ; *errer comme une âme en peine*

1995
être comme une épinglette : *avoir une tenue irréprochable* §DEX

1996
être comme une poule couveuse : *se dit d'une femme qui surprotège ses enfants* §DEX *être frileux* §DEX

1997
être comme une queue de chien : *être turbulent, inconstant (en amour)* §DEX

1998
être comme une queue de veau : *être très occupé, très affairé, ne pas tenir en place* §GLO ; *être comme une queue de veau au printemps*

1999
être con comme la lune : *être niais, simple* §ORA

2000
être connu comme Barrabas dans la passion : *être connu de tous* §DUL ; *être connu comme le loup blanc*

2001
être consomption : *être tuberculeux* §SEU

2002
être cool : *conserver son sang-froid, son calme* §DEX ; *rester cool*

2003
être copains comme cochons : *être très amis* §USU *être dans des rapports de familiarité excessive* §ROB ; *être camarades, amis comme cochons*

2004
être correct : *être capable de se débrouiller seul* §ORA *être honnête, fiable* §ORA

2005
être corsée comme une maîtresse d'école : *avoir la taille fine* §DEX ; *être corsetée comme une maîtresse d'école*

2006
être coulé dans le même moule que qqn : *ressembler en tous points à qqn* §PRA

2007
être coupé carré : *se dit d'une situation qui n'offre pas d'alternative* §ORA

2008
être couru d'avance : *signifie que la chose ne peut manquer d'arriver, de se produire* §ORA

2009
être cousu d'or : *être très riche* §PRA

2010
être cousu de gros fil : *être trop manifeste pour abuser quiconque* §DEX ; *être cousu de fil blanc*

2011
être crampé de rire : *rire aux éclats, aux larmes* §DEX ; *être crampé au bout; être crampé comme un cheval*

2012
être crapaud : *être rusé, espiègle* §DEX ; *être un vrai crapaud, un vrai petit crapaud; être crasse*

2013
être crétée en samedi soir : *être pomponnée* §DEX

2014
être criblé de dettes : *être très endetté* §ORA

2015
être crinqué au bout : *être en furie* §DEX

2016
être croche comme un vilebrequin : *être tordu, recourbé* §DEX *se dit d'une personne malhonnête* §DEX

2017
être crosseur : *chercher à arnaquer qqn* §ORA

2018
être crotté : *être bon à rien* §DEX ; *être un crotté, faire le crotté*

2019
être d'adon : *se dit de qqn qui a bon caractère, qui est facile d'accès, de bonne humeur et jovial* §BEA

2020
être d'adon à qqc : *s'accorder, s'ajuster à qqc* §CLS

2021
être d'affaires : *être habile, vif, pratique dans les affaires et, par extension, dans toutes circonstances* §BEA

2022
être d'aplomb : *être en bon état physique et moral* §ROB

2023
être d'arrangement : *être conciliant, notamment en affaires* §DEX
2024
être d'attaque : *être prêt à affronter les fatigues, être en pleine forme* §ROB
2025
être d'avance : *être vif, prompt au travail* §ROU
2026
être d'éplet : *faire beaucoup de travail en peu de temps* §GLO
2027
être d'équerre : *être en forme, fiable* §DEX
2028
être d'équerre avec qqn : *être d'accord avec qqn* §BEA
2029
être d'intelligence avec qqn : *désigne une entente entre deux ou plusieurs personnes en vue d'un acte à commettre* §PRA
2030
être d'ouvrage : *se dit de qqc qui requiert beaucoup de soin* §ORA
2031
être d'une ignorance crasse : *être d'une ignorance grossière, dans laquelle on se complaît* §ROB
2032
être dans de mauvais draps : *dans une situation critique* §ROB ; être dans de beaux, de vilains draps; être dans l'eau bouillante, dans l'eau chaude
2033
être dans la course : *être au courant, savoir ce qu'il faut faire, ce qui se fait* §ROB
2034
être dans la crèche : *être choyé, bénéficier d'avantages d'un parti politique au pouvoir* §DEX ; être dans le patronage
2035
être dans la dèche : *manquer d'argent et en éprouver une grande gêne* §ROB ; tomber dans la dèche
2036
être dans la fleur de l'âge : *être en pleine jeunesse* §USU
2037
être dans la force de l'âge : *être à l'époque de la vie où l'être humain a le plus de vigueur* §USU

2038
être dans la gêne : *être dans une situation embarrassante due au manque d'argent* §ROB ; vivre dans la gêne
2039
être dans la lune : *être distrait, rêver* §USU
2040
être dans la manche l'un de l'autre : *être protégé par qqn* §ORA
2041
être dans la marde : *être dans une situation fâcheuse* §ORA ; être dans la mélasse, dans la poisse, dans la purée, dans le pétrin, dans le trouble
2042
être dans la misère noire : *vivre dans la misère, dans la pauvreté* §ORA ; être dans la mouise
2043
être dans la poche : *être une affaire conclue* §ORA
2044
être dans la rue : *ne plus rien posséder, être ruiné* §BEA *être sans logement* §BEA ; être dans le chemin, sur le pavé
2045
être dans le bain : *être compromis* §ROB *être pleinement engagé dans quelque entreprise et bien au courant* §ROB
2046
être dans le besoin : *être miséreux* §ORA
2047
être dans le coup : *être au courant de qqc* §ORA
2048
être dans le creux de la vague : *être au plus fort d'une dépression* §ORA
2049
être dans le feu : *être pressé de partir* §DEX ; être au feu
2050
être dans le jus : *être débordé d'un travail pressant* §ORA *être dans une situation difficile, inconfortable* §DEX ; être dans le sirop
2051
être dans le rouge : *être en déficit, avoir dépassé la marge de crédit disponible* §DEX
2052

être dans le secret des dieux : *être au courant d'une chose réservée* §ROB
2053

être dans le trèfle par-dessus la tête : *être amoureux fou* §DEX
2054

être dans le très cela : *se dit d'une chose qui convient parfaitement* §ORA
2055

être dans le trou : *être en déficit, fauché* §CLS
2056

être dans le tunnel : *ne rien comprendre à une situation* §ORA
2057

être dans les battures de qqn : *chercher à ravir le (la) partenaire d'autrui* §DEX ; jouer dans les battures de qqn
2058

être dans les bonnes grâces de qqn : *jouir de la faveur de qqn* §PRA
2059

être dans les ferdoches : *être dans la misère, dans l'embarras* §CLA
2060

être dans les honneurs : *être parrain ou marraine* §GLO *laisser dépasser son jupon* §DEX
2061

être dans les jambes de qqn : *être trop près de lui, sur son chemin* §ROB ; être dans les pattes, dans le chemin de qqn
2062

être dans les limbes : *être distrait* §ORA ; être dans les nuages, dans la lune; avoir la tête dans les nuages
2063

être dans les patates : *se fourvoyer, se tromper* §DEX
2064

être dans les petits papiers de qqn : *bénéficier des faveurs de qqn* §ORA
2065

être dans les transes : *être dans une inquiétude mortelle* §PON
2066

être dans les vapes : *être dans une hébétude due à un choc, un malaise, une drogue* §ROB ; être dans la vape, dans le cirage
2067

être dans les vignes du seigneur :

être ivre §ORA
2068

être dans qqc jusqu'au cou : *être dans une position très fâcheuse ou avoir une grande préoccupation* §PRA
2069

être dans sa boîte : *faire ce qu'on aime, être dans son assiette* §CLS
2070

être dans sa tour d'ivoire : *se dit de celui qui a une position indépendante et solitaire, qui refuse de s'engager, de se compromettre* §ROB
2071

être dans ses bonnes : *être de bonne humeur, bien disposé envers autrui* §ORA
2072

être dans ses crottes : *être menstruée* §ORA ; être dans ses fleurs, dans ses fois, dans ses lunes, dans ses mois, dans ses peines; avoir de la visite; avoir la visite du capitaine, la visite de Pierrot; avoir le feu, le feu rouge; avoir les petites joues rouges; avoir sa visite, sa barrure, ses anglais, ses crottes, ses neuf jours, ses couleurs; avoir une cravate sur la calvette; décoller en rouge; peinturer pour les Fraser; porter le col de l'avocat Simard; poser un bouquet; rencontrer Ti-Jean sur le bord de la calvette; voir l'ours; faire ses œufs; être en rouge
2073

être dans ses petits souliers : *être mal à l'aise, dans l'embarras* §ROB
2074

être dans son élément : *être à son aise là où l'on est* §PON
2075

être dans son placard : *se dit d'un homosexuel qui s'ignore ou qui ne s'affirme pas* §ORA
2076

être dans son tort : *n'avoir pas la justice de son côté* §PRA ; se mettre dans son tort
2077

être dans tous ses états : *être très agité, affolé* §ROB
2078

être dans toute sa graisse : *se dit d'une personne qui meurt subitement* §DEX

2079
être dans une bonne lune : *s'applique à une personne d'humeur capricieuse qui se trouve dans un de ses bons moments* §PRA

2080
être dans une mauvaise passe : *connaître un mauvais moment, une période difficile* §DEX ; *traverser une mauvaise passe*

2081
être de belle venue : *qualifie une croissance saine et normale en parlant d'une personne ou d'une plante* §PRA

2082
être de bonne foi : *montrer une entière sincérité* §PRA

2083
être de bonne foi comme un âne qui pète : *être de mauvaise foi* §ORA

2084
être de cérémonie : *être témoin dans un mariage* §ORA

2085
être de connivence avec qqn : *implique une complicité équivoque ou mauvaise* §PRA

2086
être de court : *être à court d'argent* §BEA

2087
être de dépense : *se dit d'une femme dépensière* §DEX

2088
être de garde : *assurer le service de qqc* §ORA

2089
être de glace : *être absolument insensible* §ROB

2090
être de l'algèbre pour qqn : *être une chose difficile, incompréhensible* §RAT ; *être du chinois, de l'allemand, de l'hébreu, du petit nègre pour qqn*

2091
être de l'enculage de mouches : *se dit d'une situation qu'on a compliquée inutilement* §ORA

2092
être de l'étoffe du pays : *être d'un bon naturel, d'une constitution robuste* §DEX

2093
être de l'or en barre : *se dit de qqn ou qqc qui a une grande valeur pour qqn* §ORA

2094
être de la bouillie pour les chats : *se dit d'un texte confus, incompréhensible* §ROB

2095
être de la bullshit : *être du travail bâclé* §ORA

2096
être de la même clique que qqn : *être complice* §ORA

2097
être de la moutarde après dîner : *expression applicable à une chose qui arrive trop tard et n'est plus utilisable* §PRA

2098
être de la partie : *se trouver présent, ou jouer un rôle dans l'affaire en question* §PRA

2099
être de la petite bière : *être une bagatelle sans importance* §ROB

2100
être de la petite mesure : *se dit d'une personne sans envergure* §DEX

2101
être de mauvais poil : *être de mauvaise humeur* §BEA ; *ne pas être dans son assiette*

2102
être de mèche avec qqn : *être de connivence, d'accord avec qqn* §USU

2103
être de moitié avec qqn : *partager les avantages, les pertes, les responsabilités d'une affaire* §PRA

2104
être de notoriété publique que qqc : *expression indiquant qu'une chose est connue de tous* §PRA

2105
être de première force : *déployer une grande habileté dans un exercice ou un jeu quelconque* §PRA

2106
être de promesse : *être fiable, tenir sa parole* §DEX ; *être de parole*

2107
être de rebours : *être de mauvaise humeur* §GLO

2108
être de revue : *être destiné à se revoir, en parlant de deux personnes* §CEL

2109
être de rigueur de qqc : *expression applicable à une loi dictée par l'étiquette* §PRA

2110
être de saison : *être un moment favorable* §PON

2111
être de service : *être serviable* §BEA *se dit d'un instrument qui ne donne pas un bon rendement* §ORA

2112
être de travers : *être dans l'erreur, agir de manière erronée, marginale* §DEX *se dit d'une chose mal faite, mal conçue* §ORA

2113
être de valeur : *être dommage* §BEA ; *être platte*

2114
être débandé : *être déçu, désillusionné* §DEX

2115
être débiffé de la carriole : *avoir l'air épuisé, fourbu* §DEX

2116
être déconcrissé : *être démonté, découragé* §DEX ; *être décrissé*

2117
être dégradé : *être retardé, retenu* §DEX

2118
être déniaisé : *être débrouillard, déluré* §DEX

2119
être dépassé par qqc : *expression signifiant que ce que nous venons d'apprendre nous paraît incroyable* §PRA

2120
être derrière les barreaux : *être en prison* §ORA ; *être sous les verrous; être dedans*

2121
être désâmé : *être aux abois, crevé* §DEX

2122
être dételé : *être désarçonné, dépourvu de moyens, de ressources* §DEX

2123
être devineux : *savoir prévoir le cours des événements* §DEX

2124
être discret comme la tombe : *être d'une grande discrétion* §DEX

2125
être dompté au cordeau : *se dit d'un cheval bien dompté, obéissant à la moindre sollicitation* §DEX ; *être dompté à la guide, à la parole; être tendre de gueule*

2126
être doux comme des fesses de sœur : *être très lisse, doux* §DEX

2127
être doux comme un agneau : *être très doux, inoffensif* §ORA ; *être doux comme un ange, comme un mouton*

2128
être dring-dring : *être timbré* §DEX

2129
être droit comme un I : *être dressé, rectiligne, au garde-à-vous* §DEX ; *être droit comme un cierge, comme un piquet, comme un poteau, comme une flèche; être droit comme des oreilles de lapin*

2130
être drôle comme un singe : *être comique, rigolo, amusant* §DEX

2131
être du bois de calvaire : *être dévot, pieux, irréprochable* §DEX

2132
être du bord de qqn : *appuyer qqn* §ORA

2133
être du chocolat : *être facile* §ORA ; *être du nanane, du gâteau*

2134
être du côté du manche : *être du côté du plus fort* §DEX ; *se mettre du côté du manche*

2135
être du pareil au même : *être égal, équivalent* §DEX ; *être du même et du pareil*

2136
être du ressort de qqn : *appartenir au domaine d'activité de qqn* §PRA

2137
être du tape à l'œil : *se dit de qqc de clinquant* §ORA

2138
être du tout cuit : *se dit d'une tâche facile à exécuter* §ORA

2139
être dur à son corps : *être peu sensible*

à la souffrance physique, ou endurer facilement celle qu'on se donne soi-même au travail §BEA

2140
être dur comme du bois : *être très dur* §DEX ; être dur comme du mastic

2141
être dur comme du cheval : *se dit d'une viande coriace* §DEX ; être dur comme de la semelle de botte

2142
être dur d'oreille : *avoir de la difficulté à entendre* §ORA

2143
être dur de comprenure : *être peu vif d'esprit* §BEA ; ne pas avoir grand comprenure

2144
être dur de gueule : *être rebelle, entêté, rétif* §BEA

2145
être dur de la feuille : *être sourd, sénile* §DEX

2146
être dur de paye : *se dit de qqn qui ne paye pas facilement ses dettes, ou ses comptes ordinaires* §BEA

2147
être ébarroui : *éprouver un flux hémorroïdal, avoir les hémorroïdes* §CLA

2148
être ébarroui : *être défoncé, déglingué* §DEX *être abasourdi* §DEX ; être tout ébarroui

2149
être écarté : *être timbré* §DEX *être égaré* §ORA

2150
être écartillé : *avoir les jambes écartées* §DEX *être déchiré moralement* §DEX ; être tout écartillé

2151
être écharogné : *être usé, détérioré* §DEX

2152
être écœurant : *être salaud, mesquin* §DEX ; faire l'écœurant

2153
être écriauché : *marcher le corps croche (en raison d'un mal quelconque)* §DEX ; être tout écriauché

2154
être effronté comme un bœuf maigre : *être très effronté* §DUL ; avoir un front de bœuf, un front de bœuf maigre; avoir du front tout le tour de la tête

2155
être égarouillé : *être énervé, agité* §DEX

2156
être élevé à la broche : *se dit d'un enfant élevé sans soin* §DEX

2157
être empoté : *être niais, engourdi* §DEX

2158
être en affaires : *se comprendre, partager la même opinion* §DEX

2159
être en âge : *être majeur* §BEA

2160
être en âge de qqc : *être assez vieux pour qqc* §BEA

2161
être en air : *être dispos, gai* §DEX

2162
être en amour : *être amoureux* §DUL

2163
être en avant de son temps : *être un précurseur* §ORA

2164
être en ballant : *être en équilibre instable, ou ne pas arriver à se décider pour un parti ou l'autre* §BEA ; être en balance

2165
être en batte-feu : *être de mauvaise humeur* §CLS

2166
être en bedaine : *avoir le torse nu pour profiter du soleil ou simplement pour se rafraîchir, par grande chaleur* §BEA

2167
être en bien quoi : *être évident* §ORA

2168
être en boisson : *être ivre* §DUL ; être en botte

2169
être en bonne fortune : *aller à la recherche d'aventures galantes* §PRA

2170
être en bonnes mains : *être dans la possession, sous la surveillance d'une personne sérieuse, compétente* §ROB

2171
être en bonnette : *se dit d'une élévation au-dessus de laquelle flottent des nuages* §DEX

2172
être en branle : *être en doute, hésiter* §GLO

2173
être en brosse : *être en beuverie, ivre* §DEX ; être, partir sur la brosse; casser, manger son bouton

2174
être en brouille avec qqn : *être fâché avec qqn* §ORA

2175
être en butte à qqc : *ne pouvoir surmonter une difficulté* §ORA

2176
être en cavale : *s'être évadé* §ORA

2177
être en chaleur : *avoir des désirs sexuels* §ORA ; être en rut

2178
être en charge de qqc : *être responsable de qqc* §ORA

2179
être en chasse : *se dit d'un homme qui cherche une femme* §ORA

2180
être en cheville avec qqn : *s'accorder avec qqn* §ORA

2181
être en decis de faire qqc : *songer à faire qqc* §DEX

2182
être en délicatesse avec qqn : *expression impliquant des rapports plus ou moins tendus entre deux personnes* §PRA

2183
être en démanche : *tomber en ruine, être délabré* §DEX ; être à la démanche, à la démence, en démence

2184
être en demeure vis-à-vis de qqn : *être en retard pour s'acquitter envers lui, pour reconnaître ses bons offices* §PON

2185
être en dérouine : *être ivre* §DEX

2186
être en dessous dans ses affaires : *être déficitaire, en retard dans ses affaires* §DEX

2187
être en devoir : *être de garde, de service* §BEA

2188
être en frais de faire qqc : *être occupé à, être en train de* §CLS ; se mettre en frais de faire qqc

2189
être en froid avec qqn : *désigne un changement fâcheux survenu dans les relations amicales existant entre deux personnes ou deux puissances* §PRA

2190
être en garouage : *rechercher les aventures galantes, partir en vadrouille* §DEX être en rut (en parlant des animaux) §GLO être prêté, loué (en parlant des choses) §GLO ; être en gorouage

2191
être en goguette : *être légèrement ivre* §ORA ; être pompette

2192
être en gondole : *tituber* §DEX se dit d'un lieu en désordre §DEX

2193
être en guignon : *être poursuivi par la mauvaise chance* §PON ; avoir du guignon

2194
être en habit d'Eve : *être nue* §ORA

2195
être en jeu : *avoir des intérêts ou courir des risques dans une affaire* §PRA

2196
être en l'air : *être léger, volage, étourdi* §BEA

2197
être en manches de chemise : *être sans veston* §USU ; être en bras de chemise

2198
être en manque : *avoir un besoin maladif de qqc, de qqn* §ORA ; être en état de manque

2199
être en marche de qqc : *être en train de, sur le point de* §BEA ; être en marché de qqc

2200
être en maudit : *être en colère* §ORA ; être en baptême, en beau baptême, en batége, en bibite, en boule, en câlisse, en beau câlisse, en calvaire, en beau

calvaire, en crisse, en chien, en christ, en crime, en démon, en diable, en beau diable; être en étoile, en fifarlagne, en fiferlot, en fifre, en furie, en fusil, en beau fusil, en gériboire, en hérode, en hostie, en joual vert, en beau joual vert, en jupiter, en mautadinne, en mosus, en ostie, en rogne, en sacrament, en beau sacrament, en sacre, en soda, en sorcier, en beau sorcier, en tabarnacle, en tabarouette, en titi, en torieu, en verrat, en beau verrat

2201
être en mesure de qqc : *posséder les moyens nécessaires pour répondre aux exigences en question* §PRA

2202
être en moyens : *être à l'aise financièrement* §BEA ; avoir les moyens

2203
être en nage : *se dit d'une personne ou d'un animal qui a transpiré abondamment, surtout à la suite d'un grand effort physique* §BEA ; être en eau

2204
être en odeur de sainteté auprès de qqn : *être bien vu de qqn* §ORA

2205
être en passe de qqc : *être sur le point de faire qqc* §PON

2206
être en pays de connaissance : *indique que dans la société au milieu de laquelle on arrive, on aperçoit des visages connus* §PRA

2207
être en peine : *être désemparé* §ORA

2208
être en peine de sa peau : *être désœuvré, ne pas savoir s'occuper, attendre mélancoliquement qu'une chose finisse* §BEA

2209
être en petite tenue : *n'avoir que ses sous-vêtements* §ORA

2210
être en pieds de bas : *ne pas être présentable* §DEX être en chaussettes §ORA ; être en bas de semelle

2211
être en queue de chemise : *être dans une tenue vestimentaire réduite* §BEA avoir le pan de chemise hors du pantalon §DEX ne

pas être présentable §DEX

2212
être en rabette : *être en rut* §GLO être en colère §GLO être ivre §GLO

2213
être en rabotte : *se dit d'un animal en chaleur, en rut* §DEX ; être en ravaud

2214
être en rac : *être en panne* §DEX ; rester en rac

2215
être en rang d'oignons : *être sur une seule ligne, à la suite* §USU

2216
être en règle avec soi-même : *avoir satisfait aux obligations religieuses et morales* §USU ; être en règle avec sa conscience

2217
être en reste avec qqn : *devoir qqc à qqn* §PON

2218
être en ribote : *être en état d'ivresse* §ROB ; faire ribote

2219
être en rupture de ban : *être affranchi des contraintes de son état* §ROB

2220
être en sang : *saigner* §ROB

2221
être en savon : *se dit d'un cheval épuisé, en écume* §DEX

2222
être en strike : *être éconduit* §DEX

2223
être en travers des autres : *être différent, ou tout autrement, ou à l'opposé de tout le monde* §BEA agir, penser à contre-courant* §DEX

2224
être en veine : *se sentir inspiré* §PON

2225
être en verve : *manifester son esprit, être plus brillant qu'à l'ordinaire* §ROB ; être plein de verve

2226
être en voiture : *être bien pourvu, comblé avec qqc, avoir ce qui convient* §DEX

2227
être en vue : *être dans une position éminente* §PON

2228
être en dessous de ses affaires : *être très mal, être bas dans ses affaires, être endetté* §GLO

2229
être enceinte jusqu'aux oreilles : *être aux derniers jours de la grossesse* §ORA

2230
être ennuyant comme la mort : *se dit d'un ennui insupportable* §DEX *se dit de qqn de triste, de terne, qui n'a pas de conversation* §ORA ; *être ennuyant comme la pluie*

2231
être enragé noir : *être furieux* §DEX ; *être enragé comme un blé d'Inde*

2232
être entre deux âges : *être dans la quarantaine* §ORA

2233
être entre deux valises : *se préparer à repartir en voyage* §ORA

2234
être entre deux vins : *être toujours sous l'effet de l'alcool, du vin* §ORA

2235
être entre le marteau et l'enclume : *être entre deux camps adverses, et comme tel, exposé à recevoir des coups des deux côtés* §USU

2236
être épais comme un livre : *être très épais* §DEX

2237
être épais dans le plus mince : *se dit de qqn de qui on condamne les manières frustes, le manque d'éducation ou tout simplement le caractère bête* §BEA ; *être épais; être épais six pouces dans le plus mince*

2238
être équarri à la hache : *se dit d'une chose grossièrement finie* §BEA *se dit d'une personne aux traits physiques ou aux manières frustes* §BEA

2239
être éveillé comme un foutreau : *se dit d'un enfant agité* §DEX ; *être éveillé comme une marmotte*

2240
être even avec qqn : *en être quitte avec qqn* §DEX

2241
être excité comme un pou : *être agité, énervé* §DEX

2242
être exposé aux quatre vents : *désigne une habitation très exposée aux intempéries* §ORA

2243
être faible comme un poulet : *être très faible, anémique* §DEX

2244
être fait à l'os : *être perdu, pris au piège* §ORA *être exténué* §ORA ; *être fait*

2245
être fait comme un rat : *être pris, refait* §USU

2246
être fait un brin sur rien : *se dit de qqn ou qqc de fragile, frêle, faible* §BEA

2247
être fall-ball : *se dit de qqn ou de qqc qui a échoué* §ORA

2248
être fatigué du boghei : *être fourbu* §DEX

2249
être fauché comme les blés : *être sans argent* §ORA

2250
être ferré sur qqc : *avoir des connaissances approfondies sur qqc* §PRA ; *être ferré à glace sur qqc*

2251
être fidèle au poste : *être fidèle à ses habitudes* §ORA *être une personne fiable* §ORA

2252
être fier comme un bossu : *être très fier, prétentieux* §DEX ; *être fier comme un paon, comme un pou; être orgueilleux comme un paon*

2253
être fier comme un prince : *être altier, suffisant* §DEX ; *être fier comme un roi*

2254
être fier pet : *être orgueilleux* §ORA

2255
être figé comme l'as de pique : *être immobile* §CLS ; *être figé comme un as de piquer; être fin comme de la soie* *être aimable, gentil* §DEX

2256
être fin comme un sorcier : *être rusé, espiègle* §DEX

2257
être final bâton : *pour indiquer qu'on met un terme à qqc de façon irrévocable* §ORA

2258
être fleur bleue : *être sentimental* §USU

2259
être fofolle : *se dit d'un homme efféminé* §DEX *se dit d'une femme superficielle, frivole, qui fait des manières* §DEX ; *faire sa fofolle*

2260
être fort comme un lion : *être très fort, très costaud* §DEX ; *être capable comme un cheval; être fort comme la mort, comme un bœuf, comme un forgeron, comme un matamore, comme un ours, comme un taureau, comme un Turc, comme une paire de bœufs*

2261
être fort comme un pou : *être faiblard* §DEX ; *être faible comme un pou*

2262
être fort en gueule : *être convaincant, bavard, fonceur (verbalement)* §DEX ; *avoir de la gueule*

2263
être fort en ketchup : *être incroyable* §DEX

2264
être fort en sang : *être irascible* §GLO

2265
être fort sur la règle : *être enclin à punir les enfants, les écoliers* §ORA

2266
être fou à mener aux loges : *être complètement idiot* §DEX

2267
être fou braque : *se dit de qqn qui épate par ses gestes ou ses paroles drôles* §ORA *être malade mentalement* §ORA

2268
être fou comme un balai : *être d'une humeur joviale* §ORA ; *être fou comme un manche à balai, comme balette, comme de la marde, comme un foin*

2269
être fou comme un cheval : *être écervelé, étourdi* §DEX

2270
être fou comme un lièvre dans les avents : *être agité, nerveux* §DEX

2271
être fourré : *être déconcerté, décontenancé* §DEX

2272
être frais comme la rosée du matin : *être très frais* §ORA

2273
être frais émoulu : *s'applique à ceux qui viennent de sortir d'un établissement d'éducation* §PRA

2274
être franc comme l'épée du roi : *être intègre, d'une parfaite franchise* §DEX ; *être droit comme l'épée du roi*

2275
être franc dans le manche : *être bon travailleur, une personne de confiance* §DEX ; *être franc du collier*

2276
être franc pour la tire : *se dit d'un cheval docile et robuste* §DEX

2277
être frappé au coin de qqc : *porter l'empreinte de qqc* §PRA

2278
être frisé comme un mouton : *avoir les cheveux bouclés* §ORA ; *être frisé comme un caniche*

2279
être froid comme de la glace : *se dit d'une personne froide, distante* §DEX

2280
être fucké : *être confus, perdu, égaré* §SEU

2281
être gai comme un pinson : *être très gai, joyeux, jovial* §ORA ; *être gai comme aux noces*

2282
être gelé comme une balle : *être sous l'effet d'une drogue* §ORA ; *être gelé comme une bine; être high, être stone*

2283
être gelé comme une crotte de poule : *être transi* §DEX ; *être gelé comme une grenouille, comme une patate dans un sabot*

2284
être grand comme une girafe : *se dit d'une personne de grande taille* §DEX

2285
être grand parleur petit faiseur : *être vantard* §ORA

2286
être grand sur la branche : *se dit d'une personne d'une grande taille* §DEX ; être long sur la branche

2287
être grandement : *être à l'aise, avoir l'espace voulu* §DUL

2288
être gras comme un voleur : *être gros, obèse* §ORA ; être gras comme un moine, comme une pomme, comme une tonne; être gras, gros à plein cuir; être gras à fendre avec l'ongle; être gros comme la tour à Babel

2289
être gras dur : *être comblé* §DEX

2290
être grasse comme une loutre : *se dit d'une femme obèse* §DEX

2291
être gratteux : *être avare* §DEX ; être assez gratteux pour tondre un œuf; pouvoir tondre un œuf, un sou

2292
être grave : *se dit de qqn d'audacieux, de téméraire, qui ne recule devant rien* §ORA ; être grave aux portes

2293
être greyé de char : *avoir une bonne automobile, une automobile dispendieuse* §DEX

2294
être griche-poil : *être en rogne, de mauvaise humeur* §DEX ; être à regriche-poil

2295
être grippette : *être colérique* §ORA *se sentir grippé* §ORA *être espiègle* §ORA

2296
être gros comme des chaussons : *être d'une taille considérable* §DEX

2297
être gros comme ma cenne : *être minuscule, infime* §DEX ; être gros comme mon pied

2298
être gros comme mon poing : *être petit, de petite taille* §DEX ; être gros comme le poing

2299
être gros comme une allumette : *être maigrichon* §DEX ; être gros comme un cure-dents, comme mon doigt; être gros, maigre comme un pique

2300
être gros Jean comme devant : *se trouver dans l'identique condition d'auparavant* §PON ; se retrouver gros Jean comme devant

2301
être grossier comme un pain d'orge : *être très grossier* §DEX

2302
être haïssable : *être espiègle, turbulent* §DEX

2303
être habillé comme la chienne à Jacques : *être mal habillé* §ORA ; être accoutré, attifé, attriqué comme la chienne à Giguère, la chienne à grand temps ; être habillé comme un coin, comme une trouvaille; être habillé tout croc

2304
être habillé comme un cheval de quatre piastres : *être habillé avec recherche* §DEX ; être tiré à quatre épingles

2305
être habillé comme un oignon : *porter plusieurs couches de vêtements pour se protéger du froid* §DEX

2306
être habillé comme un quêteux : *être mal habillé, porter des vêtements élimés* §DEX ; être habillé comme un grelou; être habillé en corde de poche

2307
être habillée comme Catau : *être mal mise, habillée sans goût* §DUL ; être attifée, attriquée comme Catoche, Catouche; être habillée comme quatre chiens, comme une laveuse, en catin, en guedouche; être Suzanne-Cataud; avoir l'air savate

2308
être haut comme deux pommes : *être de petite taille* §DEX ; être haut comme trois pommes; être haut comme la poutre

2309
être haut en couleur : *se dit de qqn qui ne passe pas inaperçu, qui a du caractère*

§ORA
2310
être heureux comme un tueur de cochon : *être très heureux* §ORA ; *être heureux comme un poisson dans l'eau*

2311
être high : *être exalté, galvanisé* §DEX ; *se sentir high*

2312
être honnête jusque dans les dents : *être très honnête* §ORA

2313
être hors de marque : *avoir dépassé l'âge critique (en parlant d'une femme)* §GLO

2314
être hors de soi-même : *être furieux* §ORA

2315
être hors pair : *être extraordinaire* §ORA ; *être hors ligne*

2316
être ignorant comme une carpe : *être ignare* §DEX

2317
être imbécile comme un dindon : *être stupide* §DEX

2318
être infirme avec ses deux bras : *être malhabile, balourd* §DEX

2319
être innocent comme un enfant qui vient de naître : *être sans aucune malice* §ORA

2320
être inquiet comme une chatte qui pisse dans le son : *être angoissé, effarouché, sur le qui-vive* §DEX

2321
être jacasseux : *être mouchard, bavard* §DEX

2322
être jacké en l'air : *être juché* §DEX

2323
être jalouse comme une chatte : *se dit d'une femme très jalouse* §DEX ; *être jalouse comme une tigresse*

2324
être jaloux comme un becsie : *être extrêmement jaloux* §DEX ; *être jaloux comme un pigeon, comme un tigre*

2325
être jaune comme un citron : *se dit d'une personne au teint jaunâtre* §ORA ; *être jaune comme le safran; être jaune comme un serin*

2326
être Jeanne d'Arc : *ne pas boire d'alcool, pour une femme* §ORA

2327
être jolie comme un cœur : *être très jolie* §ORA ; *être jolie à croquer*

2328
être joté comme un suisse : *être joufflu* §DEX

2329
être kaput : *être fichu* §ORA

2330
être ketchup : *être hors de l'ordinaire, fameux, formidable, épatant* §DEX ; *être champion, être taureau; être dans les trois x; être super*

2331
être kif-kif : *être équitable, revenir au même* §DEX

2332
être l'affaire d'un instant : *expression applicable au temps très court que prendra l'acte dont il s'agit* §PRA

2333
être l'âme damnée de qqn : *être le mauvais conseiller de qqn* §ORA

2334
être l'assiette au beurre : *être la source de profit* §ROB

2335
être l'éminence grise de qqn : *être celui qui pense pour qqn* §ORA

2336
être la bête noire de la famille : *être la honte de la famille* §DEX

2337
être la bête noire de qqn : *sert à désigner une personne particulièrement détestée* §PRA

2338
être la bonté même : *être très bon* §ORA

2339
être la cheville ouvrière de qqc : *être la personne la plus active de toutes, celle qui fait marcher les choses* §PRA

2340
être la cinquième roue du car-rosse : *être inutile, inopérant, insignifiant* §ROB ; être la cinquième roue du char, de la charrette

2341
être la clé du problème : *être la solution* §ORA

2342
être la coqueluche de qqn : *être adulé* §ORA

2343
être la crème de la famille : *être le meilleur enfant de la famille* §DEX

2344
être la crème des crèmes : *être la meilleure, en parlant d'une femme* §DEX

2345
être la fin des haricots : *n'avoir rien à faire, à espérer* §CEL

2346
être là que le bât blesse : *être le point sensible* §ROB

2347
être la traversée du désert : *désigne l'éclipse temporaire d'un homme politique hors de toute vie publique* §USU

2348
être lâche comme un âne : *être très paresseux* §ORA ; être lâche comme une vache; avoir la corde, le cordon du cœur slack; avoir le cordon du cœur qui traîne dans la marde, dans l'eau, dans les tripes, en bas du lit; avoir les flancs longs; être une vraie jaunisse; avoir mal entre les deux gros orteils; avoir la vache sur le dos; avoir de la misère à porter sa chienne; avoir les oreilles molles, les oreilles longues; être une fonçure traînante

2349
être lâcheux : *être porté à abandonner, à abdiquer* §DEX ; être un lâcheux

2350
être Lacordaire : *ne pas boire d'alcool, pour un homme* §ORA

2351
être laid comme un pet : *être d'une grande laideur* §DEX ; être laid comme un pichou, comme un pou, comme un singe, comme un péché capital, comme les sept péchés capitaux; être laid à arrêter le sang

2352
être large comme la porte : *se dit d'une personne obèse, corpulente* §DEX ; être très gros

2353
être le bâton de vieillesse de qqn : *être le soutien d'un vieillard* §ROB

2354
être le best : *être l'idéal* §ORA

2355
être le bon génie de qqn : *exercer sur qqn une bonne influence* §PON

2356
être le bouc émissaire : *être la victime choisie* §ORA

2357
être le bouquet : *être l'ennui qui vient couronner les autres* §ROB

2358
être le bout : *être le comble* §ORA ; être le bout de la fin, le bout de tout, le bout de la marde; être la cerise sur le gâteau, sur le sundae; être le gravy sur les patates; être le restant, le restant des écus

2359
être le bout du monde : *sert à déclarer que le lieu dont il s'agit paraît trop éloigné* §PRA

2360
être le bras droit de qqn : *être l'allié de qqn* §ORA

2361
être le cadet de ses soucis : *implique que l'on fait fort peu de cas de l'objet qui vient d'être mentionné* §PRA

2362
être le chouchou de qqn : *être le favori, le préféré de qqn* §DEX ; être le best de qqn

2363
être le clou du spectacle : *être l'attraction spéciale* §ORA

2364
être le copeau de la bûche : *ressembler à qqn ou agir comme lui* §ORA ; être qqn tout chié, tout craché, tout recopié

2365
être le coq du village : *être le leader* §ORA

2366
être le dernier des derniers : *être très méprisé* §ORA

2367
être le dindon de la farce : *être la risée de tous* §ORA ; être la fable du quartier

2368
être le fait de qqn : *remplir parfaitement les conditions requises par qqn* §PRA

2369
être le feu et l'eau : *se dit de deux personnes constamment en conflit* §ORA

2370
être le fond du sac : *indique que l'on est arrivé au terme de ses récits* §PRA

2371
être le fun : *être amusant, d'une compagnie agréable* §ORA

2372
être le glaçage sur le gâteau : *se dit du petit extra imprévu, ou inattendu, qui vient s'ajouter à l'essentiel du marché ou de la transaction* §BEA ; être le crémage sur le gâteau

2373
être le mauvais génie de qqn : *exercer sur lui une mauvaise influence* §PON

2374
être le monde à l'envers : *signifie que les choses devraient se passer différemment* §PRA

2375
être le mouton noir de la famille : *être celui qui détonne, qui fait autrement des autres* §ORA

2376
être le point de mire : *être le modèle* §ORA

2377
être le revers de la médaille : *être l'aspect déplaisant, désagréable, d'une chose qui paraissait d'abord sous son beau jour* §ROB

2378
être le roule : *être la pratique courante, la routine* §DEX

2379
être le second violon : *être un subalterne* §ORA

2380
être le talon d'achille : *être le point faible* §ORA

2381
être léger comme une plume : *être très léger* §ORA

2382
être léger de croyance : *être naïf, crédule* §DEX

2383
être lent comme l'ombre du midi : *être d'une grande lenteur, lambin* §DEX ; être lent comme mélasse; être lent comme la mort, comme un pois, comme un pou dans la mélasse, comme une barouche, comme une tortue

2384
être libre comme l'air : *avoir une liberté absolue* §ORA ; être libre comme l'oiseau dans l'air

2385
être loadé : *être repu* §ORA *être ivre* §ORA *en avoir assez de qqc* §ORA

2386
être loadé au bout : *être bourré d'argent* §DEX

2387
être logé, nourri, blanchi : *être en pension complète* §ORA

2388
être loin du compte : *être bien en dessous de la réalité dans une estimation faite* §PRA

2389
être loin de son profit : *être loin du but fixé, de la chose cherchée* §ORA

2390
être long comme d'ici à demain : *être long, ennuyant* §DEX

2391
être long comme un jour sans pain : *être interminable* §ROB

2392
être long comme un poteau de télégraphe : *être très long, grand* §DEX

2393
être lourd comme du plomb : *être très lourd* §DEX

2394
être lousse : *être large d'esprit* §DEX *être momentanément prodigue* §DEX

2395
être magané de la charrette : *avoir souffert physiquement* §ORA

2396
être maigre comme un bardeau : *être maigrichon* §DEX ; être maigre comme

un capelan, comme un carcan, comme un carême, comme un cassot, comme un chat de gouttière, comme un chicot, comme un Christ, comme un clou, comme un crisse, comme un coin; être maigre comme un manche à balai, comme un manche de pelle, comme midi en carême, comme un mort en vacances, comme un pet, comme un pique; être maigre comme un coucou, comme un cure-dents, comme un doigt, comme une échalote, comme une feuille de papier, comme un foin, comme un hareng boucané, comme une haridelle

2397
être mal à l'aise : *désigne un état de gêne physique ou morale* §PRA

2398
être mal à main : *manquer d'entregent, de délicatesse, être détestable* §DEX *être mal situé, difficile d'accès* §ORA

2399
être mal amanché : *être mal habillé* §DEX *être en fâcheuse position* §DEX ; *être mal emmanché*

2400
être mal attelé : *être engagé dans une mauvaise affaire* §BEA *être mal marié* §BEA

2401
être mal avenant : *être bougon* §ORA ; *être mal endurant, mal luné, malcommode*

2402
être mal dans ses culottes : *se sentir inconfortable, intimidé* §DEX ; *se sentir mal dans ses culottes*

2403
être mal en point : *se trouver en fâcheuse condition de santé* §PRA

2404
être mal engueulé : *se dit de qqn qui n'a que des paroles grossières à la bouche* §BEA

2405
être mal ficelé : *s'applique à un déplorable état de santé* §PRA *porter un costume défectueux* §PRA

2406
être mal parti : *se dit de qqn ou d'une entreprise dont on analyse les nombreuses difficultés* §ORA

2407
être malade comme un bœuf : *être très malade* §DEX ; *être malade comme un chien, comme un nègre*

2408
être malade mental : *avoir l'esprit dérangé* §ORA *être fou à lier* §ORA

2409
être malheureux comme les pierres : *être affligé, triste* §DEX

2410
être malin comme un bœuf : *être colérique, féroce* §DEX ; *être malin comme un crique, comme un grippette, comme un tigre*

2411
être malin comme un singe : *avoir de la ruse et de la finesse* §ORA ; *être malin comme un pichou*

2412
être marabout : *être maussade* §DEX ; *filer marabout*

2413
être mardeux : *avoir de la chance* §ORA

2414
être matinal comme le coq : *être très matinal, lève-tôt* §DEX ; *être de bonne heure sur le piton*

2415
être méchant comme un âne rouge : *être très méchant* §CLS ; *être méchant comme sept fois le diable*

2416
être mêlé dans ses papiers : *se tromper, être embrouillé, être perdu dans ses idées* §DUL ; *être mêlé*

2417
être menteur comme un arracheur de dents : *être un fieffé menteur* §ORA ; *être menteur comme un cheval, comme un dentiste, comme un avocat; mentir comme un arracheur de dents*

2418
être mère poule : *se dit d'une mère qui aime à être entourée de ses enfants* §ROB

2419
être mi-figue mi-raisin : *avoir l'air à la fois satisfait et mécontent, ou à la fois sérieux et plaisant* §USU

2420
être midi à quatorze heures : *être lambin, toujours en retard* §DEX

2421
être mieux de se lever de chaud matin : *être mieux d'y voir (pour faire qqc)* §DEX

2422
être mince comme une peau de pet : *être très mince* §ORA

2423
être mis dedans : *se laisser duper* §PRA

2424
être mort de rire : *jubiler, être au comble de la joie, de la satisfaction, exulter* §DEX *triompher moqueusement d'une situation qui a tourné à son avantage* §ORA

2425
être mou comme de la guenille : *être flasque, lâche* §DEX

2426
être mou comme une chique : *se dit de qqn d'inerte* §ORA

2427
être mouche à marde : *se dit de qqn qu'on trouve trop collant, qui est toujours là, qui nous suit partout* §BEA ; *être une vraie mouche à marde*

2428
être mouton : *toujours suivre l'opinion d'autrui, manquer de caractère* §DEX

2429
être muet comme une carpe : *être taciturne* §DEX ; *être silencieux comme une carpe*

2430
être mûr pour Saint-Jean-de-Dieu : *être fou, avoir l'esprit dérangé* §DEX

2431
être myope comme une taupe : *être très myope* §ORA

2432
être navré : *suffoquer, haleter* §SEU

2433
être né pour un petit pain : *devoir rester inexorablement pauvre* §DEX

2434
être né sous une bonne étoile : *avoir de la chance* §ORA ; *être né sous un jour favorable*

2435
être net comme torchette : *expression signifiant que tout a été dit, qu'il est inutile de poursuivre* §DEX

2436
être newfie : *être nigaud, niais* §DEX

2437
être ni chair ni poisson : *se dit d'un homme sans caractère et qui flotte, indécis et timide, entre deux partis opposés ou deux opinions contraires* §RAT

2438
être noir comme du charbon : *être très noir* §ORA ; *être noir comme un corbeau, comme un geai, comme une mûre, comme une taupe*

2439
être noir comme la poule à Simon : *être flambé, perdu* §GLO

2440
être noir comme le poêle : *être très noir, crasseux* §DEX

2441
être noir comme une corneille : *se dit d'une personne à la chevelure très noire* §DEX

2442
être noir de monde : *se dit d'un endroit plein de monde* §ORA ; *être plein à craquer*

2443
être nu comme un ver : *être complètement nu* §ORA

2444
être obstineux : *aimer contredire, être chicaneur* §DEX ; *être ostineux*

2445
être open : *avoir l'esprit ouvert* §ORA *être généreux* §ORA

2446
être paf : *être saoul* §ORA

2447
être paqueté aux as : *être ivre, saoul ou drogué* §BEA *avoir une bonne main aux cartes* §BEA

2448
être paqueté comme un œuf : *être ivre mort* §DEX ; *être plein, rond comme un œuf; être saoul comme un pape*

2449
être parée comme une épouse de village : *porter une toilette voyante et de mauvais goût* §PRA

2450
être pareil comme qqn : *ressembler*

physiquement ou moralement à qqn §ORA

2451
être parent de la fesse gauche : *être apparenté de loin à qqn* §ORA

2452
être paresseux comme un lézard : *être très paresseux* §ORA ; être paresseux comme une couleuvre; être trop chienne pour avoir des petits

2453
être parole d'évangile : *expression attribuant une vérité infaillible à la parole de qqn* §PRA

2454
être partant : *accepter de s'engager dans une entreprise quelconque, un mauvais coup, une partie de plaisir, un travail, une aventure galante, une occupation* §CEL

2455
être pas mal fin : *être gentil* §ORA

2456
être pas possible : *se dit de qqn d'extraordinaire, d'extravagant* §DEX

2457
être passé au feu : *avoir l'esprit dérangé* §ORA *se dit de qqn qui vient de se faire couper les cheveux* §ORA ; avoir passé au feu

2458
être passé dû : *être en retard, notamment dans ses paiements, avoir un compte en souffrance* §DEX

2459
être passé fleur : *n'être plus très jeune* §DEX

2460
être passé maître dans qqc : *désigne un haut degré de perfection dans un art quelconque* §PRA

2461
être pauvre comme un chien : *être très pauvre* §DEX ; être pauvre comme de l'urine, comme de la rognure de chien, comme des chiens, comme du gros sel, comme du sirop, comme du pissat écrémé, comme la gale, comme la peste, comme la terre, comme le sel; être pauvre comme le bonhomme Job, comme Job, comme un gueux, comme un rat d'église, comme un rat de grange, comme une souris d'église; être pauvre sans limite

2462
être payé pour le savoir : *avoir souffert pour acquérir l'expérience que l'on possède* §PRA *indique la certitude d'être compétent* §ORA

2463
être peine perdue : *sert à constater l'inutilité de tout effort tenté* §PRA

2464
être pepsi : *être un jeune fanfaron* §DEX *être mièvre, kitch* §CLS

2465
être perdu dans la brume : *ne comprendre rien à rien* §ORA ; être dans la brume

2466
être pétard : *se dit d'un jeune homme à l'allure fière, qui plaît aux femmes* §ORA

2467
être pété : *être hallucinant, délirant* §DEX ; être complètement pété

2468
être pété au fret : *mourir subitement* §DEX *crever de froid* §DEX

2469
être peureux comme un lièvre : *être craintif, timoré* §DEX

2470
être picosseux : *être achalant, importun* §DEX

2471
être piochon : *se dit de qqn qui ne comprend rien à rien* §BEA ; faire le piochon

2472
être piqué : *être amoureux* §ORA *être fou* §ORA

2473
être piqué dans le maigre : *être vexé, piqué au vif* §DEX

2474
être pisse-assis : *se dit d'un homme qui épouse les thèses féministes* §ORA

2475
être pissou : *être couard, poltron* §DEX

2476
être piton : *être idiot, imbécile* §DEX

2477
être placé à désamain : *être placé incommodément* §GLO

2478
être planche comme une cenne : *se*

dit d'une surface, et notamment d'une mer, totalement plane, unie §DEX

2479
être planté comme un as de pique : *se tenir debout de manière à gêner son voisin* §CLS

2480
être plate comme une planche à repasser : *se dit d'une femme qui n'a pas de seins* §ORA ; être plate comme une planche de plywood, comme une galette

2481
être plein aux as : *avoir beaucoup d'argent* §ROB ; être bourré aux as; avoir le paquet; être plein comme un boudin; être paqueté aux as

2482
être plein comme un suisse : *avoir la bouche remplie de nourriture* §DEX

2483
être plein comme une barrique : *avoir bu beaucoup de liquide* §ORA

2484
être plein comme une éponge : *être ivre* §DEX ; être plein jusqu'au cou; être plein comme une botte; être rond comme une bine, comme une citrouille

2485
être plein comme une outre : *avoir trop bu, trop mangé* §ROB ; être gonflé comme une outre; être plein comme un œuf

2486
être plein de soi-même : *être orgueilleux* §ORA

2487
être plissé comme une planche à laver : *être ridé* §DEX ; être plissé à l'aiguille; être plissé comme un soulier

2488
être plus catholique que le pape : *être trop consciencieux, trop honnête* §DEX

2489
être plus royaliste que le roi : *prendre les intérêts de qqn plus qu'il ne fait lui-même* §PON

2490
être poire : *être naïf* §ORA

2491
être poisson : *être crédule* §ORA

2492
être poqué : *être amoché, fourbu* §DEX

2493
être porté sur la boisson : *aimer l'alcool* §DEX ; être porté sur la bouteille

2494
être porté sur la main : *être plein d'égards* §DEX ; être porté à la main

2495
être porté sur le sexe : *être sensuel, avoir une sexualité débridée* §DEX ; être porté sur la chose

2496
être pour dire : *être étonnant, imprévu* §DEX ; être bien pour dire

2497
être pourri : *se dit de qqn qui n'a pas de scrupules, de morale, de sentiments* §ORA

2498
être pourri de qqc : *être plein, accablé de dettes, etc.* §DEX

2499
être prêt à mettre son cou sur le billot : *être sûr d'une chose au point de risquer sa tête* §CLS ; être prêt à mettre son cou sur la billote

2500
être prime comme la poudre : *être vif, colérique* §CLS ; être prompt, être vif comme la poudre, comme la poudre à fusil; être prime

2501
être pris comme une île : *avoir une carrure imposante* §DEX ; être bien pris

2502
être pris de court : *ne pas avoir le temps d'agir, de réagir* §ORA

2503
être pris du cœur : *être cardiaque* §ORA

2504
être pris en pain : *rester figé sur place, être intimidé, peu sûr de soi* §DEX *se dit de qqc qui se fige, qui devient solide* §ORA ; être pris dans un pain

2505
être pris en sandwich : *être pris en porte-à-faux* §DEX

2506
être pris entre deux feux : *être entre deux dangers également menaçants* §USU

2507
être proche de ses cennes : *être très économe, presque avare* §BEA ; être après

ses cennes; être assis près de ses cennes; être près de ses piastres; être près, proche de la piastre, de ses cennes, de ses pièces

2508
être propre comme un avocat : *avoir une mise soignée* §DEX

2509
être propre comme une cenne neuve : *être immaculé* §DEX ; être propre comme un sou neuf, comme un sou frotté; être propre comme des enfants de couvent

2510
être puni par où on a péché : *expression impliquant que toute faute porte en elle-même le germe de son châtiment* §PRA

2511
être québécois pure laine : *se dit d'un Québécois de vieille souche* §ORA

2512
être quétaine : *être vieux jeu, être niais* §DEX

2513
être raide comme des clous : *se dit de cheveux, de poils dressés, rebelles* §DEX

2514
être raide comme une barre : *être droit, au garde-à-vous* §DEX *se dit d'un homme qui a une érection* §ORA

2515
être rare comme de la marde de pape : *être rarissime, précieux* §DEX

2516
être rare de place : *y avoir peu de place* §DEX

2517
être rasoir : *être enquiquineur* §ORA

2518
être ratatiné comme une patate : *être ridé, vieux* §DEX

2519
être ratoureux : *être espiègle, rusé* §DEX

2520
être ravi au septième ciel : *être contenté* §ORA

2521
être reçu sur la main : *être bien reçu, avec tous les égards* §DEX ; être reçu comme sur la main; être reçu comme la mélasse en carême

2522
être réduit à la dernière extrémité : *être très miséreux* §ORA ; être réduit à la besace; être à la besace

2523
être regagnant : *être avantagé* §ORA

2524
être regardant : *être exigeant, tatillon* §DUL

2525
être régulier comme une horloge : *être ponctuel, d'une régularité irréprochable* §DEX ; être réglé comme un papier à musique

2526
être remis à l'ordre : *se voir ramené brusquement au droit chemin alors que l'on s'en est écarté* §PRA

2527
être rendu à la poche : *être rendu à la dernière extrémité, être ruiné* §DEX ; être rendu au dernier bouton

2528
être rendu au bout : *être exténué physiquement ou moralement* §BEA *en avoir assez d'une situation devenue intolérable* §BEA

2529
être resté : *être très fatigué, fourbu* §ORA ; être resté mort

2530
être revenu de loin : *expression usitée en parlant d'un homme dont la guérison a démenti toutes les prévisions* §PRA

2531
être revenu de tout : *avoir perdu le goût de vivre* §PRA

2532
être riche comme Crésus : *être très riche* §ORA ; être riche à craquer; être riche comme un voleur

2533
être Roger Bontemps : *être bon compagnon, gaillard et un peu insouciant* §CLS ; être arracheux bon-temps

2534
être rompu à qqc : *être très exercé, expérimenté* §ROB

2535
être rond comme un quart : *être très rond, arrondi* §DEX

2536
être rond comme une pomme : *être gras, en parlant d'un animal* §CLS

2537
être rongé par la misère : *être submergé de malheurs* §DEX ; être mangé par la misère

2538
être rouge comme un coq : *être rouge de colère, de rage, de timidité, etc.* §ORA ; être rouge comme la flanelle, comme la flanellette, comme un homard, comme une bette, comme une pivoine, comme une tomate

2539
être rougeaud : *rougir de gêne, de honte* §GLO

2540
être rousselé comme un fond de chaudière rouillée : *avoir beaucoup de taches de rousseur* §DEX ; être rousselé comme un haddock, comme un Irlandais, comme un moule à plomb

2541
être rusé comme un renard : *être très rusé, perspicace, intelligent* §ORA ; être renard; être un fin renard, une fine mouche; être un renard à la patte coupée; être fin, rusé comme un merle

2542
être saffe comme un cochon : *être gourmand* §DEX ; être sarfe, safre comme un cochon

2543
être sage comme un ange : *se dit d'un enfant calme, peu turbulent* §DEX ; être sage comme une image

2544
être sain comme une balle : *être en parfaite santé, solide* §DEX

2545
être sain d'esprit : *avoir une intelligence normale, claire et lucide* §PRA

2546
être sale comme un peigne : *être très sale* §ORA ; être sale comme un cochon

2547
être sans connaissance : *être furieux, enragé* §BEA

2548
être sans dessein : *être maladroit, idiot, niais* §BEA *être sans plan arrêté, sans souci,*

sans soin, sans but particulier §BEA ; être sans allure, sans génie

2549
être sans feu ni lieu : *être sans domicile, sans parents, sans origine* §DUN

2550
être sans gêne : *manquer de savoir vivre* §ORA

2551
être saoul comme une botte : *être ivre mort* §DEX ; être saoul comme des boules, comme la botte, comme un cochon, comme une grive, comme dans les bonnes années

2552
être sauté : *être fou, timbré* §DEX être hors de l'ordinaire* §DEX

2553
être sauvé par la cloche : *échapper à qqc au dernier moment* §ORA

2554
être savant comme un avocat : *être érudit* §DEX ; être savant comme une maîtresse d'école; être savant jusqu'aux dents

2555
être sec comme les os : *être très sec* §ORA ; être sec comme nord-est

2556
être sec comme un clou : *se dit d'une personne maigre et de haute taille* §DEX ; être sec comme un éclat

2557
être selon : *se dit d'une chose qui dépend des circonstances, du point de vue où l'on se place* §ORA

2558
être senteuse comme une jument : *être fouineuse, commère* §DEX

2559
être senteux comme une belette : *être indiscret, fouineur* §DEX ; être curieux comme une belette

2560
être sérieux comme un pape : *ne pas entendre à rire* §ORA

2561
être serré : *avoir peu d'argent* §DEX

2562
être serré comme un saucisson : *être à l'étroit* §ORA

2563
être serrés comme des sardines : *être entassés les uns contre les autres sans pouvoir bouger* §USU

2564
être seul comme un codinde : *être ostracisé, esseulé* §DEX

2565
être simple comme bonjour : *être très simple* §ORA ; *être simple comme l'œuf de Colomb*

2566
être singe de course : *être bon imitateur* §DEX

2567
être slow motion : *être lent, lambin* §DEX

2568
être smatte : *être serviable, gentil* §ORA ; *être bien smatte*

2569
être smatte comme un écureuil de la patte : *être rusé, éveillé* §DEX

2570
être solide comme un chêne : *jouir d'une excellente santé* §ORA ; *être fort comme un chêne; être solide comme un pont; être solide sur pattes, sur ses pattes; se porter comme un charme*

2571
être soupe au lait : *être très susceptible* §ORA

2572
être souple comme un gant : *avoir un caractère docile, servile* §ROB

2573
être sourd comme un pot : *être dur d'oreille, à peu près sourd* §USU

2574
être sournois comme un chat : *être hypocrite* §DEX

2575
être sous la coupe de qqn : *être dans la dépendance de qqn* §ROB

2576
être sous la férule de qqn : *être sous l'autorité, le pouvoir de qqn* §USU

2577
être sous le charme de qqn ou qqc : *être impressionné par qqn ou qqc* §USU

2578
être sous le coup de qqc : *désigne l'état où l'on se trouve après avoir appris une terrible nouvelle, ou assisté à un affreux spectacle* §PRA

2579
être sous les drapeaux : *faire son service militaire* §PRA

2580
être stoqué sur qqn : *s'enticher de qqn* §ORA

2581
être suiveux : *imiter les autres, dépendre d'autrui* §DEX ; *être un suiveux; être mouton de Panurge*

2582
être sujet à qqc : *subir souvent l'atteinte d'un désordre physique ou mental* §PRA

2583
être supposé faire qqc : *être censé faire qqc* §ORA

2584
être sûr de son fait : *sert à affirmer que la chose que l'on vient d'affirmer est réelle* §PRA

2585
être sur des charbons ardents : *être extrêmement impatient et anxieux* §USU

2586
être sur des épines : *ne pas être à l'aise* §ORA

2587
être sur l'autre bord : *être en état de grossesse* §CLS ; *être sur l'autre côté*

2588
être sur la bomme : *éprouver beaucoup de fatigue après avoir fait la fête* §ORA *être défraîchi, en ruines* §BEA ; *être, s'en aller, partir sur la bomme*

2589
être sur la braise : *être dans l'anxiété* §PON

2590
être sur la corde raide : *être dans une situation délicate* §ROB ; *danser, marcher sur la corde raide*

2591
être sur la crousse : *draguer* §DEX

2592
être sur la mappe : *être reconnu, jouir d'un certain renom, d'une réputation* §DEX

2593
être sur la même longueur d'onde que qqn : *s'entendre avec qqn* §ORA

2594
être sur la ripe : *faire la noce* §CLS ;
partir sur la ripe

2595
être sur la sellette : *être exposé au jugement d'autrui, à la critique* §USU

2596
être sur la touche : *se tenir à l'écart d'un débat auquel on devrait participer en particulier, avoir été éliminé d'une compétition, définitivement* §CEL

2597
être sur la trave : *se sentir mal après une cuite* §DEX

2598
être sur la trotte : *passer sa vie sur les routes, voyager* §DUL *partir en fête, draguer, vadrouiller* §DEX

2599
être sur le bien-être social : *dépendre de l'Etat pour survivre* §ORA ; être sur le b. s.; vivre sur le bien-être social, sur le b.s.

2600
être sur le bœuf : *être en première vitesse, pour un camion* §BEA *se dit de qqn qui ne va pas vite, ou qui force beaucoup et lentement* §BEA

2601
être sur le bord de faire qqc : *être sur le point de faire qqc* §CLS

2602
être sur le cant : *être en mauvais état, malade* §ORA *se dit d'une chose qui est mal assise, qui est instable* §ORA

2603
être sur le carreau : *être très fatigué, exténué* §ORA ; être sur le dos, sur le flanc, sur le grabat

2604
être sur le grand call : *avoir une érection* §SIM ; être au quarante-cinq; avoir un serrement de gosses

2605
être sur le gril : *être anxieux* §PON

2606
être sur le gros nerf : *être très nerveux, tendu, agité* §DEX

2607
être sur le pied de guerre : *être prêt à toute éventualité* §ORA ; être sur un pied de guerre

2608
être sur le piton : *être en forme* §BEA

2609
être sur le plancher des vaches : *être sur la terre ferme* §ROB

2610
être sur le qui-vive : *être vigilant* §ORA ; se tenir sur le qui-vive; être, se tenir sur ses gardes; être, se tenir sur un pied d'alerte

2611
être sur le sable : *être sans argent ou sans travail* §USU

2612
être sur le skid : *boire sans arrêt* §DUL ; partir sur le skid

2613
être sur le tapis : *être l'objet de la conversation* §ROB ; venir sur le tapis

2614
être sur les attelles : *être maladif, faible, languissant* §CLS

2615
être sur les entraits : *être au ban d'un groupe* §DUL

2616
être sur les genoux : *être épuisé* §ORA

2617
être sur les nerfs : *se dit d'une personne très fatiguée qui n'agit que par des efforts de volonté* §ROB ; vivre sur les nerfs

2618
être sur les planches : *se dit d'un mort exposé sur les tréteaux* §DEX ; se trouver sur les planches

2619
être sur les rangs : *se présenter comme postulant* §PRA ; se mettre sur les rangs

2620
être sur les talons de qqn : *suivre qqn* §USU ; marcher sur les talons de qqn

2621
être sur ses dernières roues : *épuiser ses dernières ressources* §DEX

2622
être sur ses derniers milles : *être à bout de forces, de ressources* §DEX *être à la fin de la grossesse* §ORA *être à la fin d'un travail, d'une activité* §ORA

2623
être sur ses gardes : *se tenir sur la défensive, être prêt à soutenir l'attaque* §PRA

2624
être sur un pied d'égalité avec qqn : *valoir qqn* §ORA

2625
être sur une affaire : *préparer une opération* §ORA

2626
être sur une mauvaise pente : *commencer une évolution fâcheuse, contraire aux exigences sociales, morales* §USU

2627
être sur une pinotte : *être très affairé, exalté* §DEX

2628
être taillé au couteau : *avoir un beau physique* §ORA

2629
être taillé en hercule : *avoir un beau physique, pour un homme* §ORA

2630
être tannant aux portes : *être agité, entreprenant, difficile à tenir (au physique et plus au moral)* §BEA

2631
être tendre comme la rosée : *être très tendre* §ORA

2632
être tendre d'entretien : *se dit d'une femme corpulente* §DEX

2633
être téteux : *faire des manières, se faire prier* §ORA

2634
être toton : *être niais, peu dégourdi, gaffeur* §ORA

2635
être têtu comme un âne : *être très têtu, obstiné* §ORA ; être têtu, entêté comme un cran, une bourrique, une mule, un mulet; être mule

2636
être Thomas : *être incrédule* §DEX

2637
être tiguidou : *être parfait, épatant* §DEX ; être diguidou; être numéro un

2638
être tiré aux cordeaux : *être empreint d'une certaine raideur* §PRA

2639
être tiré par les cheveux : *expression applicable à un bon mot ou à un calembour forcé* §PRA

2640
être toffe : *être dur, difficile, complexe* §ORA *être endurant* §ORA

2641
être tôlé : *être frondeur, fanfaron, idiot* §DEX

2642
être too much : *être merveilleux, fantastique* §DEX

2643
être toujours pendu à la ceinture de qqn : *accompagner, suivre qqn partout* §RAT ; être toujours sur les talons de qqn

2644
être toujours sur la brèche : *être toujours au travail, en pleine activité* §ROB

2645
être tout comme : *être la même chose* §ROB

2646
être tout croche : *avoir mauvaise apparence* §DEX *se sentir tout intimidé, tout mal* §DEX

2647
être tout d'une pièce : *être d'une grande raideur de contenance ou de caractère* §PRA

2648
être tout d'une venue : *se dit de qqn de simple* §ORA

2649
être tout déscrounché : *être abattu, désarticulé* §DEX

2650
être tout en harmonie : *être embêtant, ennuyeux* §DEX

2651
être tout feu tout flamme pour qqn ou qqc : *être enflammé, embrasé de passion pour qqn ou qqc* §ROB

2652
être tout oreilles : *prêter une attention intense* §PRA

2653
être tout sucre et tout miel : *être d'une gentillesse exagérée* §ORA

2654
être tout un aria : *être d'une grande complexité, embarrassant* §DEX *se dit d'une personne particulièrement laide ou mal habillée* §DEX

2655
être tout un moineau : *se dit de qqn d'extraordinaire* §ORA *; être tout un phénomène; être pas ordinaire*

2656
être tout yeux tout oreilles : *être très attentif aux paroles de qqn* §USU

2657
être traître comme un bœuf maigre : *être imprévisible, sournois* §DEX

2658
être tranquille aux portes : *être très calme, docile* §BEA *être d'un naturel doux, peu entreprenant* §BEA

2659
être tranquille comme Baptiste : *être sans souci, sans agitation du cœur ou de l'esprit, assuré du lendemain* §CEL

2660
être tranquille comme la mort : *se dit d'un calme, d'un silence absolu* §DEX

2661
être trempé comme un canard : *être complètement mouillé (par la pluie)* §ORA *; être trempé jusqu'aux os; être trempé comme une soupe*

2662
être triste comme un bonnet de nuit : *être une personne triste, ennuyeuse* §ORA *; être comme un bonnet de coton, comme une porte de cimetière*

2663
être trop fort pour sa vache : *n'avoir pas le courage ou l'énergie pour effectuer une chose* §CEL

2664
être trop grand pour ses culottes : *se dit d'une situation qui dépasse qqn* §ORA

2665
être trop vert en paroles : *parler trop crûment* §PON

2666
être troublé : *avoir l'esprit dérangé, ne plus avoir son bon sens, perdre son sang-froid* §DEX

2667
être un abatteur de bois : *être un baiseur effréné* §ORA *; être un Don Juan, un abatteur de femmes, de quilles*

2668
être un abatteur de travail : *être un grand travailleur* §CLS *; être un abatteur de besogne, d'ouvrage*

2669
être un adon : *se dit d'une situation ou d'un événement attribué à un hasard, le plus souvent heureux* §BEA

2670
être un beau limoneux : *être plaignard, pleurnichard, traître* §DEX *; être un limoneux*

2671
être un beau patron : *être une belle femme* §DEX *; être un beau pétard, un beau brin de fille; être un vrai pétard*

2672
être un beau pétard : *être une belle femme* §ORA *être prétentieux* §DEX

2673
être un beau smatte : *être un salaud* §ORA

2674
être un bébé lala : *avoir une attitude puérile* §DEX

2675
être un bon parti : *applicable à un jeune homme ou une jeune fille possédant soit une belle situation soit une bonne dot* §PRA

2676
être un bouche-trou : *se dit de qqn dont les services sont utilisés en dernier* §ORA

2677
être un branleux : *hésiter, traîner* §DEX

2678
être un brin de fil : *être mince* §DEX *se dit d'une personne maigrelette* §DEX

2679
être un brin-sur-rien : *être très maigre* §DEX

2680
être un bullshitter : *être fanfaron, faire de l'esbroufe* §DEX *; faire le, son bullshitter*

2681
être un busy body : *être affairé, besogneux, nerveux* §DEX *; faire son busy body*

2682
être un cas de force majeure : *se dit d'une éventualité à laquelle on ne peut se soustraire* §PRA

2683
être un casseux de veillée : *être un trouble-fête* §ORA *être celui qui donne le signal de la fin par l'annonce de son départ* §ORA ; *être un casseux de party, un casseux de fun*

2684
être un cataplasme sur une jambe de bois : *se dit d'un remède qui ne peut servir* §RAT ; *être un cautère, un emplâtre sur une jambe de bois*

2685
être un cerveau brûlé : *être un individu exalté, épris d'aventures et de risques* §ROB ; *être une tête brûlée*

2686
être un chanteur de pomme : *être un faiseur de promesses* §CLS *être un charmeur de filles* §ORA

2687
être un chèque raide : *être un assisté social* §DEX

2688
être un chie-en-culotte : *être poltron, ne jamais faire face au danger* §BEA ; *être un chien mouillé*

2689
être un chien pas de médaille : *être un individu sans importance* §ORA

2690
être un chique-la-guenille : *être boudeur, rechigneur* §DEX ; *chiquer la guenille*

2691
être un chuton : *être pauvre et n'avoir aucune initiative* §ORA

2692
être un cornichon sans vinaigre : *être niais* §DEX ; *être un beau cornichon sans vinaigre*

2693
être un corps mort : *être oisif, désœuvré* §ORA

2694
être un corps sans âme : *être nonchalant* §DEX

2695
être un coup de vent : *être une personne très remuante* §PRA

2696
être un couteau à deux tranchants : *se dit d'une situation présentant*

des valeurs positives et négatives §ORA

2697
être un crève-la-faim : *être un miséreux qui ne mange pas à sa faim* §ROB

2698
être un dort-dans-l'auge : *être un fainéant* §DEX ; *être un dort-debout*

2699
être un dur à cuire : *être résistant* §ORA

2700
être un empêcheur de danser en rond : *être un trouble-fête* §ROB

2701
être un empêcheur de tourner en rond : *se dit de celui qui fait des objections fondées* §ORA

2702
être un enfant de nanane : *être détestable, difficile* §DEX *être un salaud* §DEX

2703
être un enfant de sa mère : *être gâté* §ORA

2704
être un enfant de sainte Anne : *se dit d'un enfant né d'une mère relativement âgée* §DEX

2705
être un Enfant-Jésus de cire : *être moralement irréprochable* §DEX

2706
être un Enfant-Jésus de Prague : *être un enfant sage* §DEX

2707
être un épouvantail à moineaux : *être très laid* §ORA

2708
être un falseux d'almanach : *faire le prophète de malheur* §DEX

2709
être un faux jeton : *être un individu retors* §ORA ; *être un faux type*

2710
être un fend-le-vent : *être prétentieux, un fanfaron* §ORA

2711
être un fier-à-bras : *se dit de l'homme fort qui ne craint pas la bagarre* §ORA ; *être un fort-à-bras*

2712
être un fils à papa : *être né de parents riches et le laisser voir* §ORA

2713
être un fils de bonne famille : *être de souche aristocratique* §PRA

2714
être un flanc mou : *être paresseux, nonchalant* §DEX ; *faire son flanc mou*

2715
être un foin d'odeur : *être écervelé, sans scrupules* §DEX

2716
être un gibier d'eau douce : *être un malfaiteur* §ORA ; *être un gibier de malheur, un gibier de potence*

2717
être un grand fanal : *se dit d'un homme grand et maigre* §DUL *se dit de qqn qui est paresseux* §ORA

2718
être un grand slaque : *être dégingandé* §DEX

2719
être un grand talent : *se dit de qqn qui croit tout savoir* §ORA

2720
être un grave : *être extravagant, fanfaron* §DEX

2721
être un gros casque : *être une personnalité, un notable* §DEX ; *être un gros paire, un gros bonnet*

2722
être un gros plein de soupe : *être suffisant, bon à rien, dégonflé* §DEX

2723
être un grugeux de soutien-gorge : *être un coureur* §SIM ; *être un matou, un matawin*

2724
être un gueulard : *hurler à tort et à travers, être chicanier* §DEX

2725
être un homme à poigne : *être un chef* §ORA

2726
être un homme de main : *être un exécuteur de basses besognes* §ORA

2727
être un homme de paille : *endosser sans intervenir les actions d'une autre personne* §ORA ; *être un prête-nom*

2728
être un homme de sac et de corde : *être un voleur* §ORA

2729
être un homme qui se noie : *sert à pronostiquer la perte définitive de qqn sous le rapport de la fortune* §PRA

2730
être un lève-tôt : *être matinal* §ORA

2731
être un mangeux de balustres : *se dit du catholique sincère qui communie souvent* §BEA *se dit d'un tartufe, ou de qui feint la piété* §BEA ; *un rongeux de balustres; être un mangeux de balustrade*

2732
être un mangeux de barley : *être un Anglais* §CLS ; *être un ventre jaune*

2733
être un mangeux de marde : *se dit de qqn qui ne recule devant rien pour obtenir de l'argent* §ORA

2734
être un mangeux de réputation : *parler beaucoup et sans réflexion* §GLO

2735
être un mauvais coucheur : *se dit d'un homme qui fait du bruit la nuit* §DUN *ne pas s'entendre facilement avec qqn* §ORA

2736
être un morceau de roi : *caractérise la meilleure portion* §ORA

2737
être un moyen mousse : *se dit d'un enfant coquin, fonceur* §ORA

2738
être un moyen mox : *être rude, costaud, brave* §DEX

2739
être un moyen tocson : *se dit de qqn de têtu, d'obstiné* §ORA

2740
être un ours mal léché : *se dit d'un homme insociable, hargneux, qui fuit la société* §ROB

2741
être un paquet de nerfs : *se dit d'une personne très nerveuse* §ROB

2742
être un pas-grand-chose : *être méprisable* §DEX

2743
être un pays de cocagne : *être un pays où toutes les bonnes choses abondent* §PRA
2744
être un peigne-cul : *être avare* §DEX *se dit de qqn de mesquin, d'ennuyeux* §ROB *se dit de qqn de grossier, d'inculte* §ROB
2745
être un pelleteux de nuages : *être un rêveur, un idéaliste* §DEX
2746
être un péteux de broue : *se dit d'un vantard, ou de celui qui prétend tout connaître, tout savoir* §BEA
2747
être un petit couteau : *être un homme de peu de valeur* §DIO
2748
être un petit gars à maman : *avoir un comportement enfantin, puéril* §DEX ; *être une petite fille à maman*
2749
être un pince-sans-rire : *avoir le talent de faire rire les autres sans rire soi-même* §PRA *railler sans en avoir l'air* §PRA
2750
être un pique-assiette : *se faire vivre par qqn* §ORA ; *vivre aux crochets de qqn*
2751
être un pisse-vinaigre : *être détestable, malcommode* §DEX *être avare* §ROB *être un homme froid et morose, ennuyeux* §ROB
2752
être un pot à tabac : *se dit d'une personne de petite taille* §DEX
2753
être un prêté pour un rendu : *être égal, équivalent* §DEX
2754
être un propre-à-rien : *être un voyou* §ORA ; *être un bon-à-rien*
2755
être un puits de science : *être savant* §ORA
2756
être un repris de justice : *avoir subi plus d'une condamnation* §PRA
2757
être un rongeur d'enfants crus : *être un pédophile* §SIM

2758
être un sac à chicane : *être chicanier* §DEX
2759
être un sans cœur : *être un ingrat* §ORA
2760
être un sans talent : *être dépensier, prodigue* §DEX
2761
être un sauteux d'escaliers : *être un fat* §GLO
2762
être un sent-la-marde : *désigne un paresseux, lâche ou simplement désagréable* §BEA
2763
être un senteux de filles : *se dit d'un libertin qui court après les filles* §GLO
2764
être un senteux de pet : *être homosexuel* §DEX
2765
être un senteux de vesses : *être écornifleur, importun, curieux* §GLO
2766
être un spot à panneau : *être un jeune fanfaron* §DEX
2767
être un suce-la-bouteille : *être un ivrogne* §ORA
2768
être un tomboy : *être une garçonne* §ORA
2769
être un traîneux de savates : *être un oisif* §ORA
2770
être un trésor caché : *être vieux garçon, vieille fille* §DEX
2771
être un trimpe : *être un voyou* §DEX
2772
être un tue-monde : *se dit de qqc d'harassant, d'éreintant, et notamment d'un travail, d'une tâche épuisante* §DEX
2773
être un va-nu-pieds : *être un indigent* §ORA
2774
être un vieux crapaud : *être un homme malicieux* §ORA

2775
être un vieux de la vieille : *se dit d'un homme d'expérience* §BEA

2776
être un vieux snoro : *être un vieillard coquin, malin (exprime parfois une connotation sexuelle)* §DEX *avoir de l'expérience, être retors en affaires* §ORA

2777
être un vire-capot : *être instable, inconstant, peu fiable* §DEX

2778
être un vrai tombereau : *se dit d'un véhicule inconfortable* §DEX

2779
être une amanchure de broche à foin : *être mal fait, mal construit* §BEA

2780
être une amanchure de queue de chemise : *se dit d'une situation qui n'a pas de sens* §ORA

2781
être une autre paire de manches : *être qqc de différent, de plus difficile* §ORA ; *être une autre paire de bretelles*

2782
être une bête à cornes : *être brute, imbécile* §DEX

2783
être une bonne âme : *être une personne bonne et simple* §RAT

2784
être une bonne botte : *se dit d'une femme qui fait bien l'amour* §ORA ; *être bonne botte*

2785
être une brebis du Bon Dieu : *être une personne douce et patiente* §DIO

2786
être une brûleuse de lampions : *être une bigote* §CLS

2787
être une Catherine-serrée : *se dit d'une femme à l'étroit dans ses vêtements* §DIO

2788
être une chenille à poil : *être disgracieux, repoussant* §DEX ; *ressembler à, avoir l'air d'une chenille à poil*

2789
être une coureuse : *rechercher la compagnie des hommes pour coucher* §ORA

2790
être une face à deux taillants : *avoir un air hypocrite* §DEX ; *être un visage à deux faces; avoir un visage à deux taillants, à deux faces*

2791
être une femme aux femmes : *être lesbienne* §DUL ; *être aux femmes; être fifine*

2792
être une femme de dehors puis de dedans : *être une femme aussi habile aux travaux des champs qu'aux tâches ménagères* §DEX

2793
être une femme fatale : *être une femme irrésistible* §ORA

2794
être une fille de rien : *être une putain* §ORA ; *être une fille à tout le monde*

2795
être une forte tête : *être un leader qui n'écoute que lui-même* §ORA ; *être une mauvaise tête*

2796
être une goutte d'eau dans l'océan : *être un secours très disproportionné au besoin* §PRA

2797
être une grande gueule : *être un gueulard* §ORA

2798
être une grande hache : *être un orateur habile* §GLO *se dit d'un individu qui travaille vite et bien, qui abat beaucoup de besogne* §GLO

2799
être une grande langue : *être un bavard* §ORA

2800
être une grosse poche : *être idiot, bon à rien* §DEX

2801
être une grosse torche : *se dit d'une femme obèse, empêtrée* §DEX

2802
être une langue de vipère : *aimer médire, dénigrer autrui* §DEX ; *avoir une langue de vipère, une langue de serpent; être, avoir une mauvaise langue; être une langue empoisonnée*

2803
être une langue sale : *dire des grossièretés* §ORA ; *avoir la bouche sale*

2804
être une mâcheuse de gomme : *une femme commune et indolente* §DIO

2805
être une mouche à marde : *se dit d'un raseur et notamment d'un enfant qui n'arrête pas d'importuner* §DEX ; *faire sa mouche à marde; être collant comme une mouche à marde*

2806
être une mouche à trois culs : *être compliqué, embarrassant* §DEX

2807
être une oie blanche : *être pure* §ORA

2808
être une paire de mitaines pas de pouce : *être maladroit* §ORA

2809
être une patate chaude : *être une question embarrassante, gênante, un irritant* §DEX

2810
être une pâte molle : *être dénué de caractère, de volonté* §DEX *être paresseux, lambin* §DEX ; *être une vraie pâte molle*

2811
être une patente à gosses : *se dit de qqc de mal fait, d'inefficace* §DEX

2812
être une personne de confiance : *être une personne à qui l'on peut se fier* §PRA

2813
être une personne de fun : *se dit d'une personne qui aime le plaisir* §ORA

2814
être une personne de haut parage : *être une personne en vue ou appartenant à la noblesse* §PRA

2815
être une petite hache : *se dit d'un individu maladroit qui travaille lentement* §GLO

2816
être une petite tête : *être étourdi, écervelé* §DEX

2817
être une pigouille : *être un laideron* §DEX ; *être une picouille*

2818
être une pinotte : *se dit d'une chose qui est facile d'exécution* §DEX ; *n'être rien du tout*

2819
être une poche molle : *ne pas avoir de caractère* §ORA

2820
être une pomme de discorde : *être un objet dont la possession est disputée* §PRA

2821
être une poule mouillée : *être peureux, poltron* §ORA

2822
être une queue de veau : *être agité, hyperactif* §DEX ; *être une vraie queue de veau*

2823
être une sangsue : *se dit d'un importun* §DEX ; *être une vraie sangsue*

2824
être une soie : *être une jeune fille, une femme douce, gentille* §DEX

2825
être une tête carrée : *se dit d'un anglophone borné* §DEX *être borné* §DEX

2826
être une tête d'eau : *être idiot, nigaud* §DEX

2827
être une tête de linotte : *se dit d'une personne écervelée, agissant étourdiment et à la légère* §ROB ; *être une tête légère, une tête heureuse, une tête sans cervelle*

2828
être une vache à lait : *être un moyen de subsistance* §DEX *se dit de qqn ou qqc qu'on exploite* §DEX

2829
être une veuve à l'herbe : *être une veuve disponible, une épouse séparée et disponible* §DEX

2830
être une vraie Corriveau : *se dit d'une femme dotée de ruses et de ressorts quasi diaboliques* §DEX

2831
être une vue de l'esprit : *être une vue théorique, sans rapport suffisant avec le réel* §ROB

2832
être usé jusqu'à la corde : *expression désignant un vêtement qui porté trop longtemps, cesse d'être présentable* §PRA ; être usé jusqu'à la douille; être usé comme une vieille botte

2833
être vache : *être paresseux* §DEX *être mesquin, radin, chiche* §ORA

2834
être venu au monde le jour de sa fête : *n'avoir aucune expérience, n'avoir aucun jugement* §DEX

2835
être versé dans qqc : *posséder à fond un art, une science quelconque* §PRA

2836
être vert comme un poireau : *être épouvanté, terrorisé* §DEX *se dit d'une personne au teint maladif, blafard* §DEX *paraître jeune* §ORA

2837
être vieux comme la terre : *être très vieux* §ORA ; être vieux comme le chemin du roi, comme le monde, comme les rues, comme les pierres, comme Hérode, comme Mathusalem

2838
être vieux jeu : *référer à des valeurs du passé* §ORA

2839
être vif comme un chat : *être alerte, agile* §DEX ; être vif comme un chat, comme un taon, comme une balle ; être vite comme l'éclair

2840
être viré sur le couvert : *être timbré, rester interloqué* §ORA

2841
être vire-vent vire-poche : *se dit de qqn d'inconstant dans ses idées, son attitude* §DEX

2842
être vite sur le piton : *être alerte, rapide à réagir* §DEX

2843
être vite sur ses patins : *être prompt dans la répartie* §ORA *comprendre rapidement* §ORA

2844
être volé comme dans un bois : *expression dépeignant une escroquerie éhontée dont on a été victime* §PRA

2845
être vrai comme la bedaine du curé : *être une vérité évidente* §ORA

2846
étriver qqn : *taquiner qqn* §DUL

2847
exciter (s') le cadran : *s'énerver* §ORA ; s'exciter, s'énerver le casseau, le poil des jambes, le portrait

2848
exécuter (s') de bonne grâce : *se résoudre à faire une chose en surmontant sa répugnance* §PON

2849
expliquer qqc sur le long puis sur le large : *expliquer qqc en détail* §DEX

F

2850
fâcher (se) tout rouge : *entrer dans une grande colère* §PRA ; se fâcher bleu, noir

2851
faire (en) autant : *accomplir exactement le même acte* §PRA

2852
faire (n'en) jamais d'autres : *commettre toujours les mêmes sottises* §PRA ; ne pas en faire d'autres

2853
faire (n'en) qu'à sa tête : *s'applique à la ténacité de celui qui ne veut agir que d'après sa propre volonté* §PRA

2854
faire (ne pas se le) dire deux fois : *exécuter sur le champ ce qui vous est ordonné, conseillé, permis, etc.* §ORA

2855
faire (ne pas se) faute de qqc : *user largement d'un droit qu'on s'attribue* §PRA

2856
faire (ne pas) de cadeau à qqn : *ne pas assister qqn* §ORA *être avare, égoïste* §ORA

2857
faire (ne pas) de mal à une mouche : *n'être absolument pas méchant* §ROB

2858
faire (ne pas) des enfants forts : *donner un résultat médiocre* §DEX

2859
faire (ne pas) grand poussière : *passer quasi inaperçu* §DEX ; ne pas faire grand bruit

2860
faire (ne pas) le détail : *agir sans souci des nuances* §CEL ; ne pas faire dans le détail

2861
faire (ne pas) le poids : *ne pas avoir les capacités requises* §ROB

2862
faire (ne pas) long feu : *ne pas durer longtemps, être vite terminé* §USU

2863
faire (ne pas) quartier : *être impitoyable, n'épargner personne* §USU

2864
faire (ne pas) un pli : *ne faire aucune difficulté* §USU *ne pas faire de doute, être sûr et certain* §USU ; ne pas faire un pli sur la différence

2865
faire (ne pas) un pli sur la poche à qqn : *laisser qqn indifférent* §ORA ; ne pas faire un pli sur la peau des fesses, sur la fesse gauche; ne pas faire une bosse à qqn

2866
faire (ne pas) vieux os : *ne pas durer longtemps (en parlant d'une chose)* §ORA *ne pas rester longtemps dans un endroit* §ORA *mourir jeune* §ORA

2867
faire (ne rien) à demi : *implique la recherche de la perfection* §PRA

2868
faire (ne rien) de ses dix doigts : *être paresseux* §ORA ; *ne rien faire de ses dix doigts*

2869
faire (ne rien) qui vaille : *n'accomplir qu'une besogne inutile et sans valeur* §PRA

2870
faire (ne) aucun cas de qqn : *tenir qqn en petite estime* §PRA

2871
faire (ne) ni une ni deux : *agir sans tergiverser, sans attendre* §ORA

2872
faire (ne) qu'aller et venir : *se rendre à un endroit et en revenir peu après* §ORA

2873
faire (ne) qu'un rond : *être très agile, vif, toujours en mouvement* §GLO

2874
faire (ne) qu'une bouchée de qqn : *vaincre très facilement* §USU

2875
faire (ne) que croître et embellir : *implique le progrès rapide d'un mal* §PRA

2876
faire (ne) que tordre et avaler : *manger très rapidement sans se donner le temps de mâcher* §PRA

2877
faire (ne) que toucher barre et partir : *s'arrêter dans un endroit mais pour le quitter rapidement* §PRA

2878
faire (s'en) accroire : *se prendre pour qqn d'important* §ORA

2879
faire (s'en) pour qqn ou qqc : *être préoccupé par qqn ou qqc* §ORA

2880
faire (se) à qqc : *s'habituer à une chose désagréable* §PRA

2881
faire (se) aller : *se dépêcher, s'agiter* §CLS *être prétentieux, faire l'important* §CLS *se masturber* §DEX

2882
faire (se) aller la marde de tête : *se creuser l'esprit, méditer* §DEX

2883
faire (se) aller le mâche-patates : *parler d'abondance, être volubile* §DEX

2884
faire (se) aller le moine : *se masturber* §DEX ; *faire marcher son petit moulin*

2885
faire (se) aller les babines : *parler avec véhémence* §ORA

2886
faire (se) aller les cannes : *se remuer, se démener* §DEX ; *se faire aller les cannelles; se grouiller, se mouver le cul, le derrière, les cannes, les cannelles, les fesses, les galoches, les nippes, les pattes, les sabots; mouver ses stags*

2887
faire (se) aller les pinceaux : *gesticuler* §ORA

2888
faire (se) amancher : *se faire avoir, se faire rouler* §CLS

2889
faire (se) arranger en petite culotte : *être berné* §ORA ; *se faire amancher, bourrer, crosser, rouler, posséder; se faire faire une crossette; se faire, se laisser embarquer; se faire pocher, saucer*

2890
faire (se) arranger le portrait : *se faire donner une raclée* §DEX ; *se faire défoncer, démolir, dévierger, organiser le portrait; se faire casser la margoulette; se faire péter, tordre le nez; se faire moucher; se faire poquer*

2891
faire (se) arranger le toupet : *être perdant dans une lutte physique* §ORA ; *se faire arranger le coton*

2892
faire (se) baisser les oreilles : *se faire couper les cheveux* §DEX

2893
faire (se) barber par qqn : *se faire agacer, énerver* §ORA ; *se faire écœurer par qqn; se faire étirer la pipe*

2894
faire (se) barouetter : *se faire tromper, être renvoyé de l'un à l'autre* §DEX *se faire raconter toutes sortes d'histoires abracadabrantes* §DEX

2895
faire (se) batter : *se faire critiquer* §DEX

2896
faire (se) baver : *être provoqué, insulté* §ORA ; *se laisser baver*

2897
faire (se) bien voir : *savoir gagner les suffrages dont on a besoin* §PRA

2898
faire (se) bobo : *se blesser* §ORA

2899
faire (se) boucher : *trouver son maître, ne pas pouvoir répondre* §DUL ; *trouver son maître*

2900
faire (se) bourrer : *être dupé* §ORA

2901
faire (se) brasser le canayen : *se faire secouer, malmener* §DEX ; *se faire passer le canayen; se faire brasser la canisse, la cage, le cadran, le camarade*

2902
faire (se) brûler : *se faire démasquer* §DEX

2903
faire (se) bubule : *se brûler, dans le langage enfantin* §GLO

2904
faire (se) câler ça : *se faire chicaner, gronder* §DEX ; *se faire conter ça*

2905
faire (se) casser la margoulette : *se faire donner une raclée* §DEX

2906
faire (se) chanter pouilles : *se faire enjôler* §DEX *se faire disputer, importuner* §DEX

2907
faire (se) chanter une chanson : *se faire flatter, amadouer* §DEX

2908
faire (se) chauffer la couenne : *se faire donner une fessée, se faire réprimander* §DEX *se faire chauffer au soleil* §DEX

2909
faire (se) chauffer le casque : *se*

faire réprimander vertement §DEX

2910
faire (se) coiffer : *se faire dire ses vérités* §DIO

2911
faire (se) conter un chapitre : *se faire réprimander, se faire mettre à sa place* §ORA

2912
faire (se) couper la couette : *subir un grand affront* §DIO

2913
faire (se) couper le sifflet : *se faire interrompre, se faire couper la parole* §DEX

2914
faire (se) crier des noms : *se faire injurier* §DEX

2915
faire (se) de la bile : *se faire du souci, s'inquiéter* §ORA

2916
faire (se) déculotter : *se faire voler, tromper* §DEX *se faire démasquer* §DEX

2917
faire (se) défintiser : *se faire massacrer, démolir* §DEX ; *se faire défuntiser*

2918
faire (se) des châteaux en Espagne : *songer à des biens, à des avantages chimériques* §ORA ; *bâtir des châteaux en Espagne*

2919
faire (se) des cheveux blancs : *se faire du souci* §ROB

2920
faire (se) des idées : *s'imaginer à tort, se faire des illusions* §USU ; *se faire des accroires; se bercer d'illusions*

2921
faire (se) des montagnes avec des riens : *s'emporter, s'énerver pour rien* §DEX ; *se faire des montagnes pour des riens*

2922
faire (se) des peurs : *s'affoler, s'effrayer pour rien* §DEX ; *se conter des peurs*

2923
faire (se) descendre : *se faire critiquer* §DEX *se faire tuer par balle* §DEX

2924
faire (se) désirer : *ne pas prodiguer sa*

présence §PRA

2925
faire (se) dévierger : *se faire déflorer*
§DEX

2926
faire (se) donner une beurrée : *se faire éconduire* §DEX

2927
faire (se) dorer : *s'exposer au soleil*
§ORA

2928
faire (se) du sang de cochon : *se soucier, s'inquiéter, broyer du noir* §DEX ; *se faire du mauvais sang, du sang de crapaud, du sang de nègre, du sang de punaise*

2929
faire (se) écharogner la tête : *se faire donner une mauvaise coupe de cheveux*
§DEX

2930
faire (se) emplir : *se faire duper, se faire raconter des balivernes* §DEX ; *se laisser emplir*

2931
faire (se) encotillonner : *se laisser séduire par une femme* §DEX

2932
faire (se) enculotter : *se dit d'un père qui se met au service de son fils aîné ou de son gendre, en même temps qu'il lui cède tous ses biens* §DEX *devenir l'héritier de son beau-père en l'absence de fils* §CLS

2933
faire (se) enfirouaper : *se faire tromper, berner par de belles paroles, des promesses trompeuses* §DEX

2934
faire (se) entreprendre : *se faire surveiller de près, se faire taquiner* §DEX

2935
faire (se) envoyer le pinceau : *se faire gronder, se faire battre* §GLO ; *se faire passer le pinceau*

2936
faire (se) faire les poches : *se faire prendre l'argent qu'on a sur soi sans s'en rendre compte* §ORA

2937
faire (se) faire un petit dans le dos : *se faire jouer un mauvais tour, être trompé* §DEX

2938
faire (se) faire un rase-bol : *se faire couper les cheveux ras, en brosse* §DEX ; *se faire donner un rase-bol*

2939
faire (se) fermer la ligne au nez : *se faire raccrocher brusquement le téléphone au nez* §DEX

2940
faire (se) fermer le bec : *se faire rabrouer* §DEX

2941
faire (se) fête de qqc : *regarder qqc comme un sujet de joie* §PRA

2942
faire (se) fourrer : *être trompé* §ORA

2943
faire (se) gloire de qqc : *tirer vanité de qqc qui réussit* §PON

2944
faire (se) graisser : *se laisser soudoyer*
§DEX

2945
faire (se) habiller : *se faire réprimander* §ORA

2946
faire (se) huiler la poulie : *se faire faire l'amour (en parlant d'une femme)*
§DEX

2947
faire (se) illusion : *entretenir une idée fausse ou un espoir trompeur* §PRA

2948
faire (se) jouer dans les cheveux : *se laisser tromper, enjôler, notamment en amour* §DEX

2949
faire (se) jouer un cocu : *se faire tromper, berner* §ORA

2950
faire (se) jouer un cul : *se faire jouer un sale tour* §DEX

2951
faire (se) jour : *paraître, se montrer*
§PRA

2952
faire (se) l'avocat du diable : *se dit de qqn qui défend une cause peu défendable*
§ORA

2953
faire (se) la main : *s'exercer à un travail réclamant de l'habileté manuelle* §USU

2954
faire (se) la manche : *se rendre habile* §ORA

2955
faire (se) la partie belle : *s'attribuer des avantages, se rendre le succès facile* §PRA

2956
faire (se) laver : *être dépouillé de tous ses biens, de son argent* §DEX

2957
faire (se) maganer le canayen : *se faire malmener, rabrouer* §DEX ; *se faire rabattre le canayen*

2958
faire (se) manger la laine sur le dos : *se faire abuser* §DEX ; *se faire manger tout cru, tout rond*

2959
faire (se) mettre les mouches : *se faire remettre à sa place* §GLO *se faire jouer* §GLO

2960
faire (se) montrer du doigt : *se mettre en évidence de façon défavorable* §PRA

2961
faire (se) organiser le cadran : *se faire violenter* §DEX

2962
faire (se) parler dans le nez : *se faire dire ses quatre vérités* §CLS ; *se faire parler dans la tobbe*

2963
faire (se) passer au batte : *se faire engueuler, fustiger* §DEX *se faire baiser (en parlant d'une femme)* §DEX

2964
faire (se) passer les beignes : *se faire chicaner, gronder, corriger* §ORA ; *se faire passer les pleumas; se faire passer un savon; se faire savonner; se faire passer par là; se faire payer la traite*

2965
faire (se) passer une petite vite : *se faire tromper en douce, mine de rien* §DEX

2966
faire (se) péter la cerise : *se faire tabasser* §DEX *se faire déflorer* §DEX

2967
faire (se) péter les bretelles : *se complaire dans sa satisfaction, le torse*

bombé, la mine riche et réjouie §BEA ; *se péter les bretelles*

2968
faire (se) placer par qqn : *se faire remettre à sa place, se faire corriger par qqn* §DEX

2969
faire (se) pogner : *se faire prendre, surprendre* §DEX ; *se faire poigner*

2970
faire (se) pogner le cul : *se faire peloter* §DEX ; *se faire poigner le cul*

2971
faire (se) porter pâle : *se faire porter malade* §USU

2972
faire (se) prendre la palette : *se faire réprimander vertement* §BEA ; *se faire prendre la couette*

2973
faire (se) prendre le casque : *se faire rouler, être berné de belle façon* §CLA *se faire masturber* §ORA

2974
faire (se) prendre les culottes à terre : *être surpris à l'improviste* §DEX

2975
faire (se) prier : *consentir difficilement à donner un échantillon de son talent* §PRA

2976
faire (se) rabattre le caquet : *se faire rabrouer* §DEX

2977
faire (se) rare : *se dit d'une chose difficile à trouver* §ORA *se dit à une personne indésirée, pour l'inciter à déguerpir* §ORA

2978
faire (se) raser : *tout perdre au jeu* §DEX

2979
faire (se) retrousser : *se faire remettre à sa place, subir une rebuffade* §BEA

2980
faire (se) revirer : *essuyer un refus catégorique* §DEX ; *se faire retourner*

2981
faire (se) sauter le caisson : *se tirer une balle dans la tête* §ORA ; *se clencher*

2982
faire (se) scrupule de qqc : *hésiter par délicatesse de conscience à commettre un acte ou à adresser une requête* §PRA

2983
faire (se) secouer le chignon : *se faire réprimander* §ORA

2984
faire (se) sonner les oreilles : *subir une correction* §DEX ; se faire frotter, tirer les oreilles

2985
faire (se) sortir sur la tête : *se faire évincer* §DEX

2986
faire (se) tabletter : *pour un fonctionnaire, être mis en disponibilité* §ORA

2987
faire (se) taper sa ligne : *se faire brancher sa ligne téléphonique sur table d'écoute* §ORA

2988
faire (se) tasser dans un coin : *se faire bousculer, semoncer* §DEX *être harcelé sexuellement* §ORA

2989
faire (se) tirer l'oreille : *se faire prier* §ORA ; se faire tirer la manche

2990
faire (se) tondre au jeu : *perdre tout au jeu* §ORA

2991
faire (se) tordre le bras : *être difficile à convaincre* §ORA

2992
faire (se) un nom : *se rendre crédible* §ORA

2993
faire (se) une raison : *accepter ce qui ne peut être changé, se résigner* §USU

2994
faire (se) une toile : *aller au cinéma* §ORA

2995
faire (se) vieux : *commencer à vieillir* §PRA

2996
faire (se) violence : *contrarier son penchant naturel pour accomplir un acte* §PRA

2997
faire (se) zieuter : *se faire draguer* §ORA

2998
faire accroire qqc à qqn : *essayer de tromper qqn* §ORA ; faire avaler qqc à qqn;

faire des accroires à qqn

2999
faire acte de complaisance : *accomplir, par pure obligeance pour qqn, une chose qui nous déplaît* §PRA

3000
faire acte de présence : *assister moins de temps que prévu à une réunion qui nous concerne* §ORA

3001
faire agent de rien : *ne s'occuper de rien, ne rien faire* §CLS

3002
faire aller les langues : *faire répandre des ragots* §ORA

3003
faire amende honorable : *avouer publiquement sa faute* §ORA

3004
faire ami ami avec qqn : *se réconcilier avec qqn* §ORA

3005
faire antichambre : *exercer des pressions politiques* §ORA ; faire du lobbying

3006
faire appel à qqc : *recourir à des forces visibles ou cachées* §PRA

3007
faire application : *postuler un emploi, faire une demande d'admission* §CLS ; appliquer

3008
faire argent de tout : *employer tous les moyens pour s'en procurer* §ROB

3009
faire assavoir qqc à qqn : *faire connaître, donner connaissance de qqc à qqn* §CLS

3010
faire autorité : *servir de loi ou de règle* §PRA

3011
faire baisser le diapason à qqn : *rendre ses prétentions plus humbles* §PON

3012
faire baisser le nez à qqn : *faire honte à qqn, réprimander qqn* §DEX

3013
faire bande à part : *se mettre à l'écart d'un groupe* §ROB

3014
faire baptiser : *accoucher* §ROU *avoir un nouveau-né* §ROU

3015
faire barrique : *s'enivrer* §DEX

3016
faire bien dans le décor : *convenir* §ORA ; faire bien dans le paysage

3017
faire bon marché de qqc : *mésestimer la valeur de qqc* §ORA

3018
faire bon marché de sa peau : *ne pas craindre pour sa vie* §ORA

3019
faire bon ménage avec qqn : *s'entendre avec qqn* §ORA

3020
faire bon visage contre mauvaise fortune : *accepter sereinement les épreuves* §DEX ; faire contre mauvaise fortune bon cœur

3021
faire bonne chère : *faire un bon repas* §ROB ; faire bombance

3022
faire bonne contenance : *savoir cacher son émotion ou sa douleur en conservant tout son calme apparent* §PRA

3023
faire bonne figure : *être un bon candidat* §ORA

3024
faire boucherie : *abattre à la ferme des animaux, surtout des porcs, pour l'usage de la maison* §DUL *apprêter le porc tué pour le temps des Fêtes* §ORA

3025
faire boule de neige : *prendre des proportions de plus en plus importantes* §USU ; faire des petits

3026
faire boulezaille : *bien viser, bien évaluer* §ORA ; faire bull's eye; viser, taper, mettre dans le mille

3027
faire brun : *faire sombre* §DEX

3028
faire bubusse : *boire, dans le langage enfantin* §GLO ; faire bebusse

3029
faire capout : *se tromper, échouer* §DEX

3030
faire cas de qqn : *apprécier ses qualités,* son mérite §PON

3031
faire cause commune avec qqn : *partager des responsabilités avec qqn* §ORA

3032
faire cavalier seul : *agir seul, en isolé* §ROB *se mettre à l'écart* §ROB ; prendre son bord

3033
faire chambre à part : *en parlant de deux époux, suggère l'absence ou le refus de relations sexuelles* §USU

3034
faire chambre commune : *se dit de deux personnes qui partagent leur intimité* §ORA

3035
faire chanter une autre gamme à qqn : *forcer brusquement qqn à changer de ton* §PRA ; faire chanter une autre chanson à qqn, une autre antienne à qqn

3036
faire chantier : *travailler en forêt* §DUL ; monter, aller aux chantiers; travailler dans les chantiers; partir pour les chantiers

3037
faire chaudière : *prendre son repas, en parlant du voyageur ou du chasseur en forêt* §DUL

3038
faire chaudière ensemble : *se marier, être marié* §CLA

3039
faire cheap : *être radin, mesquin, pauvre* §DEX ; être cheap

3040
faire chier : *exaspérer* §DEX

3041
faire chorus : *se joindre à d'autres pour affirmer la même chose* §USU

3042
faire chou blanc : *subir un échec, faire un coup nul* §ORA

3043
faire content content : *sourire, faire des gestes de contentement (employé en parlant aux très jeunes enfants)* §GLO ; faire content

3044
faire couler beaucoup d'encre : *susciter de nombreux commentaires écrits* §USU

3045
faire cracher qqn : *faire payer, débourser qqn* §ORA

3046
faire cul sec : *vider son verre d'un trait* §ROB

3047
faire d'une pierre deux coups : *atteindre par un seul acte deux buts différents* §PRA

3048
faire damner qqn : *exaspérer qqn* §ORA

3049
faire danser l'aînée dans l'auge à cochon : *se dit de la cadette qui se marie avant l'aînée de la famille* §DEX

3050
faire danser la gigue à qqn : *donner une raclée à qqn* §DEX ; faire danser qqn sans violon

3051
faire date : *marquer dans l'histoire ou dans la vie en parlant d'un fait important* §PON

3052
faire de l'air : *se dit à un importun pour qu'il s'en aille* §ORA ; faire de l'erre

3053
faire de l'air sur le poil des yeux : *déguerpir* §DEX

3054
faire de l'argent comme de l'eau : *gagner facilement beaucoup d'argent* §SEU ; faire de l'argent comme du poil

3055
faire de l'arthrite derrière les oreilles : *être sourd à la raison, au bon sens* §DEX

3056
faire de l'effet à qqn : *impressionner qqn* §ORA

3057
faire de l'esprit de bottine : *lancer des plaisanteries niaises, grossières* §DEX

3058
faire de l'œil à qqn : *adresser des regards amoureux à qqn* §USU *essayer de s'attirer la sympathie de qqn* §ORA

3059
faire de l'overtime : *travailler en surtemps, en faire plus que nécessaire* §DEX *faire la bombe* §DEX

3060
faire de la bedaine : *souffrir d'obésité* §DEX

3061
faire de la boule : *divaguer* §DEX ; perdre la boule

3062
faire de la chicane : *chercher chicane* §SEU

3063
faire de la culotte : *être timbré* §DEX

3064
faire de la façon à qqn : *dire des choses agréables à qqn* §DUL *être gentil avec qqn dans un but intéressé* §ORA

3065
faire de la graisse : *paresser* §ORA ; faire la paresse, de la paresse; paresser

3066
faire de la marde : *faire du désordre, causer des ennuis* §DEX

3067
faire de la terre : *essoucher* §ORA

3068
faire de la toile : *s'évanouir, perdre connaissance* §BEA *avoir les dernières convulsions avant de mourir* §DEX ; faire la toile

3069
faire de la vagnole : *flâner, paresser* §GLO

3070
faire de qqc une affaire d'Etat : *faire de qqc une chose grave* §PON

3071
faire débander qqn : *calmer les ardeurs de qqn* §ORA

3072
faire déborder le vase : *se dit d'une situation qui exaspère* §ORA

3073
faire défaut : *manquer, ne pas se trouver où l'on est attendu, où l'on serait nécessaire* §PRA

3074
faire des affaires d'or : *réussir en affaires* §ORA

3075
faire des almanachs : *gesticuler en parlant* §DEX

3076
faire des approuvements : *faire des améliorations* §CLS

3077
faire des avances à qqn : *courtiser qqn* §ORA

3078
faire des chichis : *compliquer les choses par manque de simplicité* §LAF ; *faire des chinoiseries; chinoiser; faire des céré_ monies inutiles*

3079
faire des couleuvres : *zigzaguer, déraper* §DEX

3080
faire des diguidi ha ha : *s'exalter, faire des folies* §DEX

3081
faire des discours écartés : *parler en état d'ivresse, de manière décousue* §DEX

3082
faire des éclairs : *provoquer des discussions* §ORA ; *faire des étincelles, des histoires*

3083
faire des économies de bouts de chandelles : *manifester une parcimonie mesquine* §PRA

3084
faire des faflas : *se donner des airs* §DEX ; *faire des embarras, des façons, des gestes, du flafla*

3085
faire des farces plates : *lancer des plaisanteries qui tombent à plat* §DEX

3086
faire des fions : *entourer une demande de belles paroles à l'endroit de qqn* §ORA

3087
faire des free games : *divaguer, perdre l'esprit* §DEX

3088
faire des fretaines : *faire des écarts de conduite par folie de jeunesse, de tempérament ou autrement* §DUN

3089
faire des gammes : *s'initier par des exercices suivis à une nouvelle activité* §USU

3090
faire des gestes : *faire le malade* §BEA *agir de manière capricieuse* §BEA

3091
faire des gestes simples : *se dit d'une femme qui aguiche par des gestes* §DEX

3092
faire des gibars : *faire des gestes ridicules, exagérés, des contorsions* §DUL ; *faire des escarres, des giries, des hélas, des spargestes*

3093
faire des gnangnangnan : *lancer des propos frivoles, inutiles* §DEX

3094
faire des gorges chaudes de qqc : *se répandre en plaisanteries malveillantes, s'en régaler* §ROB

3095
faire des guiliguilis : *taquiner du doigt un bébé* §DEX *lutiner une femme* §DEX

3096
faire des joies : *s'exalter, faire des démonstrations intempestives de joie* §DEX

3097
faire des mamours à qqn : *flatter qqn* §LAF *dire des choses aimables à qqn* §LAF

3098
faire des manières : *être poseur, faire des simagrées, se faire prier* §USU ; *faire cinquante-six façons; faire des façons*

3099
faire des miracles : *obtenir des résultats remarquables, extraordinaires* §ROB ; *accomplir des miracles*

3100
faire des misères à qqn : *taquiner, tracasser qqn* §ROB ; *faire de la misère à qqn*

3101
faire des orémus : *réciter des prières* §DEX *gesticuler* §DEX

3102
faire des papiers : *établir un contrat* §DEX

3103
faire des Pâques de renard : *faire ses pâques dans la semaine de la Quasimodo, en retard* §BEA

3104
faire des pas de souris : *avancer à petits pas* §DEX

3105
faire des pattes de mouches : *écrire tout petit, de façon presque illisible* §ORA

3106
faire des phrases mur à mur : *faire des discours ronflants* §ORA

3107
faire des pieds et des mains pour qqc : *multiplier les démarches, les efforts (pour aboutir à un résultat)* §ROB

3108
faire des pistes : *se sauver comme un poltron* §ORA ; faire des pistes de chien, de hibou, de fesses

3109
faire des plans de nègre : *avoir des idées saugrenues* §BEA

3110
faire des politesses à qqn : *se confondre devant qqn* §ORA

3111
faire des ramages : *gesticuler (en parlant)* §DEX

3112
faire des ronds de jambe : *faire beaucoup de manières en vue de plaire* §ROB

3113
faire des secrets de diable : *se parler tout bas entre amoureux* §DEX

3114
faire des siennes : *commettre des maladresses, faire des bêtises* §USU

3115
faire des sparages : *gesticuler* §DEX *faire un esclandre* §DEX

3116
faire des steppettes : *sautiller, sauter (de joie, de douleur, etc.)* §DEX

3117
faire des tours de Babel : *perdre son temps à des riens* §DEX

3118
faire des willies : *perdre l'esprit* §DEX ; *tournoyer, virevolter (en automobile, en fauteuil roulant)*

3119
faire des yeux à qqn : *gronder du geste* §ORA ; faire les gros yeux à qqn

3120
faire des yeux de biche aux abois : *aguicher qqn* §ORA

3121
faire des yeux de crapaud mort d'amour : *faire des yeux énamourés* §USU

3122
faire des yeux de merlan frit : *lever les yeux au ciel de façon ridicule en ne montrant que le blanc des yeux* §ROB

3123
faire des yeux de porc frais : *faire de gros yeux, des yeux méchants* §DEX

3124
faire des yeux en coulisse : *laisser glisser le regard obliquement, à la dérobée* §ROB

3125
faire désâmer qqn : *exaspérer qqn, mettre qqn hors de soi* §DEX

3126
faire descendre : *aider à la digestion* §ORA

3127
faire diète : *suivre un régime alimentaire* §ORA ; faire carême

3128
faire disparaître qqn de la mappe : *évincer qqn* §DEX

3129
faire disquer qqn : *taquiner qqn* §ROU

3130
faire double emploi : *expression indiquant que l'acte dont il est question est déjà accompli par une autre voie* §PRA

3131
faire droit à une réclamation : *répondre favorablement à une pétition reconnue fondée* §PRA

3132
faire du barda : *faire du remue-ménage* §ORA

3133
faire du bicycle : *se dit de bovins en rut qui se chevauchent* §DEX

3134
faire du bien par où ça passe : *se dit d'un alcool, d'un vin qui réchauffent l'estomac, qui réconfortent* §ORA

3135
faire du bois : *préparer du bois de chauffage* §ORA

3136
faire du bon à qqn : *consentir un avantage, un rabais* §DEX *faire du bien à qqn* §DEX

3137
faire du botchage : *accomplir qqc à la hâte, sans soin* §ORA

3138
faire du boudin : *bouder* §BEA

3139
faire du brasse-camarade : *secouer les gens de leur torpeur* §DEX

3140
faire du change pour change : *faire du troc* §ORA

3141
faire du cinéma à qqn : *faire une démonstration affectée à qqn* §ROB

3142
faire du coq à l'âne : *passer, sans transition aucune et sans motif, d'un sujet à un autre* §ROB ; *passer du coq à l'âne*

3143
faire du crayon : *frauder en modifiant les entrées dans les livres* §DEX *tricher en marquant des points aux cartes* §DEX

3144
faire du crossage : *se livrer à des manigances, à des tromperies* §DEX

3145
faire du drôle : *faire des pitreries en état d'ivresse* §DEX

3146
faire du farfinage : *hésiter, tergiverser* §DEX ; *faire du fafinage*

3147
faire du feu : *passer comme l'éclair* §GLO

3148
faire du foin : *avoir de gros revenus* §BEA

3149
faire du genou à qqn : *toucher discrètement le genou de qqn pour lui indiquer qu'on est attiré sexuellement* §ORA

3150
faire du lard : *ne rien faire, paresser* §DEX

3151
faire du mémérage : *répandre des potins* §ORA *parler de tout et de rien* §ORA ; *faire du placotage*

3152
faire du necking : *se dit des jeunes qui s'embrassent* §ORA

3153
faire du parking : *se livrer à des jeux amoureux dans une voiture* §CLS

3154
faire du parlotage : *parler pour ne rien dire* §DEX

3155
faire du patin de fantaisie : *tergiverser* §ORA ; *faire du patinage*

3156
faire du pétage de bretelles : *se glorifier, s'enorgueillir à l'excès* §DEX

3157
faire du pied à qqn : *faire des avances discrètes à qqn* §USU

3158
faire du plat à qqn : *flatter bassement qqn* §USU *faire la cour (à une femme) de manière insistante et généralement déplaisante* §USU

3159
faire du poffe : *se vanter* §DEX

3160
faire du porte à porte : *se dit d'un agent commercial, d'un quêteur qui passe de logement en logement* §ROB

3161
faire du pouce : *faire de l'auto-stop* §DEX ; *voyager sur le pouce*

3162
faire du raboudinage : *faire du mauvais raccommodage, du mauvais rapiéçage, tenter de joindre des pièces qui ne vont pas ensemble* §DEX *parler de manière incompréhensible* §DEX

3163
faire du ravaud : *faire du tapage, du désordre, se démener* §DEX *aller et venir, fureter* §CLS ; *faire du ravaudage; mener le ravaud*

3164
faire du remue-ménage : *faire des mouvements, des déplacements bruyants et désordonnés* §ROB

3165
faire du salon : *s'asseoir en amoureux au salon, faire sa cour* §DEX ; *faire de la causeuse, du chesterfield*

3166
faire du sentiment : *mêler des éléments affectifs à une situation où ils n'ont pas à intervenir* §USU

3167
faire du taponnage : *perdre son temps à des riens* §DEX

3168
faire du tataouinage : *tergiverser, hésiter* §DEX ; *faire du zigonnage*

3169
faire du temps : *faire un séjour en prison* §DEX ; *faire son temps; être encabané*

3170
faire du tordage de bras : *obliger qqn à céder par la persuasion ou la force* §DEX ; *tordre le bras à qqn*

3171
faire du train : *faire du bruit, du tapage* §ORA ; *mener du train; faire la sarabande; mener le carillon, le bal*

3172
faire du travail de gnochon : *faire du travail bâclé* §DEX

3173
faire du vent : *se dépenser en vaines activités* §USU

3174
faire dur : *être laid, naturellement ou par l'accoutrement* §BEA *se dit du comportement de qqn qui n'agit pas à notre goût, selon nos critères* §BEA

3175
faire échec aux projets de qqn : *contrarier les projets de qqn* §PON

3176
faire échec et mat à qqn : *infliger une défaite à qqn* §ORA

3177
faire école : *avoir des disciples, des adeptes* §ROB

3178
faire entrer qqn sous terre : *faire honte à qqn* §ORA ; *faire rentrer qqn sous terre*

3179
faire époque : *appeler l'attention par son importance* §PON

3180
faire face à qqc : *tenir ses engagements* §PON

3181
faire faire ses quatre volontés à qqn : *abuser de qqn* §ORA

3182
faire fall-ball : *se dit d'un homme qui ne reste pas en érection pendant l'acte* §ORA *faire fiasco, rater* §ORA

3183
faire fausse route : *faire une fausse couche* §CLS

3184
faire faux bond à qqn : *s'esquiver au dernier moment* §ORA

3185
faire fermer la trappe à qqn : *faire taire qqn* §DEX ; *fermer la boîte à qqn; faire ravaler sa langue à qqn; souder la trappe à qqn; pousser une cheville à qqn; clouer, clore le bec à qqn*

3186
faire feu de tout bois : *utiliser tous les moyens en son pouvoir* §ROB

3187
faire feu qui dure : *ménager sa santé, son argent* §PON

3188
faire feu sur qqn : *tirer sur qqn avec une arme à feu* §PRA

3189
faire filer qqn cheap : *faire que qqn se sente mesquin* §DEX

3190
faire foi de qqc : *servir de preuve, de garantie* §PRA

3191
faire fond sur qqn : *compter sur lui* §PON

3192
faire force de rames : *user des rames avec une vigueur redoublée* §PRA

3193
faire froid à ne pas mettre un chien dehors : *faire très froid* §ORA ; *faire froid à arracher, casser, craquer, péter les clous; faire froid à couper un chien, les chiens en deux; faire froid à fendre les pierres, les roches*

3194
faire front : *subir sans crainte, affronter* §USU

3195
faire fureur : *être un succès* §ORA

3196
faire gaffe : *faire attention, se méfier* §USU

3197
faire grâce à qqn de qqc : *épargner qqc à qqn* §ROB

3198
faire grand cas de qqn ou qqc : *s'occuper de façon exagérée de qqn ou qqc* §ORA

3199
faire gratter qqn : *supplanter un rival auprès d'une jeune fille* §GLO

3200
faire grise mine à qqn : *lui faire un médiocre accueil* §PON ; *faire froide mine à qqn*

3201
faire honte à qqn : *causer une humiliation à qqn* §PRA

3202
faire horreur à qqn : *causer une vive répulsion à qqn* §PRA

3203
faire jeûner qqn : *priver qqn de relations sexuelles* §ORA

3204
faire jour par la couverture : *être timbré, idiot* §DEX ; *manquer un morceau de couverture, un morceau de bardeau à qqn; mouiller dans sa couverture, dans sa grange, dans son grenier*

3205
faire justice de qqc : *venger ou punir de qqc* §PRA

3206
faire l'amour : *avoir des relations sexuelles* §ORA

3207
faire l'amour à la missionnaire : *baiser dans une certaine position* §ORA ; *faire l'amour à la papa, en épicier*

3208
faire l'amour en brouette : *mettre un genou par terre et embrasser l'élue de son cœur assise sur l'autre genou* §DEX

3209
faire l'appel : *provoquer, défier à la lutte* §CLS

3210
faire l'appoint : *régler exactement la somme due* §ROB

3211
faire l'approche de qqn : *courtiser* §CLS

3212
faire l'entendu : *agir en personne qui s'entend aux choses* §PON

3213
faire l'estèque : *effectuer une dernière levée aux cartes* §DEX

3214
faire l'estomac frette : *faire la commère, le rapporteur* §DEX ; *être un estomac frette*

3215
faire l'haïssable : *faire l'espiègle, le turbulent* §DEX

3216
faire l'habitant : *faire le niais* §DEX ; *être habitant*

3217
faire l'important : *se faire paraître, par vanité, plus considérable qu'on est* §PON

3218
faire l'impossible : *faire même ce qui semble impossible* §PON

3219
faire l'ordinaire : *faire la cuisine* §DUL ; *faire la couquerie*

3220
faire la baboune : *bouder* §BEA *montrer son mécontentement et son désaccord dans une situation donnée* §BEA ; *avoir la baboune*

3221
faire la barbe à qqn : *être meilleur que lui dans une activité quelconque, l'emporter sur lui par ses qualités* §BEA

3222
faire la batche : *faire la cuisine, notamment, pour un groupe* §DEX

3223
faire la belle : *se dit d'un animal qui, au commandement, se dresse sur son train arrière* §DEX *s'évanouir* §DEX ; *faire le beau*

3224
faire la belle chose : *faire l'amour* §SIM ; *faire du bicycle; prendre sa miche; être entre Noël et le Jour de l'An*

3225
faire la bête : *se montrer idiot* §ORA

3226
faire la bête à deux dos : *faire l'amour en se plaçant l'un derrière l'autre* §ORA ; *jouer à la bête à deux dos*

3227
faire la bombe : *fêter* §ORA

3228
faire la bonne fille : *coucher avec un homme* §ORA

3229
faire la bouche en cœur : *minauder*
§ORA
3230
faire la chasse avec un fusil pas de plaque : *s'imposer là où on n'est pas le bienvenu* §DEX
3231
faire la chiotte : *ne pas devenir enceinte, en parlant d'une femme mariée* §DUL ; faire la vilaine; être encore à l'ancre
3232
faire la courte échelle à qqn : *faciliter à qqn les moyens d'atteindre son but* §PON
3233
faire la fine bouche : *faire le difficile* §USU ; faire la petite bouche
3234
faire la fraîche : *faire la prétentieuse* §DEX
3235
faire la gaffe : *surtout en parlant de jeunes, vivre de vol, de vente de drogue, de prostitution* §DUL *monter la garde, être en faction* §USU
3236
faire la galerie : *au jeu de cartes, se tenir derrière les joueurs et commenter leur jeu* §ORA
3237
faire la galette : *faire de l'argent* §DEX
3238
faire la glane : *ramasser le bois de flottage échoué et le remettre à l'eau* §DUL *cueillir des fruits sauvages là où une première cueillette a déjà été faite* §DUL ; faire la glène, la glaine
3239
faire la gogaille : *faire bonne chère au-delà de ses moyens, dépenser son bien en dépenses folles* §GLO
3240
faire la grande demande : *faire une demande en mariage de façon formelle au père d'une jeune fille* §ORA
3241
faire la grasse matinée : *se lever plus tard le matin* §ORA
3242
faire la grosse besogne : *faire le travail plus ordinaire* §PON
3243
faire la grosse tête à qqn : *bouder qqn* §ORA
3244
faire la grosse-gorge : *se rengorger, se pavaner, se donner de l'importance* §GLO
3245
faire la haie : *expression servant à décrire la position prise par une foule formant comme deux murailles vivantes entre lesquelles passera un défilé* §PRA
3246
faire la jasette à qqn : *causer avec qqn* §ORA ; faire un brin de causette avec qqn; faire une petite jase avec qqn
3247
faire la job à qqn : *régler son compte, donner une raclée à qqn* §DEX
3248
faire la job à un animal : *tuer, abattre un animal* §CLS *castrer un animal* §ORA
3249
faire la leçon à qqn : *semoncer qqn* §ORA ; faire la morale à qqn; faire une semonce à qqn
3250
faire la lippe : *pleurnicher* §BEA *bouder* §BEA ; faire, avoir la nippe
3251
faire la lumière sur qqc : *révéler et expliquer qqc* §ORA
3252
faire la moppe : *faire la moue, bouder* §DEX ; avoir la moppe
3253
faire la mouche du coche : *être importun, s'agiter beaucoup sans rendre de réels services* §ROB ; être la mouche du coche
3254
faire la moue : *être mécontent de qqc* §ORA
3255
faire la navette : *aller et venir régulièrement* §ROB
3256
faire la nique à qqn : *faire un signe de mépris, de bravade* §ROB *se moquer de qqn* §ROB
3257
faire la noce : *faire une partie de plaisir*

§ROB *mener de manière habituelle une vie de débauche* §ROB

3258
faire la paix : *arriver au terme d'une lutte, d'une querelle, d'une guerre* §PRA ; faire l'accord

3259
faire la part des choses : *tenir compte de tous les éléments objectifs, donc, être conciliant* §USU

3260
faire la passe : *faire beaucoup d'argent rapidement* §ORA

3261
faire la passe à qqn : *arnaquer qqn* §ORA

3262
faire la passe de l'ours à qqn : *tromper, berner qqn* §DEX

3263
faire la passe du gros Louis : *mystifier, déjouer l'attention de qqn* §DEX

3264
faire la piastre : *faire de l'argent* §DEX

3265
faire la pige à qqn : *surpasser, faire mieux que qqn* §USU

3266
faire la pinière : *faire le commerce du bois, exploiter la forêt* §DEX

3267
faire la planche : *s'évanouir* §DEX *rester inactif dans l'acte d'amour* §ORA *se maintenir à la surface de l'eau, sur le dos et sans bouger* §USU

3268
faire la planche à qqn : *lui faciliter le succès* §PON

3269
faire la pluie et le beau temps : *être très puissant, décider de tout* §USU

3270
faire la politique de l'autruche : *pousser la faiblesse et la sottise jusqu'à fermer les yeux pour ne plus voir le danger* §RAT

3271
faire la queue : *attendre en file* §USU

3272
faire la queue de veau : *être placé au dernier rang, en arrière* §DEX

3273
faire la roue : *faire un étalage vaniteux de ses avantages personnels* §PRA

3274
faire la sainte nitouche : *se montrer distante face aux avances d'un homme* §ORA ; faire sa quetouche; faire sa sainte nitouche, faire sa Sophie

3275
faire la sourde oreille : *feindre de ne pas entendre, ignorer une demande* §ROB

3276
faire la tête : *bouder* §USU

3277
faire la vie dure à qqn : *persécuter qqn* §ORA

3278
faire laid : *faire la grimace* §ORA

3279
faire le beau : *se dit d'une personne qui se pavane* §BEA *se dit de qqn de servile devant son supérieur* §BEA

3280
faire le bec fin : *faire le difficile, le dédaigneux (notamment, à table)* §ORA

3281
faire le bec pincé : *faire le prétentieux, l'arrogant* §DEX

3282
faire le bon apôtre : *avoir une apparence hypocrite de bonté, de douceur, etc.* §USU

3283
faire le boss : *régenter* §DEX ; faire le petit boss, le petit boss des bécosses; faire son boss, son petit boss des bécosses; bosser qqn

3284
faire le bras croche : *aller bras dessus bras dessous* §GLO

3285
faire le bucké : *s'entêter, s'obstiner* §DEX ; faire son bucké

3286
faire le cash : *voler la caisse* §ORA

3287
faire le cave : *faire l'idiot, l'imbécile* §ORA ; faire le con

3288
faire le chien : *travailler dur* §CLS

3289
faire le coq : *se dit d'un jeune homme*

qui se pavane §DEX *se vanter, plastronner* §DEX ; chanter le coq

3290
faire le coup de la panne à qqn : *simuler une panne d'essence pour séduire qqn* §ORA

3291
faire le diable : *faire du bruit, du chahut* §CLS

3292
faire le difficile : *ne pas se montrer accommodant* §PON

3293
faire le fanfaron : *se vanter de qualités réelles ou supposées* §PON ; fanfaronner

3294
faire le faraud : *se comporter d'une façon ridicule et affectée* §DUL

3295
faire le fendant : *faire le fanfaron, le malin* §ROB ; être fendant

3296
faire le fin : *se donner un air de finesse spécialement pour chercher à déguiser qqc* §PON ; faire le malin

3297
faire le fou : *faire des idioties* §DEX

3298
faire le frais : *faire le prétentieux, l'arrogant* §DEX ; faire le frais-chié

3299
faire le frappe-à-bord : *faire le polisson* §ORA

3300
faire le gnochon : *faire l'imbécile, le pitre* §DEX ; être gnochon

3301
faire le gros bec : *montrer de la répugnance à faire qqc* §CLS *faire la moue* §DEX

3302
faire le gros dos : *se donner un air d'importance* §PRA ; faire son gros dos

3303
faire le Jacques : *faire le niais* §ROB

3304
faire le jeu de qqn : *favoriser qqn par une participation camouflée* §ORA

3305
faire le joli cœur : *se donner des airs d'élégance et de galanterie* §PRA

3306
faire le lézard : *paresser, se chauffer au soleil* §USU

3307
faire le loup plus gros qu'il n'est : *exagérer, se laisser aller l'imagination dans la prévision d'un malheur* §PRA

3308
faire le malin : *faire l'intéressant, se vanter* §ORA

3309
faire le marché : *faire ses emplettes de victuailles* §ORA ; faire l'épicerie

3310
faire le matamore : *faire le faux brave, le vantard* §ROB

3311
faire le mort : *se taire, ne pas se faire remarquer* §DEX

3312
faire le mur : *se sauver* §ORA

3313
faire le péché de la chair : *avoir des relations sexuelles* §ORA

3314
faire le petit chien : *agir servilement* §DEX ; faire le chien couchant

3315
faire le petit fou : *être enjoué* §ORA ; faire son petit fou

3316
faire le pied de grue : *attendre qqn debout et longtemps* §ORA

3317
faire le pion : *être manœuvré* §ORA

3318
faire le poids : *valoir autant* §ORA

3319
faire le point : *se repérer en examinant sa situation par rapport aux faits, aux circonstances, à une évolution* §USU

3320
faire le point dans sa poche : *contenir sa colère afin de n'en rien laisser paraître* §PRA

3321
faire le roffe and toffe : *faire le dur* §DEX ; faire le toffe; faire son roffe and toffe; faire son toffe

3322
faire le rond autour de qqn : *essayer d'entrer en relation avec qqn* §GLO

3323
faire le rouet : *ronronner* §BEA ; *filer son rouet; filer comme un rouet*

3324
faire le samedi : *faire le ménage du samedi, qui est un peu plus long que celui des autres jours* §DUL

3325
faire le saut : *sursauter* §ORA

3326
faire le saut de crapaud : *se défaire d'un gêneur, d'un obstacle* §CLS

3327
faire le smatte : *faire le fanfaron* §DEX ; *jouer au smatte; faire son smatte*

3328
faire le sourd : *faire semblant de ne pas comprendre* §ORA ; *faire la sourde oreille*

3329
faire le tarlais : *agir comme un idiot* §BEA ; *faire le zarzais*

3330
faire le télégraphe : *gesticuler* §PON

3331
faire le tour du cadran : *dormir douze heures d'affilée* §ORA ; *faire le tour de l'horloge*

3332
faire le tour du chapeau : *compter trois buts dans un match de hockey* §BEA ; *réussir le tour du chapeau*

3333
faire le tour du chat : *culbuter, débouler* §ROU

3334
faire le train : *soigner les animaux de la ferme* §ORA

3335
faire le trottoir : *se dit d'une prostituée* §ROB

3336
faire le zouave : *faire le malin, crâner* §ROB *perdre son temps* §ROB

3337
faire les cent pas : *se promener de long en large* §ORA

3338
faire les choses à moitié : *bâcler qqc* §ORA

3339
faire les choses en grand : *dépenser beaucoup d'argent pour une cérémonie*

§ORA ; *faire les choses en grande pompe*

3340
faire les coins rond : *ne pas nettoyer à fond* §ORA

3341
faire les foins : *couper et préparer le foin pour l'engranger* §ORA

3342
faire les frais de qqc : *être la victime de qqc* §ORA

3343
faire les honneurs de qqc : *recevoir des hôtes et leur rendre le séjour agréable en leur faisant visiter tout ce qui est digne d'attention* §PRA

3344
faire les petits plats avant les grands : *se donner du mal pour bien recevoir des invités* §DEX ; *mettre les petits plats dans les grands*

3345
faire les premiers pas : *chercher à se réconcilier avec qqn* §ORA

3346
faire les quatre volontés de qqn : *obéir à tous ses caprices* §USU

3347
faire les sucres : *travailler à l'exploitation de l'érablière* §DUL

3348
faire les yeux doux à qqn : *essayer de séduire qqn* §ORA

3349
faire lever le cœur à qqn : *dégoûter qqn* §DEX

3350
faire lever le poêle : *avoir une conduite répréhensible, scandaleuse* §DEX

3351
faire long feu : *ne pas atteindre son but* §ROB

3352
faire maigre : *ne manger ni viande ni aliment gras* §ROB

3353
faire main basse sur qqc : *voler, prendre qqc* §USU

3354
faire manger de l'avoine à qqn : *éconduire un amoureux* §CLS

3355
faire manger de l'herbe à qqn :

décontenancer qqn §ORA *rendre qqn stupide comme une bête* §ORA

3356
faire marche arrière : *reculer (dans ses prétentions, ses intentions), renoncer* §ROB ; faire machine arrière

3357
faire marcher la castonguette : *utiliser la carte d'assurance-maladie du Québec* §DEX ; faire marcher la carte soleil

3358
faire marcher qqn : *obtenir de qqn ce que l'on veut (par la force, la menace, la persuasion, la ruse)* §ROB *abuser en faisant prendre pour vrai ce qui ne l'est pas* §ROB ; faire marcher qqn sur la tête

3359
faire marée : *traverser un plan d'eau lors d'une marée et revenir à la marée suivante* §DEX

3360
faire mauvais ménage avec qqn : *s'entendre mal, avoir de mauvaises relations avec qqn* §USU

3361
faire mauvaise mine à qqn : *lui montrer un visage maussade* §PON ; faire grise mine, triste mine, froide mine à qqn

3362
faire mentir le dicton : *avoir un comportement différent de celui qui est attendu* §ORA

3363
faire merveille : *satisfaire à toutes les conditions* §ORA

3364
faire métier de qqc : *faire habituellement une chose* §PON

3365
faire mimi : *pratiquer le cunnilinctus, gamahucher une femme* §ORA ; faire minette; embrasser le minou d'une femme

3366
faire mine de qqc : *paraître disposé à qqc ou faire semblant de qqc* §ROB

3367
faire mine de rien : *faire comme si de rien n'était* §ORA

3368
faire minouche : *caresser, flatter* §DEX

3369
faire miroiter qqc aux yeux de qqn : *chercher à séduire qqn par le faux éclat de qqc* §PON

3370
faire monter la moutarde au nez à qqn : *fâcher qqn par un acte ou un propos* §PRA

3371
faire montre de qqc : *mettre en étalage, tirer vanité de qqc* §PRA

3372
faire mordre la poussière à qqn : *infliger une défaite à qqn* §ORA *tuer qqn* §PRA

3373
faire mouche : *atteindre son but, toucher juste* §USU

3374
faire mousser qqc : *mettre en relief, en lumière avantageuse* §PRA

3375
faire naufrage au port : *échouer au moment où le succès semblait assuré* §PON

3376
faire ni chaud ni froid à qqn : *être indifférent à qqn* §ORA

3377
faire noces de chien : *se marier pour un motif sexuel* §DEX

3378
faire noir : *faire nuit* §ORA

3379
faire noir comme dans une botte : *se dit d'un endroit obscur* §ORA ; faire noir comme chez le loup

3380
faire obstacle à qqc : *faire opposition à qqc, en entraver l'exécution* §PRA ; mettre obstacle à qqc

3381
faire ombrage à qqn : *constituer une rivalité redoutable pour qqn* §PRA *fâcher qqn* §PRA

3382
faire ombre à qqn : *offusquer qqn* §PON

3383
faire ombre au tableau : *être un point noir, attrister une situation d'ailleurs riante* §PRA

3384
faire Pâques avant Rameaux : *coucher avec sa future épouse avant le mariage* §ORA

3385
faire parade de qqc : *étaler une chose aux regards pour en tirer vanité* §PRA

3386
faire part de qqc à qqn : *communiquer une nouvelle à qqn* §PRA

3387
faire partie de la haute gomme : *faire partie des gens importants, des notables* §DEX ; être de la haute gomme

3388
faire partie de qqc : *appartenir à un ensemble* §PRA

3389
faire passer qqc sur le dos d'un autre : *faire tomber sur qqn des reproches, un mauvais coup* §ORA

3390
faire passer qqn par le trou de la serrure : *humilier, rabaisser qqn* §ORA

3391
faire patate : *rater, manquer son coup* §BEA ; faire pataque, pétaque

3392
faire patte de velours : *se donner une apparence douce et inoffensive, alors qu'on est en mesure de blesser* §USU

3393
faire peau neuve : *changer de manière d'être* §USU

3394
faire pencher la balance de son côté : *favoriser qqn, un parti pour en profiter* §ORA

3395
faire pendant à qqc : *être placé symétriquement à qqc* §PRA

3396
faire perdre ses culottes à qqn : *ruiner, faire perdre ses biens à qqn* §DEX

3397
faire péter son fouet : *faire des fanfaronnades, faire en sorte d'être remarqué* §DEX ; faire claquer son fouet

3398
faire petite crotte : *vivre péniblement* §DIO

3399
faire peur à voir : *être décharné,* *d'aspect maladif* §ORA

3400
faire pièce à qqn : *jouer volontairement un mauvais tour à qqn* §PRA

3401
faire piètre figure : *ne pas être bon dans un concours* §ORA

3402
faire place nette : *redémarrer une affaire en changeant de personnel, de méthodes, etc.* §ORA

3403
faire pleurer Jeannette : *uriner, pour un homme* §DEX

3404
faire plus de bruit que de besogne : *faire beaucoup de bruit et peu d'ouvrage* §PON ; faire plus de remous que de sillage

3405
faire plusieurs voyages : *s'y reprendre à plusieurs reprises* §ORA

3406
faire porter le bouquet à qqn : *rendre qqn responsable* §ORA

3407
faire poser qqn : *faire attendre qqn longtemps* §PRA

3408
faire pour le mieux : *agir avec le plus d'habileté, d'adresse possible* §PRA

3409
faire prendre son trou à qqn : *remettre qqn à sa place* §ORA

3410
faire prendre une gratte à qqn : *lui faire peur en paroles surtout, l'assommer d'injures et de reproches* §BEA *supplanter ses rivaux, en parlant d'un amoureux* §GLO

3411
faire profession de qqc : *déclarer ouvertement sa conviction* §PRA

3412
faire qqc à la douzaine : *bâcler qqc* §DEX ; faire qqc à la fourche, à la grosse, à la serpe

3413
faire qqc à la jambette : *agir trop rapidement ou avec négligence* §BEA

3414
faire qqc à la mitaine : *faire qqc à la main, de façon artisanale, sans les meilleurs*

moyens techniques §BEA ; faire qqc à la grimace

3415
faire qqc comme du monde : *faire qqc d'une manière convenable* §DEX

3416
faire qqc comme un âne qui pète : *faire qqc spontanément, sans réfléchir, en toute bonne foi* §CEL

3417
faire qqc d'une brise : *faire qqc en vitesse, en un rien de temps* §DEX ; faire qqc d'un tour de gueule; faire qqc en une pitouche; faire qqc sur un chieux de temps; faire qqc en criant ciseau, en criant Jack, en criant lapin

3418
faire qqc dans le fil : *faire qqc parfaitement, admirablement* §CLS

3419
faire qqc de crique et d'anche : *faire qqc à la bonne franquette* §DEX

3420
faire qqc de débile : *faire qqc de désopilant, d'absurde* §DEX

3421
faire qqc de grippe et de branche : *faire qqc de peine et de misère* §DEX

3422
faire qqc de main de maître : *faire qqc avec habileté* §ROB

3423
faire qqc de son propre chef : *faire qqc de sa propre initiative, de soi-même* §ROB

3424
faire qqc en désespoir de cause : *faire qqc comme dernière tentative et sans grand espoir de succès* §ROB

3425
faire qqc en dessous du nez de qqn : *faire qqc devant qqn* §ORA ; faire qqc au vu et au su de qqn

3426
faire qqc en monsieur : *faire qqc courtoisement, d'une manière civilisée* §DEX ; agir en monsieur

3427
faire qqc les doigts dans le nez : *faire facilement qqc* §ORA

3428
faire qqc net fret sec : *faire qqc d'une seule traite* §DEX

3429
faire qqc par-dessous la jambe : *faire qqc sans se donner la moindre peine* §PON ; faire qqc par dessus l'épaule

3430
faire qqc petit train va loin : *faire qqc lentement, en prenant tout son temps* §DEX

3431
faire qqc pour la frime : *faire qqc pour la forme, pour l'apparence* §PON

3432
faire qqc pour le kick : *faire qqc pour le simple plaisir* §DEX

3433
faire qqc pour les beaux yeux de qqn : *faire qqc pour s'attirer les faveurs de qqn* §ORA

3434
faire qqc rien que sur un spring : *faire qqc en un instant* §DEX

3435
faire qqc sur la slide : *faire qqc à la dérobée, en cachette, à l'insu des autorités* §DEX

3436
faire qqc sur un coup de tête : *commettre un acte insensé dans un moment de désespoir* §PRA *prendre une résolution insensée sous l'empire de la colère ou de la douleur* §PRA

3437
faire qqc sur un temps rare : *faire qqc en un rien de temps* §DEX ; faire qqc sur un temps riche

3438
faire qqc tout croche : *faire qqc de travers, maladroitement* §DEX

3439
faire qqc tout d'une bauche : *faire qqc en vitesse, rapidement* §DEX

3440
faire qqn à rebrousse-poil : *faire qqc à l'opposé de ce qu'on fait d'ordinaire, d'une manière contraire au bon sens, à l'usage* §ROB

3441
faire quétaine : *se dit d'une chose de mauvais goût* §DEX

3442
faire raison à qqn : *faire réparation à qqn* §USU *rendre justice à qqn, reconnaître ses mérites* §USU

3443
faire râler ses derniers râlements à qqn : *promettre de s'en prendre à qqn* §ORA

3444
faire relâche : *suspendre les repré_ sentations au théâtre* §PON *cesser une activité* §PON

3445
faire rentrer qqn sous terre : *causer une grande confusion chez qqn* §PRA

3446
faire rentrer ses mots dans la gorge à qqn : *obliger qqn à se rétracter, à désavouer ses propos* §ROB ; *faire rentrer ses paroles dans la gorge à qqn*

3447
faire rire les poissons : *raconter des chimères, des mensonges* §DEX

3448
faire sa b.a. : *se rendre serviable* §ORA

3449
faire sa bosse : *amasser de l'argent* §DUL

3450
faire sa femme du monde : *être prostituée* §DEX

3451
faire sa fille : *recevoir des garçons, sortir avec des garçons* §DEX

3452
faire sa jeunesse : *faire le fanfaron* §DEX

3453
faire sa main sur qqc : *tirer son profit de qqc* §PRA

3454
faire sa pintade : *se pavaner, prendre des airs* §DEX

3455
faire sa poudrée : *se dit d'une femme guindée* §DEX

3456
faire sa tête : *faire l'important* §PON

3457
faire sa toilette : *se laver* §ORA

3458
faire sa trouée : *savoir par son propre talent parvenir à la renommée ou à une position* §PRA ; *faire son trou*

3459
faire sa vie de garçon : *vivre pleinement sa vie de célibataire* §ORA

3460
faire sauter la cerise d'une fille : *dépuceler une jeune fille* §DEX

3461
faire sauter le coco à qqn : *donner une raclée à qqn, le faire déguerpir* §DEX

3462
faire sauter le gabarot à qqn : *donner une raclée à qqn* §DEX

3463
faire sec : *faire le fanfaron* §DEX *offrir un aspect peu engageant* §DEX

3464
faire semblant de rien : *laisser deviner ce qui vient de se faire ou de se dire* §ORA

3465
faire sensation : *produire un effet d'intérêt, de surprise, etc.* §PON

3466
faire ses beaux dimanches de qqc : *se contenter de qqc* §ORA

3467
faire ses choux gras de qqc : *profiter largement de qqc aux dépens de qqn* §PRA

3468
faire ses classes : *faire ses débuts* §ORA

3469
faire ses dents : *percer ses premières dents* §ORA

3470
faire ses pratiques : *être pratiquant* §ORA

3471
faire ses premières armes : *débuter dans une activité, une carrière* §USU

3472
faire ses preuves : *se révéler comme apte, courageux, digne d'une réputation* §USU

3473
faire ses réserves sur qqc ou qqn : *limiter une opinion donnée ou un engagement pris envers qqn* §PRA

3474
faire simple : *avoir l'air imbécile* §DUL ; *faire simple comme nos vaches*

3475
faire son best : *faire de son mieux* §DEX ; *faire de best, de son gros best*

3476
faire son beurre : *faire des profits, gagner beaucoup d'argent* §USU ; *faire son pain et son beurre de qqc*

3477
faire son butin : *faire son trousseau de mariage* §DEX *préparer ses bagages* §DEX

3478
faire son chemin : *réussir à se créer une belle carrière* §PRA

3479
faire son coq : *faire l'important devant une personne plus âgée* §DEX ; *faire son petit coq*

3480
faire son deuil de qqc : *se résigner à être privé de qqc* §USU

3481
faire son devoir d'Etat : *accomplir son devoir conjugal* §DEX ; *faire son devoir de chrétien*

3482
faire son étroite : *snober, en parlant d'une femme* §ORA

3483
faire son extravagant : *exagérer* §DEX

3484
faire son fier pet : *faire l'orgueilleux, le fanfaron* §DEX ; *être fier pet*

3485
faire son fin : *se vanter, pavaner* §DEX

3486
faire son finfin : *faire le malin* §DEX ; *faire son frais, le frais*

3487
faire son homme : *jouer à l'homme d'importance, être fanfaron* §BEA ; *faire son bob, son buck, son jars, son game, son gros*

3488
faire son Jos connaissant : *agir comme si on savait tout* §ORA ; *faire son ti-Jos connaissant; faire le connaissant*

3489
faire son mal-à-main : *faire le difficile, être acariâtre, peu serviable* §CLS

3490
faire son maudit : *faire son fanfaron* §BEA ; *faire son petit maudit*

3491
faire son numéro : *se mettre en vedette* §ORA

3492
faire son pair : *se préparer lentement à faire qqc, se reposer* §GLO *se décider, cesser d'être hésitant* §DUL

3493
faire son paquet : *se préparer à partir ou à mourir* §PRA

3494
faire son pas fin : *se dit d'un enfant turbulent* §ORA ; *faire son malcommode*

3495
faire son petit saint de plâtre : *faire hypocritement l'innocent* §DEX ; *faire son petit Jésus de plâtre*

3496
faire son pis : *se décider, arrêter une décision* §DEX *se dit d'une vache qui met bas* §DEX *s'enrichir* §ORA

3497
faire son possible : *faire tout ce que l'on peut* §USU

3498
faire son profit de qqc : *tirer avantage de qqc* §PRA

3499
faire son sac : *partir* §ORA

3500
faire son service militaire : *s'enrôler* §ORA

3501
faire son snoro : *faire son coquin, son malin* §DEX ; *être un snoro*

3502
faire son temps d'homme : *achever ses jours* §DEX

3503
faire son train-train : *vaquer à ses occupations habituelles* §ORA

3504
faire son trou : *se faire une situation stable* §USU

3505
faire son vert : *faire son fanfaron (notamment devant une jeune fille)* §DEX

3506
faire sortir le méchant : *expurger qqc* §ORA *se purifier* §ORA

3507
faire table rase de qqc : *reprendre au début une opération, un travail* §ORA

3508
faire tache d'huile : *se dit d'une idée qui se propage, gagne du terrain de manière insensible mais continue* §ORA

3509
faire tapisserie : *être le long du mur, sans bouger* §ROB *se dit d'une femme qui n'est pas invitée à danser au cours d'un bal* §ROB

3510
faire tata : *agiter la main pour saluer* §ORA ; faire bonjour; faire bye bye; envoyer la main à qqn; faire aller la main à qqn

3511
faire toucher qqc du doigt à qqn : *prouver qqc à qqn d'une façon absolument irréfutable* §PRA

3512
faire tourner la roue : *faire marcher une affaire* §ORA

3513
faire tourner la tête à qqn : *exercer une attraction sur qqn* §ORA

3514
faire tourner qqn dans ses shorts : *donner une raclée, secouer qqn* §DEX

3515
faire tous les temps : *faire mauvais, en parlant de la météo* §ORA

3516
faire tout un plat de qqc : *rouspéter longuement au sujet de qqc* §ORA ; faire une pendule de qqc

3517
faire trempette : *tremper son pain dans le sirop d'érable réduit* §DUL

3518
faire trente-six métiers : *être un homme à tout faire* §ORA ; faire trente-six misères; avoir cinquante-six métiers

3519
faire trimer qqn : *fatiguer qqn en efforts inutiles* §PON

3520
faire un appel du pied à qqn : *faire une invite à qqn* §ROB

3521
faire un beau micmac : *causer un embrouillamini* §DEX ; faire un micmac; faire tout un micmac

3522
faire un bec en pincette : *se dit de la bise faite en pinçant les deux joues* §BEA

3523
faire un bi : *accomplir un travail collectif, volontairement et gratuitement, pour aider qqn en difficulté* §DUL

3524
faire un bout de chemin avec qqn : *accompagner qqn* §ORA

3525
faire un bout de veillée : *passer une partie de la soirée chez qqn* §BEA

3526
faire un capot : *n'avoir aucune levée aux cartes* §DEX ; attraper, manger une gratte

3527
faire un chopin : *péter* §ORA ; faire, commettre un douze; faire, lâcher une fiouse, un gaz, une louise, un rot d'en bas, une vesse, un vent; s'échapper

3528
faire un coup d'argent : *réaliser d'un coup une importante somme d'argent, notamment dans une transaction* §DEX

3529
faire un coup d'essai : *faire une première tentative* §PRA

3530
faire un coup de cochon à qqn : *faire ou jouer un sale tour à qqn* §BEA ; jouer une patte de cochon, un tour de cochon, un cul à qqn

3531
faire un coup de fortune : *avoir une chance heureuse au jeu ou ailleurs* §PRA

3532
faire un coup de maître : *faire une tentative des plus réussies ou un acte magistral* §PRA

3533
faire un crac : *embrasser une personne en lui entourant le cou de ses bras* §DIO

3534
faire un croc-en-jambe à qqn : *donner une secousse violente sous le genou de qqn dans le but de le faire tomber* §PRA *faire contre qqn une attaque imprévue* §PRA ; faire une jambette à qqn

3535
faire un croche : *faire un détour* §SEU ; faire un crochet

3536
faire un cuir : *faire une faute de langage qui consiste à lier les mots de façon incorrecte* §ROB

3537
faire un deal : *conclure un marché* §DEX

3538
faire un deal à qqn : *consentir des conditions avantageuses à qqn dans une transaction* §ORA

3539
faire un dessin à qqn : *faire comprendre qqc à qqn de borné* §ORA

3540
faire un effet bœuf : *impressionner grandement* §ORA

3541
faire un enfant dans le dos de qqn : *trahir qqn* §ORA ; faire un petit dans le dos de qqn

3542
faire un enterrement de première classe à qqc : *faire oublier qqc en douce, reléguer en secret qqc à l'oubli* §DEX ; organiser un enterrement de première classe à qqc

3543
faire un esclandre : *faire une querelle bruyante et scandaleuse* §PON

3544
faire un exprès pour qqn : *se dévouer davantage pour qqn* §ORA ; faire un spécial pour qqn

3545
faire un faux pas : *commettre une faute* §ORA

3546
faire un finger à qqn : *se dit du geste phallique qu'on fait avec le majeur d'une main* §ORA ; faire un doigt à qqn

3547
faire un fou de soi : *se ridiculiser* §BEA ; faire un vrai fou de soi

3548
faire un four : *échouer, en parlant d'une représentation dramatique* §ROB

3549
faire un froid de canard : *faire très froid* §ORA ; faire un froid de loup, un froid noir; faire un fret de canard, de loup; faire un fret noir; geler à pierre fendre

3550
faire un hit : *réussir* §ORA

3551
faire un homme de soi : *montrer de l'assurance* §ORA ; faire un maître de soi

3552
faire un impair : *faire un acte ou dire une parole maladroite et inopportune* §PRA ; commettre un impair

3553
faire un malheur : *réussir au-delà de toute espérance* §ORA ; faire un tabac

3554
faire un mauvais parti à qqn : *expression usitée généralement en parlant de la justice sommaire exercée par la foule* §PRA

3555
faire un pied de nez à qqn : *tromper qqn de ses espérances* §DUN

3556
faire un pont d'or à qqn : *ménager de grandes facilités à qqn, de grands avantages* §PON

3557
faire un pot : *réaliser une somme d'argent, constituer une caisse commune* §DEX *convenir de partager les gains et les dépenses* §ORA

3558
faire un retour offensif : *lancer une nouvelle attaque* §PRA

3559
faire un retour sur soi-même : *réfléchir sérieusement à sa conduite passée* §PRA

3560
faire un saut de carcajou : *sauter habilement* §ORA

3561
faire un somme : *dormir pendant quelques instants* §PRA ; faire un caille; claquer, piquer un somme

3562
faire un spécial : *faire une exception* §SEU

3563
faire un stop américain : *ralentir à un stop et accélérer au lieu d'arrêter* §DUL

3564
faire un temps de chien : *faire un temps maussade* §DEX

3565
faire un tour de sa façon à qqn :
*faire à qqn une de ses mauvaises farces
coutumières* §PRA ; un tour de son métier
à qqn

3566
**faire un trou pour en boucher un
autre :** *faire une nouvelle dette pour en
payer une ancienne* §PON

3567
faire un veau : *échouer dans une tentative quelconque* §DUL *vomir* §DEX *oublier un
sillon en labourant* §DEX *échapper qqc*
§DEX *laisser qqc en plan* §DEX

3568
faire un velours : *faire une liaison incorrecte avec le son z* §ORA

3569
faire un velours à qqn : *faire plaisir à
qqn* §DUL ; faire un petit velours à qqn

3570
faire un vent à écorner les bœufs :
venter très fort §DUL ; venter à écorner les
bœufs

3571
faire une balloune à une femme :
rendre une femme enceinte §DEX

3572
faire une battue : *organiser une recherche minutieuse pour retrouver un objet
perdu* §PRA

3573
faire une belle jambe à qqn : *se dit
d'une situation qui n'offre guère d'avantages*
§ORA

3574
faire une bibitte : *perdre au jeu sans
faire un point* §ORA ; faire une chienne,
une baise, une gorliche, une gourliche

3575
faire une bonne bauche : *faire un long
trajet* §DEX

3576
**faire une brume à couper au
couteau :** *se dit d'une brume opaque,
épaisse* §ORA

3577
faire une coche mal taillée : *faire
une maladresse, un mauvais coup* §GLO

3578
faire une cote mal taillée : *présenter*

*inexactement les intérêts divers dont on
établit le compte* §PRA

3579
faire une coupe sombre : *supprimer ou
licencier un nombre important (de choses, de
personnes)* §USU

3580
faire une crasse à qqn : *faire une
indélicatesse à qqn* §ROB ; jouer un tour de
crasse à qqn

3581
faire une crêpe : *avoir une éjaculation
involontaire* §ORA ; faire une carte de
France

3582
faire une crise de momette : *être im-
patiente* §ORA

3583
faire une croix sur qqc : *renoncer à
qqc* §PRA ; se faire une croix dans le
front

3584
faire une déclaration à qqn : *avouer
à qqn l'amour qu'on éprouve à son endroit*
§ORA

3585
faire une défaite : *invoquer un prétexte
(pour s'abstenir de faire qqc)* §DEX ; avoir
une défaite

3586
faire une descente : *se dit de policiers
qui font un contrôle dans un endroit public*
§ORA

3587
faire une drôle de tête : *montrer sa
déception, son mécontentement* §ORA

3588
faire une embardée : *faire un écart
brusque et dangereux en voiture* §ROB

3589
faire une fausse couche : *avoir une
interruption involontaire de grossesse* §ORA

3590
faire une femme de soi : *montrer de
l'assurance* §ORA

3591
faire une fleur à qqn : *consentir gra-
cieusement un avantage à qqn dans une
affaire* §USU

3592
faire une job : *soulager ses besoins na-
turels* §DEX

3593
faire une job de bras : *tabasser qqn,*
régler son compte à qqn §DEX
3594
faire une levée de boucliers : *faire*
une menace d'attaque générale §PRA
3595
faire une maladie de qqc : *ne pas*
cesser de penser à qqc §ORA
3596
faire une maladie sèche : *souffrir de*
complications après un accouchement §DEX
3597
faire une mise en demeure à qqn :
pousser qqn au pied du mur pour le forcer à
parler ou à agir §PRA ; mettre qqn en
demeure de faire qqc
3598
faire une partie de fesses : *organiser*
une partouze §DEX ; faire, organiser une
partie de cul
3599
faire une partie de jambes en
l'air : *faire l'amour* §ORA ; faire une partie de fesses; jouer aux fesses
3600
faire une partie de sucre : *organiser*
une sortie à la cabane à sucre §ORA
3601
faire une passe à qqn : *tromper qqn*
§ORA
3602
faire une paye que qqc : *faire*
longtemps que qqc §CEL
3603
faire une ponction dans qqc :
prélever des sommes d'argent de qqc §ORA
3604
faire une queue à qqn : *distancer qqn,*
le laisser derrière soi §GLO
3605
faire une revire : *avorter* §DEX
3606
faire une saucette chez qqn : *faire*
une courte visite chez qqn §BEA
3607
faire une scène à qqn : *faire subir à*
qqn une agression verbale §ORA ; dire des
mots à qqn
3608
faire une smarsette : *commettre une*
finasserie §DEX

3609
faire une sortie contre qqn : *faire*
brusque attaque en paroles contre qqn §PON
3610
faire une tempête dans un verre
d'eau : *faire une grosse colère sur un sujet*
insignifiant §PRA
3611
faire une touche : *plaire à qqn* §ORA ;
avoir une touche
3612
faire valoir qqn ou qqc : *faire ressortir*
le mérite de qqn ou qqc §PON
3613
faire venir l'eau au moulin : *faire*
des gains, amener des clients au commerce
§BEA *alimenter une discussion par de*
nouveaux arguments §BEA
3614
faire vivre qqn : *subvenir aux besoins*
de qqn §ROB
3615
faire voir de qqc : *se donner l'apparence*
de qqc §GLO
3616
faire voir de rien : *cacher ses senti-*
ments §CLS ; laisser voir de rien
3617
faire volte-face : *changer d'avis* §ORA
3618
falloir (s'en) d'un cheveu que qqc :
s'en falloir de peu, faillir se passer §ORA ;
s'en falloir d'un doigt que qqc; manquer
d'arriver; avoir été proche que qqc;
passer proche que qqc , raser proche de
qqc; avoir été à deux doigts que qqc
3619
farder sa marchandise : *chercher à*
faire illusion aux gens §PON
3620
farder une minoune : *maquiller les im-*
perfections d'une guimbarde §DEX
3621
faucher (ne pas) large : *être peu intel-*
ligent, peu éveillé §DEX ; ne pas en faucher
large
3622
fausser compagnie à qqn : *quitter*
qqn, ou ne pas venir quand il compte sur
vous §PON
3623
fendre (se) en quatre pour faire

qqc : *se démener, se donner du mal* §DEX ; *se mettre en quatre pour faire qqc; se fendre, se mettre en deux pour faire qqc; se fendre le cul en quatre pour faire qqc*
3624
fendre (se) la gueule : *essayer d'expliquer qqc avec force à qqn* §ORA
3625
fendre la face à qqn : *déplaire beaucoup à qqn* §DIO *battre qqn* §ORA
3626
fendre le cœur de qqn : *faire de la peine à qqn* §ORA
3627
fendre le vent : *s'échapper au plus vite* §PON
3628
fendre les cennes en deux : *être pingre, radin* §DEX ; *séparer les cennes en deux; ne pas être donneux*
3629
fendre les cheveux en quatre : *faire des distinctions trop fines ou trop subtiles* §BEA ; *couper les cheveux en quatre*
3630
fermer (ne pas) l'œil : *ne pas dormir* §ORA
3631
fermer (se) la trappe : *se taire* §BEA ; *se fermer le bec, la boîte; fermer sa boîte; taire son bec*
3632
fermer la ligne au nez à qqn : *raccrocher brusquement le téléphone* §DEX
3633
fermer la porte au nez de qqn : *se débarrasser de qqn d'une façon brutale en l'empêchant d'entrer* §PRA
3634
fermer le bec à qqn : *rabrouer qqn* §DEX ; *coudre le bec à qqn*
3635
fermer les yeux sur qqc : *faire semblant de ne pas être au courant de qqc* §ORA
3636
fêter Pâques le Vendredi Saint : *ne pas être tenace* §ORA
3637
ficher (se) de qqc comme de l'an quarante : *s'en moquer absolument, au plus haut point* §BEA ; *se foutre, se*

moquer de qqc comme de l'an quarante, comme de sa première culotte
3638
ficher la torquette à qqn : *jouer un vilain tour à qqn, lui jeter un sort, lui donner une maladie et même la mort* §CLS
3639
filer à l'anglaise : *partir sans prendre congé pour obtenir de la distance* §DUN *se sauver* §ORA
3640
filer comme un dard : *courir très vite* §ORA ; *filer comme un zèbre, comme une gazelle*
3641
filer de la laine : *ronronner* §DEX
3642
filer doux : *être docile après s'être fait réprimander* §ORA
3643
filer entre les doigts de qqn : *échapper à qqn* §ORA
3644
filer le bon numéro : *avoir de la chance* §ORA
3645
filer le grand train : *filer à toute allure* §DEX ; *filer comme une flèche*
3646
filer le parfait amour : *se montrer amoureux* §ORA
3647
filer le train à qqn : *épier qqn* §ORA
3648
filer mal : *se sentir mal à l'aise, après avoir fait une gaffe* §ORA *avoir envie de mourir, être étourdi* §ORA
3649
filer par la tangente : *s'éclipser, disparaître par le chemin le plus court* §PRA
3650
filer un mauvais coton : *se sentir de mauvaise humeur* §DEX
3651
filer un rencard à qqn : *donner un rendez-vous à qqn* §ORA
3652
filer une avoine : *battre qqn* §ORA
3653
finir (en) avec qqc : *mettre un terme définitif à une affaire qui a déjà trop duré* §PRA

3654
finir en beauté : *trouver une fin heureuse* §ORA

3655
finir en queue de poisson : *se terminer brusquement, sans donner les résultats attendus* §USU ; se terminer en queue de poisson; finir en queue de morue; finir à rien; finir en cul-de-sac

3656
finir par une basse messe : *finir par un mariage* §ORA ; finir, virer en basse messe

3657
flamber son argent : *dépenser frivolement tout son argent* §ORA ; flauber son argent

3658
flaser (se) qqc : *s'inventer qqc* §SEU

3659
flatter la bedaine de qqn du bon bord : *amadouer, flatter qqn* §DEX

3660
flatter la phalle à qqn : *caresser la gorge à qqn* §SEU

3661
flatter qqn dans le sens du poil : *faire plaisir à qqn, le flatter, user de diplomatie pour ne pas le contrarier, le plus souvent pour obtenir qqc* §BEA ; prendre qqn dans le sens du poil

3662
flauber sur le dos : *tomber à la renverse, trébucher* §DEX ; foirer comme un veau

3663
fonder un foyer : *vouloir des enfants dans le mariage* §ORA

3664
fondre comme du beurre dans la poêle : *disparaître rapidement* §DEX *être accepté, passer sans difficulté* §DEX ; passer comme du beurre dans la poêle; fondre comme neige au soleil

3665
fondre en larmes : *avoir une subite crise de pleurs* §PRA

3666
foquer le chien : *ne rien faire de bon* §BEA *avoir de la difficulté à accomplir une tâche malgré bien des efforts* §BEA ; fourrer, focailler le chien

3667
forcer (se) la nenette : *s'efforcer de comprendre* §ORA

3668
forcer la main à qqn : *forcer qqn d'agir* §ROB

3669
forcer la note : *user d'exagération* §PRA ; forcer la dose

3670
forcer la porte de qqn : *pénétrer chez qqn malgré son interdiction* §ROB

3671
forcer son talent : *vouloir paraître mieux qu'en réalité* §ORA

3672
forger (se) des chimères : *imaginer des choses irréalisables et s'en alimenter* §PON

3673
fournir son effort de guerre : *faire sa part* §DEX

3674
fourrer (se) dans les pattes de qqn : *se mettre en position d'être exploité par qqn* §ORA

3675
fourrer (se) le doigt dans l'œil : *se tromper lourdement* §ROB ; se fourrer le doigt dans l'œil jusqu'au coude

3676
fourrer le chien : *vivoter, besogner à gauche et à droite* §DEX *mal faire un travail* §DEX

3677
fourrer les chiens à qqn : *dominer, contrôler qqn* §DEX

3678
fourrer son nez partout : *s'immiscer* §ROB

3679
foutre qqc en l'air : *se débarrasser de qqc* §USU

3680
foxer l'école : *manquer la classe sans excuse* §ORA ; faire l'école buissonnière; faire le renard

3681
franchir le rubicon : *ne pas tenir compte d'une difficulté temporaire* §ORA *passer par dessus qqc* §ORA *arriver à un point de non-retour* §ORA

3682
franchir le seuil de qqc : *entrer dans la maison ou dans une chambre* §PRA

3683
frapper à faux : *frapper injustement* §PON

3684
frapper à la bonne porte : *s'adresser au bon endroit, à la bonne personne* §ROB ; frapper au bon coin

3685
frapper à la mauvaise porte : *s'adresser au mauvais endroit, à la mauvaise personne* §ROB

3686
frapper dans le tas : *donner des coups sans faire de distinction* §ORA ; bûcher, fesser dans le tas

3687
frapper de l'air : *déguerpir* §DEX *rater complètement son action* §BEA

3688
frapper le jack pot : *réussir, atteindre le but* §DEX ; gagner au loto

3689
frapper son Waterloo : *être arrêté par un obstacle infranchissable, un empêchement insurmontable* §DEX

3690
frapper un grand coup : *faire un acte décisif* §PON

3691
frapper un nœud : *se heurter à une difficulté imprévue, à une opposition ferme* §BEA *rencontrer une opposition ferme* §BEA

3692
frapper un os : *échouer* §ORA

3693
frapper une job : *trouver du travail* §ORA

3694
frayer avec qqn : *vivre avec qqn dans de bonnes relations* §PON

3695
frayer la voie à qqn : *ouvrir à qqn le chemin aux honneurs, aux dignités, en écartant les obstacles* §PON ; frayer le chemin à qqn

3696
freiner sur une fesse : *freiner brusquement* §DEX ; freiner juste sur une fesse

3697
fréquenter (ne pas) le menu fretin : *ne fréquenter que des gens d'une classe sociale supérieure* §ORA

3698
friper le bec de la bouteille : *boire, picoler* §CLS

3699
friser la corde : *mériter d'être pendu ou être près de l'être* §PRA ; friser la potence

3700
frotter (ne pas se) à qqn ou qqc : *refuser d'entrer en contact avec qqn ou qqc* §PRA

3701
frotter (se) les mains : *être satisfait* §ORA

3702
fuir qqn ou qqc comme la peste : *se garder de qqn ou qqc, s'en méfier* §ROB ; craindre qqn ou qqc comme la peste

3703
fumer comme une cheminée : *fumer la cigarette, le cigare, sans arrêt* §DEX ; fumer comme un Sauvage, comme un tug

3704
fumer des pieux : *éprouver de la difficulté à allumer sa pipe* §DEX

3705
fumer des poloques : *fumer des cigarettes roulées à la main* §DEX ; fumer des dopes, des rouleuses, des make-in

G

3706
gaffer (se) après qqn : *empoigner,*
saisir qqn §DEX

3707
gagner (ne pas) son sel : *se dit d'un*
travailleur paresseux, dont le rendement est
presque nul §DUL

3708
gagner au change : *réaliser un bénéfice*
en troquant un objet contre un autre §PRA

3709
gagner barre sur qqn : *prendre avan-*
tage sur qqn §PON ; avoir barre sur qqn

3710
gagner cher : *avoir un bon salaire* §SEU

3711
gagner de l'avance : *devancer qqn ou*
qqc §ORA ; gagner du terrain

3712
gagner gros : *faire un important*
bénéfice §PRA

3713
gagner la première manche : *rem-*
porter le succès d'un premier engagement
dans une lutte quelconque §PRA

3714
gagner sa croûte : *gagner sa vie* §USU ;
gagner son pain, son sel

3715
gagner son ciel sur terre : *être très*
éprouvé §ORA

3716
galoper les filles : *courir après les filles*

§DUL ; courir les filles, les jupons

3717
garder (se) à carreau : *être sur ses*
gardes §ROB ; se tenir à carreau

3718
garder bouche cousue : *garder le secret*
§ROB ; être bouche close, bouche cousue;
rester bouche cousue

3719
garder des mesures avec qqc : *ex-*
pression usitée pour qualifier la modération
dans l'action ou le langage §PRA

3720
garder le fort : *assurer la permanence*
d'un organisme quelconque §DUL *garder les*
enfants pendant que les adultes sont à la
messe ou en visite §DUL

3721
garder le silence : *se taire, rester muet*
§PRA

3722
garder les cordeaux : *conserver le*
contrôle, l'autorité §DEX ; tenir les guides

3723
garder les dehors de qqc : *se donner*
l'air de posséder encore ce que l'on a perdu
§PRA

3724
garder les tisons : *ne pas quitter le coin*
du feu §PON ; surveiller le feu

3725
garder qqc pour la bonne bouche :
garder la plus agréable impression en dernier
§USU

3726
garder qqn à vue : *surveiller qqn de manière incessante* §PRA

3727
garder qqn ou qqc pour le dessert : *réserver la présentation de qqn ou qqc pour la fin d'une cérémonie, d'une réunion* §ORA

3728
garder rancune à qqn : *conserver un sentiment de colère ou de dépit contre qqn* §PRA

3729
garder sa cerise : *conserver sa virginité* §DEX ; *avoir sa cerise*

3730
garder son sérieux : *s'empêcher de rire* §ORA

3731
garder un chien de sa chienne à qqn : *avoir de la rancune envers qqn et se promettre une vengeance certaine* §BEA ; *promettre un chien de sa chienne à qqn*

3732
garrocher (se) d'un bord à l'autre : *se démener, courir ici et là, essayer d'être partout en même temps* §BEA

3733
gaspiller le plus clair de son temps à faire qqc : *passer la majeure partie de son temps à faire qqc* §ORA

3734
gâter le métier : *donner son enseignement ou ses services à trop bon marché* §PRA

3735
geler comme un creton : *avoir très froid* §DUL ; *geler comme un corton, comme un rat*

3736
gêner (ne pas se) : *agir en toute liberté* §PRA *se montrer trop hardi* §PRA

3737
glisser sur qqc : *ne pas s'appesantir, ne pas insister sur qqc* §PON

3738
gober les mouches : *accepter crédulement ce qu'on entend raconter* §PON

3739
gosser après qqc : *s'acharner inutilement après qqc* §ORA

3740
gosser autour : *tourner en rond, tergiverser, perdre son temps* §DEX

3741
gosser une fille : *coucher avec une fille* §ORA

3742
graisser (se) la patte : *profiter d'une situation pour s'enrichir malhonnêtement en prélevant pour son propre compte une partie des profits d'autrui* §BEA *accepter les faveurs, les pots-de-vin* §DEX

3743
graisser (se) le gosier : *prendre un verre* §BEA ; *se gratter le gosier*

3744
graisser la patte à qqn : *donner un pot-de-vin à qqn* §BEA

3745
graisser ses bottes : *se dépêcher, se hâter* §DEX ; *remuer, moucher ses bottes*

3746
gratter (se) la palette du genou : *se démener, s'agiter* §BEA ; *se lécher la palette du genou*

3747
gratter les fonds de tiroir : *prendre ses dernières économies* §ORA

3748
grimper au cocotier : *être crédule* §ORA

3749
grimper dans les rideaux : *s'énerver, devenir fort agité, en parlant de qqn* §DUL ; *monter dans les rideaux*

3750
grimper sur ses ergots : *s'enflammer, se mettre en colère* §DEX ; *commencer à coucher les oreilles; se mettre à canter les oreilles*

3751
guérir en secret : *guérir sans remèdes, par des touchers, des formules ou des incantations* §DUL ; *guérir du secret*

3752
guetter les ours : *attendre l'accouchement, aider à l'accouchement* §DEX

3753
guetter son embelle : *attendre que l'occasion propice se présente* §CLA

3754
gueuler comme un bœuf : *hurler à*
tue-tête §DEX ; gueuler comme un âne,
comme un putois

3755
guigner de l'œil : *regarder à la dérobée*
qqc que l'on convoite §PON

H

3756
habiller (s') **comme une carte de mode :** *se vêtir à la toute dernière mode* §SEU

3757
habiller (s') en beau : *enfiler ses plus beaux vêtements* §DEX

3758
haler sa crasse : *se remuer, se démener* §DEX

3759
hâter le pas : *marcher plus vite* §PRA

I

3760
imposer (en) à qqn : *tromper qqn*
§PON

3761
induire qqn en erreur : *tromper qqn*
avec ou sans intention §PRA

3762
inquiéter (s') de la galerie : *se*
soucier de l'opinion §PON

3763
inscrire (s') en faux contre qqc :
désavouer catégoriquement un jugement pro-
noncé, une opinion émise §PRA

3764
inventer en dessous d'un couvert de
chaudron : *parler à tort et à travers*
§DEX ; parler en dessous d'un couvercle
de chaudron

3765
inventer les cris : *hurler, crier à tue-*
tête §DEX ; éventer, inventer des cris, des
hauts cris

J

3766
jeter (ne pas) sa part aux chiens :
ne point renoncer à un avantage qui nous revient de droit §PRA ; ne pas donner sa part aux chiens

3767
jeter (s'en) un derrière la cravate :
boire un verre §ORA ; s'en mettre un, s'en envoyer un derrière la cravate; s'envoyer un petit coup derrière la cravate

3768
jeter (se) à corps perdu dans qqc :
se livrer de toute son âme à une distraction §PRA

3769
jeter (se) à l'eau : *foncer dans une affaire* §ORA

3770
jeter (se) à la tête de qqn : *faire des avances à qqn* §USU

3771
jeter (se) au cou de qqn : *implorer les secours de qqn* §ORA

3772
jeter (se) dans l'eau de peur de la pluie : *chercher à esquiver un danger minime pour en affronter un pire* §PRA ; se jeter dans le feu pour éviter la fumée

3773
jeter (se) dans la gueule du loup :
se jeter dans un danger certain, et de façon imprudente §ROB ; se précipiter dans la gueule du loup

3774
jeter de l'eau à la rivière : *apporter une aide inutile* §DEX ; porter de l'eau à la rivière

3775
jeter de l'huile sur le feu : *attiser, par ses paroles, une querelle déjà vive* §PRA ; mettre de l'huile sur le feu

3776
jeter de la poudre aux yeux de qqn : *éblouir qqn par de fausses apparences* §USU

3777
jeter des fleurs à qqn : *couvrir qqn de compliments* §USU ; envoyer des fleurs à qqn

3778
jeter des perles aux pourceaux : *accorder à qqn une chose dont il est incapable d'apprécier la valeur* §ROB ; jeter des perles aux cochons

3779
jeter l'ancre : *faire halte* §PRA

3780
jeter l'argent par les fenêtres :
dépenser en gaspillant §ROB ; garrocher l'argent par les fenêtres

3781
jeter la pierre à qqn : *accuser qqn* §ORA ; jeter la première pierre à qqn

3782
jeter le bébé avec l'eau du bain : *se débarrasser du nécessaire en même temps que de l'inutile* §ORA

3783
jeter le brandon de la discorde : *commettre un acte ou prononcer une parole qui met aux prises, les uns contre les autres, des personnes jadis unies* §PRA ; *allumer le brandon de la discorde*

3784
jeter le gant : *faire un défi, une provocation* §PON

3785
jeter le manche après la cognée : *se laisser aller au découragement* §PON

3786
jeter les hauts cris : *se plaindre très haut* §PON ; *pousser les hauts cris*

3787
jeter les yeux sur qqn : *s'intéresser à qqn* §ORA

3788
jeter qqc à l'eau : *jeter, se débarrasser de qqc qui est brisé, usé, inutile* §DUL

3789
jeter qqc à la tête de qqn : *reprocher avec emportement qqc à qqn* §PRA ; *jeter qqc au nez de qqn*

3790
jeter qqn à la rue : *expulser qqn* §ORA

3791
jeter qqn par-dessus le bord : *sacrifier qqn* §PON ; *jeter qqn par-dessus bord*

3792
jeter sa veline : *faire des folies de jeunesse* §DEX ; *jeter sa gourme*

3793
jeter ses choux gras : *jeter un objet encore utilisable* §BEA

3794
jeter ses eaux grasses : *gaspiller son bien, se départir de l'essentiel* §DEX ; *jeter ses os gras*

3795
jeter son dévolu sur qqn ou qqc : *fixer son choix sur qqn ou qqc, manifester la prétention de l'obtenir* §ROB

3796
jeter son fou : *se défouler agréablement* §ORA ; *jeter son velimeux; lâcher son fou; faire son fou*

3797
jeter un froid : *provoquer une situation de malaise* §ORA

3798
jeter un os à qqn : *donner un petit profit à qqn dans une affaire, pour se l'attacher* §PON

3799
jeter un sort à qqn : *soumettre qqn à l'empire d'un maléfice* §PRA

3800
jeter une pierre dans le jardin de qqn : *faire une attaque voilée, une allusion désobligeante* §ROB ; *jeter des pierres dans le jardin de qqn*

3801
joindre les deux bouts : *ne pas s'endetter, malgré ses difficultés financières* §ORA ; *rejoindre les deux bouts*

3802
jouer (se) de qqn : *traiter avec qqn en se moquant de lui* §PON

3803
jouer à la cachette : *jouer à cache-cache* §CLS *faire des cachotteries* §CLS

3804
jouer à la putch : *jouer au hockey dans la rue* §DEX

3805
jouer au chat et à la souris : *s'amuser avec sa victime* §ORA

3806
jouer au fort : *jouer au jeu d'enfants qui consiste à construire une fortification avec de la neige pour ensuite se la disputer avec des boules de neige* §ORA

3807
jouer au fou : *finasser* §DEX ; *jouer au con*

3808
jouer au petit soldat : *agir avec insolence, inconsidérément, sans tenir compte des observations de ses supérieurs, se conduire en enfant gâté* §CEL

3809
jouer au plus fin avec qqn : *se dire supérieur à qqn* §ORA

3810
jouer aux marbres : *avoir les mains dans ses poches et se caresser les organes génitaux (en parlant d'un homme)* §ORA

3811
jouer avec le feu : *jouer avec le danger* §ROB

3812
jouer cochon : *ne laisser aucune chance, n'accorder aucune faveur* §DEX

3813
jouer comme un as : *jouer habilement, intelligemment* §DEX

3814
jouer dans la talle de qqn : *chercher à ravir le ou la partenaire d'autrui* §DEX ; tomber dans la talle de qqn; jouer dans la cour, dans le champ de trèfle de qqn

3815
jouer dans les cheveux de qqn : *tromper, berner qqn, lui jouer un vilain tour* §DEX ; passer la main dans les cheveux de qqn

3816
jouer dans les ligues majeures : *pouvoir concurrencer les grandes entreprises* §DEX ; passer dans les ligues, les lignes majeures

3817
jouer dans les pattes de qqn : *trahir qqn* §ORA

3818
jouer de la différence : *établir des différences spécieuses* §ORA

3819
jouer de la guitare : *se masturber, en parlant d'une femme* §ORA ; jouer de la mandoline, de l'égoïne

3820
jouer de malheur : *n'avoir pas de chance dans ce qu'on entreprend* §PON

3821
jouer de son reste : *mettre en usage ses dernières ressources* §PRA

3822
jouer des coudes : *se frayer un chemin dans la foule* §PON

3823
jouer double jeu : *agir avec duplicité, de façon à tromper* §USU

3824
jouer du coude : *faire valoir ses intérêts* §ORA

3825
jouer du violon : *déraisonner, radoter* §ORA ; jouer de l'archet

3826
jouer dur : *être salaud au jeu ou dans une bataille* §BEA

3827
jouer franc jeu : *agir sincèrement, sans arrière pensée* §USU

3828
jouer gros jeu : *s'exposer à un risque redoutable* §PRA

3829
jouer la belle : *expression désignant une troisième partie qui décide de la victoire entre les joueurs* §PRA ; faire la belle

3830
jouer la comédie : *feindre des sentiments qu'on n'a pas* §PON

3831
jouer la trique à Paulo : *jouer un tour, une blague à qqn* §DEX

3832
jouer le grand seigneur : *se poser en personnage d'importance, s'attribuer une valeur exagérée* §PRA

3833
jouer le jeu : *se conformer strictement aux règles d'une activité* §ROB

3834
jouer le jeu de qqn : *agir sans discernement de façon à avantager celui que l'on combat* §PRA

3835
jouer les gros bras : *faire valoir ses biceps* §ORA ; rouler des mécaniques

3836
jouer par oreille : *jouer d'un instrument de musique sans savoir lire la notation musicale* §BEA *faire qqc plus par intuition que par raison* §BEA

3837
jouer qqn par-dessous la jambe : *obtenir sans effort un avantage sur lui* §PON

3838
jouer quitte ou double : *expression désignant une tentative par laquelle on se place dans l'alternative ou de doubler son enjeu, ou du perdre en entier* §PRA

3839
jouer sa dernière carte : *entreprendre une dernière tentative* §ROB ; jouer son reste

3840
jouer sa dernière chemise : *se dépouiller de tout ce qu'on a, dissiper tout son bien* §RAT

3841
jouer serré : *ne donner aucune prise à son adversaire dans une affaire, une discussion* §PON

3842
jouer son va-tout : *tout hasarder, risquer sa dernière chance* §PON

3843
jouer sur les deux tableaux : *se ménager un intérêt dans deux partis, de deux côtés opposés, de façon à ne pas perdre* §USU ; *miser sur les deux tableaux*

3844
jouer un cul à qqn : *jouer un sale tour à qqn* §DEX ; *jouer un tour de son métier à qqn*

3845
jouer un triste sire : *être qqn de peu recommandable* §ORA

3846
jouir de son reste : *exulter, avoir un plaisir méchant à faire qqc* §DEX

3847
juger par soi-même : *voir par soi-même les choses de ses propres yeux avant de décider* §PRA

3848
jumper le train : *sauter illégalement dans un train en marche* §DEX

3849
jurer la perte de qqn : *vouloir à tout prix perdre qqn* §PON

3850
jurer ses grands dieux que qqc : *protester qu'on dit vrai* §PON

L

3851
labourer à dia : *labourer à la dérayure*
§DEX
3852
labourer à hue : *labourer à l'endos*
§DEX ; *labourer aller de venant ; labourer en Français*
3853
labourer en Anglais : *labourer du côté vers le centre* §DEX
3854
lâcher (ne pas) la patate : *ne pas se décourager, ne pas abandonner* §ORA
3855
lâcher (se) les gosses : *se remuer* §DEX ; *se sasser les gosses*
3856
lâcher (se) lousse : *se laisser aller, se mettre à dépenser sans compter, à dilapider son argent* §DEX
3857
lâcher la bride à qqn : *encourager qqn* §ORA
3858
lâcher la main à qqn : *ne plus soutenir qqn* §ORA
3859
lâcher la pelle : *cesser un travail en cours, s'arrêter* §BEA *démissionner d'un emploi* §DEX
3860
lâcher la proie pour l'ombre : *lâcher le réel pour l'apparence, sacrifier des réalités*

pour des choses douteuses §PON
3861
lâcher la queue de la chatte : *être marraine pour la première fois* §DEX ; *tenir la queue de la chatte*
3862
lâcher la queue du chat : *être parrain pour la première fois* §ORA ; *tenir la queue du chat*
3863
lâcher le batte : *démissionner, abandonner* §DEX
3864
lâcher le jib : *se laisser aller, en prendre à son aise* §GLO
3865
lâcher les écluses : *donner essor avec abondance à tout ce qu'on a sur le cœur ou bien à des flots de larmes* §PRA ; *ouvrir les écluses*
3866
lâcher pied : *laisser aller ce qu'on tient* §PON
3867
lâcher un beugle : *lancer un cri* §DEX
3868
lâcher un coup de téléphone à qqn : *téléphoner à qqn* §DEX
3869
lâcher un ouaque : *lancer un cri* §DEX ; *lâcher un ouac, un wack à qqn*
3870
lâcher un siffle : *siffler* §DEX

3871
lâcher un siffle à qqn : *appeler qqn en sifflant* §CLS

3872
laisser (ne) aux autres que le sac et les quilles : *prendre le meilleur et laisser aux autres ce qui ne vaut rien* §PRA

3873
laisser (se) abattre : *se décourager* §ORA

3874
laisser (se) aller : *ne pas réagir* §ORA *se détendre l'esprit* §ORA

3875
laisser (se) aller au serpent : *jeter sa gourme, se débrider* §CLS

3876
laisser (se) beurrer : *se laisser flatter, amadouer* §DEX ; *se laisser bonneter*

3877
laisser (se) dériver : *s'abandonner aux fluctuations des événements* §PON

3878
laisser (se) gagner de vitesse : *être dépassé* §ORA

3879
laisser (se) manger la laine sur le dos : *se laisser voler, exploiter, sans réagir* §USU ; *se laisser tondre la laine sur le dos; se laisser tondre comme un mouton; se laisser faire*

3880
laisser (se) prendre à la glu : *se laisser séduire par les caresses, les belles paroles de qqn* §PON

3881
laisser (se) prendre au jeu : *se laisser convaincre* §ORA

3882
laisser (se) sécher le nombril : *prendre de l'expérience, vieillir* §DEX

3883
laisser (y) sa peau : *perdre la vie* §ORA

3884
laisser à désirer : *être inachevé, imparfait, déplaisant* §PRA

3885
laisser courir le vent par-dessus les tuiles : *rester insouciant en présence de certains désagréments qui passent tout seuls avec le temps* §PRA

3886
laisser courir qqn : *berner qqn* §ORA ; *faire courir qqn*

3887
laisser de la corde à qqn : *faire prendre des initiatives à qqn* §ORA

3888
laisser dormir qqc : *faire un complet silence sur qqc* §PRA

3889
laisser faire : *laisser tomber* §CLS

3890
laisser le champ libre à qqn : *laisser qqn libre d'agir à sa guise* §ORA

3891
laisser passer le bout de l'oreille : *trahir involontairement son ignorance* §PRA

3892
laisser pisser : *laisser les choses aller leur train* §ORA ; *laisser pisser le mérinos*

3893
laisser qqc en blanc : *laisser vide la place des noms, la date, etc. sur un formulaire, une demande* §ORA

3894
laisser qqc en plan : *quitter brusquement une chose, et sans la terminer* §PON

3895
laisser qqc en rade : *abandonner qqc* §ROB

3896
laisser qqc sur les bras de qqn : *se retirer en mettant son fardeau sur d'autres épaules* §PRA

3897
laisser qqc tel quel : *expression signifiant qu'aucune modification ne sera faite à un état ou à une chose* §PRA

3898
laisser qqn derrière soi : *dépasser qqn en mérite* §PON

3899
laisser qqn en plan : *abandonner qqn au cours d'une œuvre en commun ou d'une course commencée ensemble* §PRA

3900
laisser qqn ou qqc de côté : *négliger volontairement qqn ou qqc* §PRA

3901
laisser sa carte de visite : *se dit d'un animal domestique qui laisse ses déjections à la vue* §DEX

3902
laisser tomber qqn : *abandonner qqn*
§ORA
3903
laisser une bonne partance à qqn :
laisser une bonne avance à qqn §DEX
3904
laisser une phrase en carafe : *ne pas*
terminer une phrase §ORA
3905
lancer (se) tête baissée dans qqc :
se lancer avec violence dans qqc §USU
3906
lancer des yeux : *lancer des regards*
(langoureux, méchants) §DEX
3907
lancer la flèche du parthe : *lancer un*
mot méchant au moment où l'on s'enfuit
§PRA
3908
lancer un ballon : *lancer une rumeur,*
notamment une rumeur politique §DEX
3909
lancer un cri de mort : *hurler de rage,*
de peur, etc. §DEX ; *pousser un cri, des*
cris de mort
3910
lancer un dirty look à qqn : *lancer un*
regard méchant, chargé de reproche §DEX ;
jeter un dirty look à qqn
3911
lancer un regard d'intelligence à
qqn : *échanger un regard furtif avec qqn*
§PRA
3912
lancer une patarafe à qqn : *injurier,*
blesser qqn par ses propos §DEX
3913
lancer une personne : *introduire vive-*
ment qqn dans le monde, dans les emplois
§PON
3914
lancer une vanne à qqn : *faire une*
remarque ou une allusion désobligeante à
qqn §ROB
3915
larguer les amarres : *quitter un endroit*
§ORA ; *larguer les voiles*
3916
larguer qqn : *se séparer de qqn* §ORA
3917
laver (se) les mains de qqc : *se*

dégager de toute responsabilité §ORA
3918
laver son linge sale en famille : *ne*
pas se quereller en présence d'étrangers, se
disputer entre intéressés seulement §BEA
3919
lécher (se) la patte : *se retrouver déçu*
d'avoir manqué qqc §BEA *se dit à qqn qui*
n'a pas su profiter d'une occasion qui lui
était faite §ORA
3920
lécher (se) les lèvres : *perdre son*
temps §DEX
3921
lever (se) à l'heure des poules : *se*
lever très tôt §ORA ; *se lever comme, avec*
les poules
3922
lever (se) du mauvais bout : *se dit de*
qqn qui est de mauvaise humeur §BEA ; *se*
lever le gros bout le premier; se lever du
mauvais pied, du pied gauche
3923
lever (se) matin : *se donner beaucoup*
de peine §PON ; *se lever de bonne heure;*
s'y prendre de bonne heure
3924
lever la main sur qqn : *battre qqn*
§ROB ; *porter la main sur qqn*
3925
lever la séance : *terminer une réunion,*
mettre fin à une entrevue §PRA
3926
lever le camp : *s'en aller, partir* §ORA ;
crisser, ficher, sacrer le camp; débarrasser
la place, le plancher; faire des traces;
lever l'ancre; lever le fly
3927
lever le carré : *élever, ériger la char-*
pente d'un bâtiment §SEU
3928
lever le casque à qqn : *dire ses vérités*
à qqn §DIO
3929
lever le coude : *aimer à boire* §PON
3930
lever le gabarot : *lever le cul, en parlant*
du cheval §DUL
3931
lever le masque : *cesser de feindre, ne*
plus dissimuler §PON

3932
lever le nez sur qqn ou qqc : *dédaigner qqn ou qqc* §ORA ; lever le menton sur qqn ou qqc

3933
lever les bras au ciel : *expression servant à dépeindre une surprise des plus pénibles ou une angoisse de cœur* §PRA

3934
lever les épaules : *expression applicable au geste machinal que l'on fait pour se moquer de qqc* §PRA ; hausser les épaules

3935
lever les œufs : *récolter les œufs* §ORA

3936
lever les pattes : *trépasser* §DEX partir §DEX

3937
lever ses vaches par la queue : *négliger ses animaux, négliger l'ordinaire de la ferme* §DEX

3938
lever un impôt : *tirer, en vue de l'intérêt public, l'argent des contribuables* §PRA

3939
lever un lièvre : *soulever une question, une difficulté imprévue* §PON

3940
lever une chape à qqn : *faire un sermon, une semonce à qqn* §GLO ; faire un branle, une gratte, une libèche à qqn; donner la sarabande à qqn

3941
licher (se) la palette : *rester avec sa déception, se tirer d'affaire comme on peut, en prendre son parti* §GLO *garder une rancune tenace* §DEX

3942
licher (se) la palette du genou : *perdre son temps à des insignifiances* §DEX ; se gratter la palette du genou

3943
licher (se) la patte : *se consoler* §DEX

3944
lier les mains à qqn : *priver qqn de sa liberté d'action* §PRA

3945
lier partie avec qqn : *s'associer à qqn* §PRA

3946
lire entre les lignes : *deviner l'intention de qqn, les sous-entendus de qqc* §ORA

3947
lire les pensées de qqn : *deviner qqn* §ORA

3948
lisser les pleumats à qqn : *flatter qqn* §ROU

3949
livrer bataille : *expression impliquant l'obligation de se battre* §PRA

3950
livrer la marchandise : *agir conformément aux promesses, aboutir selon les prévisions* §DEX

3951
loger à la même enseigne que qqn : *être dans la même situation fâcheuse que qqn* §PON

3952
loucher du bord de qqn : *bigler, reluquer qqn* §DEX

3953
lutter (se) : *se frapper accidentellement sur qqn ou qqc* §ORA

M

3954
mâcher (ne pas) ses mots : *dire son opinion sans ménagement* §PRA

3955
mâcher la besogne à qqn : *accomplir toute la partie pénible de la tâche* §PRA

3956
mâcher les morceaux à qqn : *faciliter la tâche à qqn* §USU

3957
mâcher son ronge : *être impatient, anxieux* §BEA ; manger, ronger son ronge, son mors

3958
manger (en) un coup : *avoir une très mauvaise surprise* §ORA

3959
manger (en) une sucrée : *recevoir une bonne raclée* §DEX ; en manger une; en manger une maudite; en manger des rodeuses

3960
manger (ne pas) le linge : *ne pas avoir de défaut exceptionnel* §GLO

3961
manger (ne pas) ses bobettes : *ne pas se presser* §DEX

3962
manger (se) la gueule : *parler beaucoup et sans réflexion* §BEA

3963
manger (se) le blanc des yeux : *se disputer violemment* §USU ; s'arracher le blanc des yeux

3964
manger (se) le derrière de la tête : *bouillir d'impatience* §BEA *regretter amèrement une action ou une affaire* §BEA *s'inquiéter, se tourmenter* §DEX

3965
manger (se) le nez : *tenter une chose impossible* §BEA

3966
manger (se) les sangs : *s'inquiéter, se tourmenter* §DEX ; se ronger les sangs; se mettre les sangs en eau de vaisselle

3967
manger à la fortune du pot : *prendre un repas simple* §ORA

3968
manger à la même écuelle que qqn : *avoir des intérêts communs avec qqn* §PON

3969
manger à tous les rateliers : *tirer profit de tous les côtés, être opportuniste* §ORA ; manger à toutes les crèches

3970
manger comme un bûcheron : *manger beaucoup, s'empiffrer* §ORA ; manger comme un chancre, comme un cheval, comme un défoncé, comme un lapin, comme un ogre, comme un ours; manger comme deux hommes, comme quatre hommes; avoir un appétit d'ogre

3971
manger comme un loup : *manger goulûment* §DEX ; avaler, manger comme un coucou

3972
manger comme un oiseau : *manger peu* §ORA ; avoir un appétit d'oiseau

3973
manger dans la main de qqn : *expression désignant un haut degré de familiarité soit chez une personne, soit chez un animal* §PRA

3974
manger dans le petit plat : *pratiquer le cunnilinctus* §DEX

3975
manger de l'avoine : *rater ou échouer dans une conquête amoureuse* §BEA

3976
manger de la chair crue : *coucher avec qqn* §ORA

3977
manger de la colle : *insulte verbale pour montrer son indifférence envers qqn* §ORA

3978
manger de la grosse misère : *essuyer beaucoup de malheurs, de pauvreté* §DEX ; manger de la misère

3979
manger de la marde : *essuyer des difficultés, de la misère* §DEX *insulte verbale pour signifier son mépris, son désaccord, sa contrariété* §ORA

3980
manger de la misère : *être dans le malheur, subir des épreuves* §BEA *éprouver des difficultés dans l'accomplissement de qqc* §BEA

3981
manger de qqc sur la tête d'un teigneux : *expression traduisant la passion que l'on a pour un plat particulier* §CEL

3982
manger des bêtises : *se faire injurier, insulter, se faire lancer des reproches ou toute parole blessante* §BEA

3983
manger des pâtés de broquettes : *connaître des difficultés, des épreuves* §DEX

3984
manger des pissenlits par la

racine : *être mort et enterré* §ORA

3985
manger des pois chauds : *grommeler* §PON

3986
manger des rapaillages : *n'avoir que des os à gruger* §CLA

3987
manger du bœuf à spring : *manger de la viande dure* §ORA

3988
manger du bout des dents : *manger sans appétit* §PON

3989
manger du fromage : *veiller un mort* §ORA

3990
manger du voisin : *dire du mal de qqn* §CLS

3991
manger en suisse : *manger tout seul, sans inviter les amis* §ROB

3992
manger l'huître et laisser les écailles : *prendre tout le profit d'une affaire et ne laisser aux autres que ce qu'on ne peut utiliser* §PON

3993
manger le Bon Dieu : *être très dévot* §CLS

3994
manger le bouchon : *dépenser le reste de sa fortune* §CLS

3995
manger le fonds et les revenus : *manger le capital et les rentes* §PON

3996
manger le vieux-gagné : *manger ses économies* §GLO

3997
manger les barreaux de châssis : *se languir d'amour à la fenêtre* §DEX ; manger le mastic

3998
manger qqn ou qqc des yeux : *regarder qqn avec convoitise* §ORA ; dévorer qqn ou qqc des yeux

3999
manger sa claque : *être éconduit, rejeté* §DEX ; manger la claque, une claque; attraper la claque, sa claque, une claque

4000
manger sa cuite de pain avant le temps : *tomber enceinte avant le mariage* §DEX ; faire des labours d'automne; fêter Pâques avant le carême

4001
manger sa ronde : *essuyer une raclée, un revers* §DEX

4002
manger ses bas : *s'énerver, prendre panique* §DEX ; manger ses lacets de bottines

4003
manger ses mots : *mal prononcer* §ORA

4004
manger son blé en herbe : *dépenser d'avance son revenu* §ROB *gaspiller son avoir* §ROB

4005
manger son butin : *vivre de ses rentes* §CLA

4006
manger son pain blanc le premier : *commencer par ce qui est agréable, facile* §PON ; manger son pain blanc avant son pain noir

4007
manger son pain noir de bonne heure : *connaître la misère, des revers, jeune* §DEX

4008
manger son prochain : *médire, calomnier* §BEA ; manger du voisin

4009
manger sur le coin de la table : *manger à la hâte* §ORA ; manger sur le pouce; manger à la galimafrée

4010
manger un achigan : *ne pas faire de points au jeu de whist* §CLS

4011
manger un char de marde : *se dit pour intimer l'ordre à qqn de disparaître* §ORA

4012
manger un pain sur la tête de qqn : *être beaucoup plus grand que qqn physiquement* §BEA

4013
manger une grappe : *essuyer une raclée, des remontrances* §DEX ; manger sa, une sacrée grappe

4014
manger une ramasse : *recevoir une correction* §ORA ; attraper, manger une volée, une rince

4015
manquer à l'appel : *être absent* §ROB

4016
manquer d'estomac : *manquer de hardiesse, d'audace* §ROB ; manquer de nerfs

4017
manquer d'étoffe : *manquer de capacités, de qualités* §USU

4018
manquer de cocologie : *manquer de jugement, de bon sens* §DEX ; ne pas avoir de cocologie

4019
manquer de parole : *ne pas tenir une promesse faite* §PRA

4020
manquer de respect à qqn : *ne pas montrer à un supérieur la déférence qui lui est due* §PRA

4021
manquer la balle : *laisser échapper l'occasion favorable* §PON ; manquer le bateau, le coche, le train

4022
manquer le bateau : *demeurer vieille fille* §DUL *rater une occasion* §ORA

4023
manquer son coup : *échouer dans une entreprise projetée* §PRA

4024
manquer un alluchon à qqn : *manquer de jugement* §DEX

4025
manquer un bardeau à qqn : *avoir l'esprit dérangé* §DEX ; manquer un brin, un clou, un taraud, une bolt, une planche à qqn; faire de la capine, de la calotte, de la perruque; ne pas être dans son bon sens; commencer à bouillir sous la pelouse; avoir un bardeau en moins; avoir un bardeau de levé; avoir une craque qui court dans la couverture; avoir un trou dans la couverture; avoir un taraud de lousse; avoir une gear d'usée; avoir une roue qui ne tourne pas rond; avoir une roue qui vire à l'envers; avoir le cerveau fêlé, le timbre fêlé, la tête fêlée; faire de la tourmaline; être craqué au plafond

4026
marchander (ne pas) ses peines pour qqn : *se dévouer pour qqn* §ORA ; *se dépenser sans compter pour qqn*

4027
marcher (ne pas) avec qqn : *être en désaccord avec qqn* §ORA

4028
marcher (se) sur les pieds : *se dit de gens trop nombreux dans un même endroit* §ORA

4029
marcher à coups de pied : *n'avancer que sous la contrainte, sous les coups* §DEX

4030
marcher à pas carrés : *marcher à grands pas et d'une manière décidée* §BEA

4031
marcher à pas comptés : *avancer excessivement lentement* §PRA

4032
marcher à peu près : *s'avancer au hasard, sans direction précise, ou sans connaître son but* §BEA ; *s'en aller à peu près*

4033
marcher à souhait : *expression applicable à une affaire dont le cours est au plus haut point satisfaisant* §PRA

4034
marcher avec des prières : *fonctionner on ne sait trop comment, par miracle* §DEX

4035
marcher comme si on avait perdu un pain de sa fournée : *marcher le dos voûté* §DEX

4036
marcher comme un canard : *avoir une marche balancée* §USU

4037
marcher comme un chien qui va à vêpres : *marcher en faisant preuve de mauvaise volonté, en étant contraint et forcé, à contre-cœur* §CEL *se défiler après un mauvais coup* §DEX

4038
marcher comme un éléphant : *marcher d'un pas lourd* §DEX

4039
marcher comme une écrevisse : *reculer au lieu d'avancer, de progresser* §ROB ; *aller comme une écrevisse*

4040
marcher comme une pipe neuve : *fonctionner à la perfection* §DEX ; *marcher comme une invention*

4041
marcher croche : *se dit de qqn qui par infirmité ou en état d'ivresse ne marche pas droit ou normalement* §BEA

4042
marcher de bric et de brac : *mal fonctionner* §DEX

4043
marcher en chevreuil : *marcher à quatre pattes* §DEX

4044
marcher en deux : *marcher excessivement courbé* §CLA

4045
marcher en pieds de bas : *marcher en chaussettes* §DEX

4046
marcher en sauvage : *marcher à la file indienne en mettant les pieds sur les pistes de celui qui précède* §ORA

4047
marcher la sonde à la main : *aller avec précaution dans une affaire* §PON

4048
marcher la tête dans le dos : *se donner, en marchant, des airs prétentieux, arrogants, hautains* §CLA

4049
marcher la tête haute : *n'avoir rien à se reprocher* §ORA

4050
marcher sur des charbons ardents : *se trouver dans une situation dangereuse ou très délicate* §USU

4051
marcher sur des œufs : *expression désignant de grandes précautions prises pour éviter de blesser* §PRA

4052
marcher sur la languette : *s'efforcer de marcher droit quand on est ivre* §BEA *avoir la démarche précieuse et affectée* §BEA *côtoyer l'illicite tout en restant à l'abri des accusations* §BEA

4053
marcher sur le pied de qqn : *qualifie*

une injure ou un manque d'égard dont on se rend coupable envers qqn §PRA ; **marcher sur les pieds de qqn**

4054
marcher sur les fentes : *être en état d'ivresse, ne pas arriver à marcher droit* §DEX

4055
marcher sur les pas de qqn : *chercher à imiter qqn, à l'égaler* §PON

4056
marcher sur les plates-bandes de qqn : *empiéter sur le domaine de qqn* §ROB

4057
marcher sur les talons de qqn : *importuner qqn* §ORA ; *être sur les talons de qqn*

4058
marcher sur qqn : *aller vers lui avec violence, hostilité* §ROB

4059
marier (se) en face de cheval : *contracter un mariage en dehors de toutes lois civiles et religieuses* §DIO

4060
marier (se) enfant de Marie : *se marier en blanc* §DEX

4061
marier la faim et la soif : *marier deux personnes aussi pauvres l'une que l'autre* §PON

4062
marquer le coup : *souligner l'importance d'une chose par une manifestation* §USU *manifester que l'on a été touché, atteint par qqc* §USU

4063
marquer le pas : *désigne un progrès très lent dans une étude ou un art* §PRA

4064
marquer qqc d'un caillou blanc : *évoquer des idées de bonheur absolu, de pureté parfaite* §RAT

4065
masquer ses batteries : *dérober aux regards les embûches que l'on dresse ou les artifices que l'on imagine* §PRA

4066
masser (se) le cœur : *s'apitoyer* §ORA

4067
mélanger (se) dans son tricotage :

se confondre, se mêler dans l'enchevêtrement de ses propres mensonges §DEX

4068
mélanger les torchons avec les serviettes : *confondre des personnes de caractère différent* §ORA

4069
ménager (se) une porte de sortie : *prévoir un moyen pour se tirer d'une situation fâcheuse ou embarrassante* §ORA

4070
ménager la chèvre et le chou : *louvoyer entre deux partis* §PON

4071
ménager qqn : *traiter qqn avec réserve, par égard ou par intérêt* §PON

4072
ménager une surprise à qqn : *préparer à qqn une joie inattendue* §PRA

4073
mener (en) large : *jouir d'une influence certaine* §DEX

4074
mener (ne pas en) large : *se dit de qqn de faible et malade* §BEA *se dit de qqn qui est dans une situation inquiétante ou qui pense l'être, par sa timidité ou son manque d'initiative* §BEA

4075
mener bien sa barque : *s'occuper de ses affaires avec succès* §ORA

4076
mener grand train : *faire montre d'un luxe excessif* §PRA

4077
mener la vie à grandes guides : *faire de grandes dépenses* §ROB

4078
mener le bal : *faire de l'opposition, avoir le dessus dans un débat, dans une assemblée délibérante* §GLO

4079
mener le diable : *faire du tapage* §BEA *semer la discorde* §BEA

4080
mener le sorcier : *semer la discorde* §ORA

4081
mener mal sa barque : *ne pas s'occuper de ses affaires* §ORA

4082
mener qqc à bien : *continuer un travail*

jusqu'à complète réussite §PRA ; mener qqc à bonne fin

4083
mener qqc tambour battant : *diriger une affaire avec dextérité et rapidité, sans répit* §ORA

4084
mener qqn en bateau : *tromper qqn* §ORA

4085
mener qqn en laisse : *contrôler qqn* §ORA ; mener qqn par le bout du nez

4086
mener qqn loin : *faire aller qqn à des résultats qui dépassent ce qu'il attendait* §PON

4087
mener une vie de bâton de chaise : *mener une vie agitée, déréglée* §ROB ; mener une vie de barreau de chaise

4088
mener une vie de bohème : *une vie vagabonde, sans règles ni souci du lendemain* §ROB

4089
mentir à tour de bras : *constamment mentir* §DEX ; mentir comme on respire; mentir à qui mieux mieux

4090
mesurer avec de la peau d'anguille : *se dit d'un vantard qui exagère tout, qui inflationne* §DUL

4091
mesurer la portée de ses paroles : *considérer les conséquences de ses paroles* §ORA

4092
mettre (en) : *à l'impératif, sert à renforcer ce qui vient d'être dit* §ORA

4093
mettre (en) à gauche : *épargner* §ORA ; en mettre de côté

4094
mettre (en) c'est pas de l'onguent : *ne pas lésiner sur les moyens* §BEA ; en mettre plus que moins

4095
mettre (en) plein la vue à qqn : *impressionner vivement qqn, l'éblouir* §USU

4096
mettre (en) un coup : *faire un effort particulier pour achever une tâche* §CEL

4097
mettre (se) à califourchon sur qqc : *se placer à cheval sur une chaise, un dossier, une barre, etc.* §PRA

4098
mettre (se) à couvert : *se placer sous un toit* §PRA *se mettre à l'abri d'un danger* §PRA

4099
mettre (se) à la galette : *se mettre à gagner sa vie* §DEX

4100
mettre (se) à la portée de qqn : *savoir se placer au niveau intellectuel de ses auditeurs* §PRA

4101
mettre (se) à nu : *s'exposer aux regards, révéler ses sentiments* §PRA

4102
mettre (se) à plat ventre devant qqn : *expression servant à caractériser une grande servilité* §PRA

4103
mettre (se) à table : *faire le récit d'exploits criminels* §ORA

4104
mettre (se) à terre : *s'épuiser* §ORA

4105
mettre (se) après qqn : *se mettre à taquiner qqn avec insistance, le prendre à parti* §BEA

4106
mettre (se) au blanc : *se livrer, s'exposer au danger* §DEX

4107
mettre (se) au courant de qqc : *acquérir les connaissances nécessaires à une activité* §PRA

4108
mettre (se) au diapason de qqn : *se conformer, s'adapter à la manière de voir, de sentir de qqn* §ROB ; être au diapason de qqn; être, se mettre sur la même longueur d'ondes que qqn

4109
mettre (se) au fait de qqc : *acquérir la connaissance des choses dont on doit s'occuper ou des événements qui se sont passés* §PRA

4110
mettre (se) au mauvais : *se dit du ciel qui s'assombrit, annonçant du mauvais temps* §DEX

4111
mettre (se) au niveau des semelles de qqn : *se rabaisser en se comparant à qqn* §ORA

4112
mettre (se) au pas : *adopter la même allure que les autres* §PRA

4113
mettre (se) au vert : *prendre du repos à la campagne pour se refaire* §ROB

4114
mettre (se) dans la peau de qqn : *partager les émotions, les sentiments de qqn* §ORA

4115
mettre (se) des bouts d'allumettes sous les yeux : *s'efforcer de rester éveillé* §ORA

4116
mettre (se) en appétit : *savourer en pensée une action ou une chose qu'on désire* §ORA

4117
mettre (se) en boisson : *s'enivrer* §DUL ; *se mettre en botte*

4118
mettre (se) en campagne : *commencer une recherche importante et laborieuse* §PRA

4119
mettre (se) en chasse : *commencer à rechercher* §USU *chercher un partenaire pour l'amour* §ORA

4120
mettre (se) en devoir de qqc : *se préparer à accomplir un acte inutile ou ennuyeux* §PRA

4121
mettre (se) en été : *quitter ses vêtements d'hiver pour s'habiller plus légèrement pour l'été* §BEA

4122
mettre (se) en frais de faire qqc : *amorcer un travail* §ORA

4123
mettre (se) en garde contre qqc : *prévoir un danger et le prévenir par sa prudence* §PRA

4124
mettre (se) en grande : *enclencher la vitesse supérieure (dans un véhicule)* §DEX *se hâter* §ORA

4125
mettre (se) en gribouille : *se mettre en colère, en rage* §CLS

4126
mettre (se) en guingue : *s'entraîner à la gaieté, à une partie de plaisir pleine d'animation* §CLA

4127
mettre (se) en hivernement : *se disposer à affronter l'hiver* §SEU

4128
mettre (se) en lavette : *suer abondamment* §ORA ; *se mettre en nage; être trempe, trempé comme une lavette*

4129
mettre (se) en manches de chemise : *se préparer à travailler* §ORA ; *retrousser ses manches de chemise*

4130
mettre (se) en mesure de qqc : *se préparer à faire face à une éventualité* §PRA

4131
mettre (se) en peine pour qqc : *prendre un souci superflu* §PRA

4132
mettre (se) en quête de qqn ou qqc : *se livrer à une recherche active* §PRA

4133
mettre (se) en rapport avec qqn : *entamer des relations personnelles avec qqn* §PRA

4134
mettre (se) l'esprit à la torture : *imposer à son cerveau un effort pénible* §PRA ; *se mettre la cervelle à l'envers; se torturer l'esprit*

4135
mettre (se) la corde au cou : *entraver soi-même sa liberté d'action* §PRA *se dit d'un homme qui se marie* §BEA

4136
mettre (se) le doigt dans l'œil : *se tromper* §ORA

4137
mettre (se) les doigts dans la porte : *se mettre dans une situation difficile, inconfortable* §DEX ; *se mettre les doigts dans le tordeur*

4138
mettre (se) les yeux en face des trous : *regarder la vérité en face* §DEX

4139
mettre (se) mal avec qqn : *se brouiller, rompre toutes relations amicales* §PRA

4140
mettre (se) martel en tête : *réfléchir profondément pour trouver une chose qui nous intrigue ou pour remédier à un mal qui nous inquiète* §ORA

4141
mettre (se) qqn à dos : *se faire un ennemi, s'attirer la réprobation de qqn* §ORA

4142
mettre (se) sauvage : *adopter les habitudes, le mode de vie des Amérindiens* §DUL

4143
mettre (se) sur son séant : *se redresser, s'asseoir au lieu de rester étendu* §PRA

4144
mettre (se) sur son trente-et-un : *mettre ses plus beaux vêtements* §ORA ; se mettre sur son dix-huit, sur son trentesix, sur son quarante, sur son quarante-et-un, sur son quarante-cinq, sur son quarante-six, sur son quarante-sept; se mettre sur son cinquante-quatre; se mettre sur son fin; mettre ses quatre poches; s'habiller en beau

4145
mettre (se) tout le monde à dos : *s'attirer la réprobation de tous les autres membres d'un groupe* §ORA

4146
mettre (se) un doigt dans l'œil : *se fourvoyer grossièrement* §DEX ; se fourrer, se mettre un doigt dans l'œil jusqu'au cou, jusqu'au coude

4147
mettre à la voile : *partir pour un voyage en mer* §PRA

4148
mettre chaudière : *sevrer (un animal)* §ORA

4149
mettre de l'eau dans son vin : *modérer ses prétentions, ses idées* §PON

4150
mettre de l'huile de coude : *mettre de l'énergie* §ROB

4151
mettre de la mélasse sur les pattes de qqn : *tromper qqn (notamment son*

amoureux) avec un rival §DEX

4152
mettre des bâtons dans les roues : *susciter des difficultés, chercher à gêner une entreprise* §CLS ; mettre des bois dans les roues

4153
mettre des gants blancs pour faire qqc : *agir avec ménagement, mettre les formes* §ORA ; mettre, prendre des gants pour faire qqc; mettre des mitaines pour faire qqc

4154
mettre du beurre dans les épinards : *améliorer sa situation* §ROB

4155
mettre du plomb dans la tête de qqn : *tâcher de faire comprendre qqc à qqn* §ORA

4156
mettre du sable dans l'engrenage : *ralentir ou faire échouer une entreprise* §ORA

4157
mettre du sien à qqc : *participer à une tâche* §ORA ; donner du sien

4158
mettre l'accent sur qqc : *insister sur qqc* §ORA ; mettre l'emphase sur qqc

4159
mettre l'eau à la bouche de qqn : *faire désirer qqc* §ORA ; faire venir l'eau à la bouche de qqn

4160
mettre la bride sur le cou à qqn : *laisser une entière liberté à qqn* §PRA

4161
mettre la charrue devant les bœufs : *brûler les étapes* §DEX ; mettre la charrue avant le cheval; mettre la clôture avant de planter les piquets

4162
mettre la clé sous la porte : *déménager, partir discrètement, notamment sans payer le loyer* §USU ; mettre la clé sous la corniche

4163
mettre la dernière main à qqc : *donner à un ouvrage son plus haut degré de perfection* §PRA

4164
mettre la gomme : *forcer l'allure, accélérer* §USU

4165
mettre la lanterne sous le boisseau : *cacher la vérité* §PON ; mettre la lumière sous le boisseau

4166
mettre la main à l'œuvre : *commencer un travail de longue haleine* §PRA

4167
mettre la main à la pâte : *participer personnellement et activement à un travail manuel* §PRA

4168
mettre la main au collet à qqn : *appréhender qqn, se saisir de lui* §USU

4169
mettre la main au feu que qqc : *expression servant à maintenir très énergiquement une assertion contestée* §PRA

4170
mettre la main finale à qqc : *terminer un travail* §ORA ; mettre un point final à qqc

4171
mettre la main sur qqc : *trouver qqc* §ROB *prendre, s'emparer de qqc* §ROB

4172
mettre la main sur qqn : *trouver qqn* §ROB

4173
mettre la pédale au plancher : *accélérer brusquement, aller à fond de train* §DEX

4174
mettre la pédale douce : *atténuer ses propos* §ORA *y aller avec précaution, calmement* §CLS

4175
mettre la puce à l'oreille de qqn : *donner du soupçon à qqn, éveiller son inquiétude* §PRA

4176
mettre la sourdine à qqc : *baisser la voix, modérer son ton ou sa critique* §PRA

4177
mettre la table : *préparer la table pour un repas* §ORA

4178
mettre le cap sur qqc : *se diriger vers qqc* §USU

4179
mettre le comble à qqc : *couronner par un acte final soit ses faveurs, soit ses*

perfidies §PRA

4180
mettre le couteau sur la gorge de qqn : *forcer qqn par la menace* §USU ; mettre le poignard sur la gorge de qqn; mettre le pistolet sur la tempe de qqn

4181
mettre le diable dans la cabane : *semer la discorde* §ORA ; amener le diable dans la cabane; mettre la chicane dans la cabane; mettre le diable aux vaches

4182
mettre le doigt entre l'arbre et l'écorce : *se placer dans une situation embêtante* §ORA

4183
mettre le doigt sur la plaie : *découvrir où est le mal* §PON

4184
mettre le feu au cul à qqn : *irriter qqn* §ORA ; mettre le feu au derrière de qqn

4185
mettre le feu aux poudres : *déclencher une catastrophe, des sentiments violents* §ROB ; mettre le feu aux étoupes

4186
mettre le grappin sur qqn : *s'emparer exclusivement de l'attention ou des bonnes grâces de qqn* §PRA *saisir, empoigner qqn* §ROB

4187
mettre le holà à qqc : *faire autoritairement cesser ce qui se passe* §PRA

4188
mettre le nez dans qqc : *se mêler de qqc* §ORA

4189
mettre le nez dans son caca à qqn : *faire prendre conscience à qqn de sa bêtise, de son erreur* §ORA ; mettre le nez dedans à qqn

4190
mettre le paquet : *mettre toutes ses énergies* §ORA

4191
mettre le prix à qqc : *attacher beaucoup d'importance à qqc* §ORA

4192
mettre les barres sur les T : *avoir une explication franche, insister sur un point* §DEX

4193
mettre les bois à qqn : *tranquilliser qqn qui s'excite, le mater, l'arrêter* §BEA

4194
mettre les bois à un animal : *châtrer un animal* §DEX

4195
mettre les bouchées doubles : *redoubler d'ardeur, travailler plus fort, plus longtemps* §ORA

4196
mettre les cartes sur la table : *passer aux aveux, dire la vérité* §ORA ; *jouer cartes sur table*

4197
mettre les culottes : *réagir, prendre l'initiative* §DEX ; *mettre ses culottes*

4198
mettre les mouches à qqn : *corriger qqn, le remettre à sa place ou hors d'état de nuire* §BEA *tromper, duper qqn, l'amener à conclure un marché désavantageux* §BEA ; *mettre les mouchettes à qqn*

4199
mettre les petits pots dans les grands : *se mettre en frais pour plaire* §USU

4200
mettre les pieds dans les plats : *agiter maladroitement une question qu'il ne faudrait pas aborder* §ROB ; *mettre le pied dans le plat*

4201
mettre les pieds quelque part : *s'occuper d'une affaire* §ORA

4202
mettre les rieurs de son côté : *répondre à une attaque à coups de langue en rendant ridicule son adversaire* §PRA

4203
mettre qqc à bas : *renverser, détruire qqc* §PRA

4204
mettre qqc à feu et à sang : *détruire, anéantir radicalement par les armes et l'incendie* §PRA

4205
mettre qqc à jour : *remettre de l'ordre dans une correspondance ou dans des livres de comptes négligés* §PRA

4206
mettre qqc à part : *séparer quelques*

unités d'un tout §PRA

4207
mettre qqc à sac : *détruire complètement* §PRA

4208
mettre qqc au clair : *apporter de la lumière dans une question obscure* §PRA ; *tirer qqc au clair*

4209
mettre qqc au jour : *livrer qqc à la connaissance de tous* §PON

4210
mettre qqc au net : *copier proprement un travail écrit d'abord au courant de la plume* §PRA

4211
mettre qqc au rancart : *jeter, se débarrasser, se défaire de qqc* §ROB

4212
mettre qqc dans sa pipe : *se dit pour confondre qqn ou pour l'inciter à réfléchir* §ORA

4213
mettre qqc de bisque-en-coin : *placer qqc (un meuble) de travers* §BEA

4214
mettre qqc en balance avec qqc : *comparer deux choses entre elles* §PRA

4215
mettre qqc en branle : *donner une première impulsion à qqc* §PRA ; *donner le branle à qqc; mettre qqc en train*

4216
mettre qqc en cache : *en forêt, mettre hors de la vue objets, canots et nourriture* §DUL

4217
mettre qqc en doute : *ne pas être convaincu de qqc* §ORA

4218
mettre qqc en œuvre : *utiliser des ressources disponibles* §PRA

4219
mettre qqc en pratique : *agir conformément à des principes énoncés* §PRA

4220
mettre qqc en question : *poser qu'une chose est douteuse, incertaine* §PRA

4221
mettre qqc sens dessus dessous : *mettre qqc en désordre* §ORA ; *mettre qqc cul par-dessus tête*

4222
mettre qqc sens devant derrière : *expression servant, en général, à indiquer qu'un vêtement est placé à l'envers* §PRA

4223
mettre qqc sur la table : *montrer ouvertement qqc* §PON

4224
mettre qqc sur le compte de qqn : *attribuer une responsabilité ou une faute à qqn ou qqc* §PRA ; *mettre qqc sur le dos de qqn*

4225
mettre qqc sur le tapis : *faire venir qqc en discussion* §ORA

4226
mettre qqc sur les tablettes : *mettre qqc en attente, abandonner un projet, etc.* §DEX

4227
mettre qqn à bout : *faire perdre patience à qqn* §PON ; *pousser qqn à bout*

4228
mettre qqn à contribution : *réclamer un concours pécuniaire de qqn* §PRA *demander l'aide de qqn* §ORA

4229
mettre qqn à la raison : *faire entendre à qqn la voix de la sagesse ou ramener dans le droit chemin celui qui s'en est écarté* §PRA

4230
mettre qqn à même de faire qqc : *rendre qqn capable de faire une chose* §PRA

4231
mettre qqn à mort : *expression s'appliquant à la peine capitale infligée à des créatures humaines* §PRA

4232
mettre qqn à toutes les sauces : *employer qqn sans vergogne à toutes sortes de besognes* §USU ; *arranger qqn à toutes sauces*

4233
mettre qqn au ban de qqc : *le déclarer indigne, le dénoncer au mépris public* §ROB

4234
mettre qqn au courant de qqc : *renseigner qqn sur ce qui a été fait auparavant* §PRA

4235
mettre qqn au défi de faire qqc : *informer qqn qu'on l'estime incapable de prouver ce qu'il avance ou de faire ce qu'il dit* §PRA

4236
mettre qqn au monde : *parrainer le lancement public de qqn* §ORA

4237
mettre qqn au pas : *obliger qqn à se soumettre* §ORA

4238
mettre qqn au pied du mur : *forcer qqn à avouer qqc* §PRA *ôter toute échappatoire à qqn* §PRA ; *acculer qqn au pied du mur*

4239
mettre qqn au pilori : *exposer qqn à une réprobation publique* §PRA ; *clouer qqn au pilori*

4240
mettre qqn d'aplomb : *raisonner qqn* §ORA

4241
mettre qqn dans la glacière : *mettre qqn en prison* §DEX ; *mettre qqn dedans; sacrer qqn en dedans; mettre qqn à l'ombre*

4242
mettre qqn dans la rue : *ruiner qqn, le déposséder de tout* §BEA *expulser qqn, le chasser, l'exposer à la misère* §BEA ; *jeter qqn dans la rue; jeter, mettre qqn dans le chemin*

4243
mettre qqn dans le sac : *mettre qqn dans l'impossibilité de répondre* §GLO ; *mettre qqn au sac*

4244
mettre qqn dans le trou : *mettre qqn dans une situation financière difficile* §CLS

4245
mettre qqn dehors : *évincer qqn* §DEX ; *bougrer, mettre, sacrer qqn à la porte*

4246
mettre qqn en boîte : *se moquer de qqn, le faire marcher* §ROB

4247
mettre qqn en défaut : *rendre vains les efforts ou l'habileté de qqn* §PRA

4248
mettre qqn en garde contre qqn ou qqc : *conseiller qqn de se méfier de qqn ou de qqc* §PRA

4249
mettre qqn en joue : *viser qqn avec une arme à feu* §ORA

4250
mettre qqn en mauvaise odeur : *donner une fâcheuse opinion de qqn* §PRA

4251
mettre qqn en mesure de faire qqc : *rendre qqn capable d'une chose, lui fournir les moyens nécessaires* §PRA

4252
mettre qqn en pièces : *détruire (une réputation, etc.) par des calomnies* §USU

4253
mettre qqn en sacre : *exaspérer qqn* §DEX ; mettre qqn en maudit

4254
mettre qqn hors de combat : *mettre qqn dans l'impossibilité de poursuivre la lutte* §ROB

4255
mettre qqn ou qqc à l'épreuve : *tester qqn ou qqc* §ORA

4256
mettre qqn ou qqc à l'index : *exclure ou rejeter qqn ou qqc* §DUN

4257
mettre qqn ou qqc à profit : *savoir tirer un parti avantageux de qqn ou qqc* §PRA

4258
mettre qqn ou qqc aux oubliettes : *laisser de côté qqn ou qqc, refuser de s'en occuper* §ROB ; jeter qqn ou qqc aux oubliettes

4259
mettre qqn ou qqc dans le même sac : *ne pas faire de distinction quand il le faudrait entre des personnes ou des choses* §ORA

4260
mettre qqn ou qqc en charpie : *déchiqueter, massacrer qqn ou qqc* §ORA

4261
mettre qqn ou qqc en vedette : *mettre qqn ou qqc en évidence, en relief* §USU

4262
mettre qqn ou qqc sur la glace : *mettre qqn ou qqc en attente* §DEX

4263
mettre qqn sous farine : *sortir qqn de la misère* §DEX

4264
mettre qqn sur la voie de qqn ou qqc : *mettre qqn sur les traces de qqn ou qqc* §ORA

4265
mettre qqn sur le pinacle : *montrer à qqn le plus haut degré possible d'admiration* §PRA ; porter qqn au pinacle; mettre qqn sur un piédestal

4266
mettre qqn sur une tablette : *mettre un fonctionnaire en disponibilité* §ORA ; tabletter qqn

4267
mettre sa bourse à sec : *dépenser tout l'argent dont on dispose* §PRA

4268
mettre sa main au feu de qqc : *être sûr de qqc, pouvoir en jurer* §ROB

4269
mettre son accord : *au jeu, mettre sa mise* §CLS

4270
mettre son bonne : *mettre son nom sur la liste (des joueurs)* §DEX

4271
mettre son grain de sel dans qqc : *intervenir, s'immiscer mal à propos dans une conversation, une affaire* §ROB ; mettre son fion, son nez dans qqc; placer son mot

4272
mettre son véto à qqc : *user de son autorité pour empêcher un acte de s'accomplir* §PRA

4273
mettre tous ses œufs dans un même panier : *mettre tout son avoir dans une même entreprise et s'exposer ainsi à tout perdre* §PON

4274
mettre tout en œuvre pour qqc : *déployer une activité excessive pour qqc* §PRA

4275
mettre un couteau dans le dos à qqn : *harceler qqn, le presser sans répit* §ORA

4276
mettre un frein à qqn : *tenir qqn en échec* §ORA ; mettre un check à qqn

4277
mettre un nom sur un visage : *se rappeler le nom de qqn quand on le voit* §ORA

4278
mettre un ouvrage sur le métier : *travailler à le composer* §PON ; mettre un ouvrage sur le chantier, en chantier

4279
mettre un woup à qqc : *mettre fin à qqc* §ORA ; mettre un stoppeur à qqc

4280
meubler ses temps libres : *avoir un passe-temps* §ORA

4281
modérer ses transports : *se calmer, ne pas exagérer, ne pas s'exciter* §BEA ; ménager ses transports

4282
monter (se) contre qqn : *se fâcher contre qqn* §ORA

4283
monter (se) la tête : *s'illusionner, s'exalter* §USU

4284
monter à la tête de qqn : *se dit d'une situation qui rend vaniteux* §ORA

4285
monter dans le train en marche : *s'associer tardivement à une action déjà en cours* §USU ; prendre le train en marche

4286
monter dans les bouleaux : *miser des sommes extravagantes au jeu* §DEX

4287
monter en flèche : *augmenter très vite* §ROB

4288
monter en graine : *rester célibataire, pour une jeune fille* §DEX ; rester à graine; monter à la graine

4289
monter la garde : *garder, surveiller, être vigilant* §USU

4290
monter la tête à qqn : *exciter qqn, et spécialement exciter sa colère, sa jalousie contre qqn ou qqc* §USU

4291
monter le coup : *préparer une affaire, souvent une action répréhensible* §USU

4292
monter les poteaux de reculons : *faire des efforts inutiles* §ORA

4293
monter qqc en épingle : *mettre en évidence, en relief* §USU

4294
monter sur le banc : *se dit de l'avocat qui est nommé juge* §BEA

4295
monter sur le dos de qqn : *vouloir lui en imposer, le régenter, l'asservir* §BEA ; monter sur la tête de qqn

4296
monter sur les planches : *faire du théâtre* §USU ; monter sur les tréteaux

4297
monter sur ses grands chevaux : *se laisser gagner par la colère* §DEX

4298
monter un bateau à qqn : *inventer une plaisanterie, une histoire pour lui en faire accroire* §ROB

4299
montrer (se) beau joueur : *reconnaître sans discuter la victoire de qqn* §USU

4300
montrer (se) la face : *se montrer, se présenter* §DEX

4301
montrer (se) sous son vrai jour : *révéler une personnalité détestable* §ORA

4302
montrer les dents à qqn : *prouver à qqn qu'on est en état de se défendre* §PRA

4303
montrer patte blanche : *présenter des garanties de manière à inspirer confiance, pour être admis dans un groupe* §USU

4304
montrer qqn du doigt : *signaler qqn à la dérision publique* §PON

4305
montrer ses bijoux de famille : *montrer ses parties sexuelles, en parlant d'un homme* §ORA

4306
mordre (se) la langue : *regretter d'avoir dit une bêtise* §ORA

4307
mordre (se) les doigts de qqc : *se*

repentir vivement de qqc §PON ; *se mordre les pouces de qqc; se mordre le front avec les dents d'en avant*

4308
mordre à l'hameçon : *se laisser séduire par des apparences, tomber dans le piège tendu* §PRA ; *mordre à la grappe; gober l'hameçon*

4309
mordre à qqc : *prendre goût à qqc* §PON

4310
mordre la poussière : *essuyer un échec, une défaite* §ROB

4311
mordre qqc à belles dents : *mordre qqc de bon appétit* §USU

4312
moucher (ne pas se) avec des pelures d'oignon : *ne pas se satisfaire de peu* §DEX *se donner des airs* §BEA

4313
moucher (ne pas se) avec des pelures de banane : *ne pas lésiner* §DEX ; *ne pas se torcher avec des pelures de banane*

4314
moucher (ne pas se) avec des quartiers de terrine : *se dit de qqn qui affiche sa richesse, qui nous apparaît exagérer dans les moyens qu'il utilise* §BEA

4315
moucher (ne pas se) du coude : *se prendre pour qqn d'important* §ROB ; *ne pas se moucher du pied*

4316
moucher (se) en charniolle : *se moucher des doigts* §DEX

4317
mouiller (se) la luette : *trinquer, s'enivrer* §DEX ; *s'arroser la luette; s'arroser, se graisser, se gratter le gosier; se mouiller la rate, le canadien, le canayen, le gau, le gaviau, le gorgoton; se rincer la dalle, le daleau, le dalot, le gorgoton, le goulot, la luette*

4318
mouiller (se) les pieds : *s'enivrer plutôt légèrement* §BEA *se compromettre, ne pas cacher qu'on prend parti* §BEA

4319
mouiller à boire debout : *pleuvoir abondamment* §BEA ; *pleuvoir à boire*

debout; pleuvoir, mouiller à seaux, à siaux; pleuvoir comme vache qui pisse; mouiller à tord-cou

4320
mouiller dedans : *être timbré* §DEX

4321
mouler (se) sur qqn : *imiter qqn, se conformer exactement à lui* §PON

4322
mourir à la peine : *épuiser ses forces sans atteindre son but* §PRA

4323
mourir dans ses souliers : *mourir sans être alité* §PON

4324
mourir de sa belle mort : *achever doucement et naturellement son existence* §PRA

4325
mourir en santé : *mourir subitement* §ORA

4326
mouver (se) les bottes : *se dépêcher, se remuer* §ORA ; *se mouver le cul, les getteurses, les catarses, les gaiteurs; mouver ses guenilles*

N

4327
nager comme un caillou : *ne pas savoir nager* §DEX ; nager comme un fer à repasser

4328
nager comme un poisson : *nager avec aisance* §DEX

4329
nager contre le courant : *lutter contre le cours des choses* §PON

4330
nager en grande eau : *être en pleine prospérité* §PON

4331
nager entre deux eaux : *se tenir entre deux partis, en ménageant l'un et l'autre* §PON ; être entre deux eaux

4332
naviguer dans les eaux de qqn : *suivre qqn, partager ses opinions, être de son parti* §ROB ; être, nager dans les eaux de qqn

4333
neiger à plein temps : *neiger abondamment, à gros flocons* §DEX ; neiger à pleins camions

4334
neiger comme des guenilles : *se dit d'une neige qui tombe lentement* §DEX

4335
nettoyer les écuries d'Augias : *porter l'ordre, la propreté, là où régnait la corruption, la malhonnêteté* §ROB

4336
niaiser qqn : *se moquer de qqn* §DEX

4337
niaiser sur qqc : *prendre beaucoup de temps pour accomplir une chose, tergiverser* §ORA

4338
noyer (se) dans un verre d'eau : *se troubler, s'énerver pour rien* §DEX ; se noyer dans une goutte d'eau

4339
noyer le poisson : *user de diversions pour faire oublier le principal* §ORA

O

4340
obéir au faux cordeau : *obéir parfaitement, sans protester* §DEX ; *obéir au doigt et à l'œil*

4341
occuper (s') de ses oignons : *s'occuper de ses affaires* §DEX ; *se mêler de ses grains, de ses graines, de ses oignons*

4342
offrir le calumet de paix : *faire une offre de réconciliation* §ROB

4343
offrir son concours à qqn : *proposer de prendre une part active à une entreprise* §PRA

4344
offrir un petit boire : *offrir une consommation* §DEX

4345
offrir un pot de vin à qqn : *offrir en cachette un cadeau à celui dont on réclame une faveur* §PRA ; *payer un dessous de table; donner un tip, un pourboire à qqn*

4346
onduler de la touffe : *se dit d'une femme en chaleur* §ORA

4347
opiner du bonnet : *approuver tout sans discernement* §PRA

4348
opposer une fin de non-recevoir à qqn : *refuser de comprendre ou d'accepter une déclaration de qqn* §PRA

4349
organiser le cadran à qqn : *violenter qqn* §DEX

4350
ôter (s') le pain de la bouche : *se priver de l'essentiel (en faveur de qqn)* §DEX

4351
ôter la paille de l'œil à qqn : *signaler volontiers les légers défauts d'autrui* §PRA

4352
ôter le pain de la bouche à qqn : *priver qqn de l'essentiel* §DEX

4353
ôter le petit chapeau à qqn : *circoncire qqn* §ORA

4354
ôter les mots de la bouche de qqn : *prononcer les paroles que qqn s'apprêtait à prononcer* §ORA

4355
ouvrir (s') à qqn : *prendre qqn pour confident* §PRA

4356
ouvrir (s') la trappe : *dévoiler un secret* §DEX *se mettre à parler, à déblatérer* §DEX

4357
ouvrir de grands yeux : *être étonné* §ORA

4358
ouvrir l'oreille : *écouter avec bienveillance des propos calomnieux* §PRA *prêter attention* §ORA

4359
ouvrir la machine : *décupler d'efforts*
§DEX

4360
ouvrir le panier de crabes : *dévoiler une affaire louche* §DEX

4361
ouvrir les yeux à qqn : *faire prendre conscience à qqn* §ORA

4362
ouvrir ses draps à qqn : *coucher avec qqn* §ORA

4363
ouvrir un compte à qqn : *prêter de l'argent à qqn* §ORA

4364
ouvrir une terre : *couper les arbres pour la culture* §ORA

P

4365
pâmer (se) violette : *rougir, s'extasier*
§DEX

4366
paqueter (se) la fraise : *s'enivrer*
§ORA ; se paqueter le beigne; boire, se paqueter comme un cochon

4367
paqueter ses petits : *faire ses bagages, le plus souvent réduits au minimum et pour un départ précipité* §BEA

4368
paqueter une réunion : *noyauter une réunion* §DEX ; paqueter une assemblée

4369
parachuter un candidat : *imposer un candidat politique aux militants ou aux électeurs d'une formation politique* §ORA

4370
parier un contre cent que qqc : *avoir la certitude de ce que l'on avance* §PRA

4371
parler à bâtons rompus : *parler de manière peu suivie, en changeant de sujet* §ROB *avoir une conversation informelle, intime avec qqn* §ORA

4372
parler à Charlot : *commercer avec le diable* §CLA

4373
parler à la revire : *prendre la parole en dernier aux cartes* §DEX

4374
parler à pleine tête : *parler fort, crier* §ORA

4375
parler à qqn à cœur ouvert : *dire franchement à qqn ce que l'on pense* §PRA

4376
parler à qqn dans le creux de l'oreille : *parler à qqn de sorte qu'il soit seul à entendre* §ROB

4377
parler à qqn dans le nez : *engueuler qqn* §ORA ; parler à qqn dans le casque, dans les narines; parler à qqn dans le tuyau de l'oreille

4378
parler à travers son chapeau : *parler sans connaissance de cause* §BEA

4379
parler algonquin : *parler un langage incompréhensible* §DIO

4380
parler au chapeau : *allonger la conversation* §DEX

4381
parler aux chevaux comme un forgeron : *se faire obéir des chevaux par la parole* §DEX

4382
parler avec la gueule en cul de poule : *s'exprimer avec affectation* §DEX ; avoir, parler la gueule en cul de poule, le bec en cul de poule; parler pointu; parler

à la grandeur; parler en cérémonie; parler à la française

4383
parler avec une patate chaude dans la bouche : *marmonner, mâchonner ses mots* §DEX ; *avoir une patate chaude dans la bouche*

4384
parler chrétien : *parler français de manière à être compris* §DIO ; *parler catholique; parler français*

4385
parler comme on marche : *parler vulgairement ou mal au sens moral* §BEA

4386
parler comme un curé : *s'exprimer éloquemment* §DEX

4387
parler comme un dictionnaire : *parler en termes recherchés* §DEX ; *parler comme comme un livre, comme un grand livre; être comme un vrai livre*

4388
parler comme un oracle : *parler avec autorité ou compétence* §ROB

4389
parler comme une machine à coudre : *parler sans arrêt* §DEX ; *parler comme un dévidoir, comme un moulin à coudre, comme un perroquet, comme une aiguille à coudre, comme une pie, comme une pie borgne; avoir été vacciné avec une aiguille de phonographe, de gramophone; être un moulin à paroles*

4390
parler dans la face à qqn : *dire ses quatre vérités à qqn, sa façon de penser* §BEA

4391
parler dans le dos de qqn : *dire du mal de qqn* §ORA

4392
parler dans le vide : *ne pas être écouté* §ORA ; *parler dans le vent*

4393
parler de la gorge : *parler en grasseyant* §DEX

4394
parler de la pluie et du beau temps : *parler de choses insignifiantes* §ORA ; *causer de la pluie et du beau temps*

4395
parler du bout de la langue : *zézayer* §ORA ; *parler sur le bout de la langue*

4396
parler du nez : *parler comme si on avait le nez bouché* §USU

4397
parler en termes : *utiliser des mots sentis comme trop recherchés* §BEA *se dit de celui qui a un beau langage, qui est instruit et s'exprime en termes savants* §DEX ; *parler dans les termes; parler en tarmes*

4398
parler français comme une vache espagnole : *parler mal français, avec un accent étranger* §USU

4399
parler gras : *parler vulgairement, dire des grossièretés* §ORA ; *avoir la langue grasse*

4400
parler par la bouche de qqn : *faire dire qqc à qqn* §ROB

4401
parler petit nègre : *s'exprimer dans un français approximatif* §USU

4402
parler pour la galerie : *implique que celui qui parle ne s'adresse pas à vous, mais a en vue toute la société présente* §PRA

4403
parler raison à qqn : *chercher à convaincre qqn par des arguments de bon sens* §USU

4404
partir à l'épouvante : *se dit d'une personne qui se hâte trop ou qui s'énerve sans raison* §BEA ; *être à l'épouvante; prendre l'épouvante; partir à la fine épouvante, à la file épouvante*

4405
partir à son compte : *commencer un commerce ou une affaire, après avoir été employé* §BEA *commencer à voler de ses propres ailes* §BEA

4406
partir avec deux coups dans son fusil : *partir avec tous les atouts en main* §DEX

4407
partir comme un fusil sans plaque : *partir subitement, sans raison, au moment où on ne s'y attend pas* §GLO ;

partir comme un coup de fusil, en coup de fusil; partir comme une balle de gin; partir en ripousse, comme une ripousse
4408
partir comme un mouton : *mourir, s'éteindre doucement* §DEX ; partir comme un petit poulet; passer comme une chandelle
4409
partir des cancans : *partir des ragots* §ORA ; faire courir des bruits de corridor
4410
partir du bon pied : *se dit d'une démarche bien amorcée ou de qqn qui a cette démarche* §ORA
4411
partir en découverte : *se mettre en quête d'une femme* §DEX
4412
partir en famille : *se dit d'une femme qui devient enceinte* §BEA ; partir pour la famille
4413
partir en fun : *se préparer à faire une beuverie* §ORA
4414
partir en grande : *s'emballer, en paroles ou en pensée* §DEX
4415
partir en lion et arriver en mouton : *perdre de l'entrain au fur et à mesure du déroulement d'une affaire ou de l'évolution dans le temps* §ORA
4416
partir en peur : *prendre panique, s'affoler, s'énerver* §BEA
4417
partir en sauvage : *partir brusquement, sans faire les salutations d'usage* §DEX
4418
partir en sauvette : *déguerpir* §DEX ; aller pisser une bolt; bougrer, sacrer son camp
4419
partir en vadrouille : *chercher la compagne ou le compagnon d'un soir* §ORA ; être en vadrouille
4420
partir magasin : *ouvrir un commerce* §DEX
4421
partir pour la gloire : *se dit d'une*

femme qui devient enceinte §BEA *se dit de qqn qui commence à faire la fête, à s'enivrer, ou simplement à se laisser emporter par son enthousiasme* §BEA
4422
partir rien que sur une gosse : *partir rapidement, à toute allure* §DUL ; partir rien que sur un runner, sur une fripe, sur une jambe, sur une patte, sur une pinotte, sur une ripe, sur une ripompette
4423
partir sur la balloune : *s'enivrer* §ORA ; partir sur une balloune, sur une brosse, sur une fripe, sur une go, sur une ripe, sur une ripompette; être sur la go; virer, dévirer, prendre une brosse; se mettre en brosse; prendre une cuite
4424
partir sur ses grands chevaux : *déguerpir, dérailler* §DEX
4425
partir sur un nowhere : *partir à l'aventure, en ignorant sa destination et, parfois, l'identité du ou de la partenaire* §DEX ; aller dans un nowhere
4426
partir sur un pawaw : *se mettre à fêter, s'amuser* §DEX ; partir sur un time
4427
partir sur un trip : *s'enivrer* §DEX *partir sur une lubie* §DEX
4428
partir sur une chire : *céder à un engouement* §DEX *déraper* §DEX *déblatérer* §DEX
4429
partir sur une fitte : *partir sur une toquade, refuser d'entendre raison* §DEX ; avoir, prendre une fitte
4430
partir sur une run : *divaguer* §DEX *faire la fête* §ORA
4431
passer (en) et des meilleurs : *expression usitée par celui qui fait une énumération et qui veut s'excuser d'avance des omissions qu'il peut avoir faites* §PRA
4432
passer (en) par là : *être forcé de se soumettre à l'inévitable* §PRA
4433
passer (en) un papier à qqn : *donner*

l'assurance de qqc, garantir, affirmer qqc
§SEU ; en passer un billet à qqn

4434
passer (ne pas) l'hiver : *ne plus en avoir pour longtemps à vivre* §DEX

4435
passer (se) la fantaisie de qqc : *s'accorder un plaisir ou un luxe plus ou moins déraisonnable* §PRA

4436
passer (se) qqn de travers : *se moquer de qqn* §DEX

4437
passer (se) un poignet : *se masturber (en parlant d'un homme)* §ORA ; dompter son petit frère; faire cailler son pipi; faire du fromage; faire l'amour au poignet; faire son lavage à la main; se daguer; se gauler; se masser le pic; se faire un va-et-vient; se faire une branlette; se passer un aller-retour, un dieu-seul-me-voit, un jack, une petite crossette, une petite vite, un willie; se polir la colonne, le shaft; tirer une botte à l'œil

4438
passer à deux doigts de qqc : *échapper de justesse à qqc* §ORA ; passer à un cheveu, à un poil de qqc

4439
passer à l'eau : *être inondé, être victime de l'inondation lorsque les cours d'eau débordent* §DUL

4440
passer au batte : *recevoir une raclée* §BEA *prendre son tour dans une succession de personnes qui ont à exercer ou subir une activité à tour de rôle* §BEA *se faire réprimander* §ORA

4441
passer au feu : *être victime d'un incendie* §ORA *se dit des choses qui ont été incendiées* §BEA *accoucher* §BER ; se faire couper les cheveux

4442
passer au travers de qqc : *surmonter une difficulté, la maladie* §ORA *terminer, achever qqc* §ORA ; passer à travers qqc

4443
passer comme du beurre dans la poêle : *se dit de qqc qui passe facilement et sans incident* §ORA *se dit de qqc qui se consomme rapidement* §ORA

4444
passer comme une lettre à la poste : *passer facilement et sans incident* §ROB *être facilement digéré* §ROB *être facilement admis* §ROB

4445
passer dans le beurre : *passer à côté du but, de la cible* §SEU

4446
passer de mode : *implique qu'une chose ou un usage est tombé en désuétude, qu'un article de toilette ne se porte plus* §PRA

4447
passer des remarques à qqn : *réprimander qqn* §ORA

4448
passer devant le nez de qqn : *expression indiquant qu'une faveur, un bien quelconque, convoité par qqn, lui a échappé* §PRA

4449
passer en cour : *comparaître en justice* §BEA

4450
passer en poudrerie : *passer en trombe, à toute vitesse* §DEX ; passer en belette, en balle, en coup de vent; passer comme une balle, comme une vision

4451
passer en dessous de la table : *être privé de repas (en guise de punition ou pour être arrivé en retard)* §DEX

4452
passer entre les dents de qqn : *échapper à qqn* §ORA

4453
passer l'éponge : *mettre en oubli une ou plusieurs offenses ou manquements* §PRA ; passer l'efface

4454
passer la diche : *offrir la tournée* §DEX

4455
passer la jambe à une femme : *coucher avec une femme* §ORA ; mettre la jambe à une femme; se passer une petite veuve joyeuse; faire une politesse à une femme; se coucher sur le mal d'une femme

4456
passer la main : *abandonner, renoncer* §ROB

4457
passer la main à une femme : *faire une caresse intime à une femme avec la main* §ORA

4458
passer la main dans le dos de qqn : *flatter qqn* §ORA ; *passer la lèche*

4459
passer la nuit sur la corde à linge : *passer la nuit debout, éveillé* §DEX ; *coucher au piquet*

4460
passer le chapeau : *recueillir des aumônes, quêter, ou solliciter pour toute cause* §BEA

4461
passer le crachoir à qqn : *céder la parole à qqn* §DEX

4462
passer le minot à la baguette : *ne pas en mettre, ne pas en faire plus qu'il ne faut* §DEX

4463
passer le temps : *se distraire* §ORA

4464
passer les bornes : *dépasser les limites tolérées ou admises* §ORA ; *franchir les limites*

4465
passer les lignes : *passer la frontière* §BEA *émigrer aux États-Unis* §BEA ; *traverser les lignes*

4466
passer outre à qqc : *aller plus loin, continuer sa route, sans s'inquiéter de ce qui devait provoquer un arrêt* §PRA

4467
passer outre d'aguets : *ne pas s'inquiéter* §ORA

4468
passer par l'idée : *venir à l'idée* §ORA ; *passer par la tête*

4469
passer par là : *passer à toute vitesse* §ORA *être soumis à une contrainte et devoir exécuter qqc* §ORA

4470
passer par la mortalité : *avoir un décès dans sa famille* §ORA

4471
passer par le couteau : *subir une opération chirurgicale* §DEX ; *passer au*

couteau, sous le couteau; passer, monter sur le billard

4472
passer par les mains de qqn : *être sous la responsabilité de qqn* §ORA

4473
passer par les portes : *faire du porte à porte* §ORA ; *passer par les maisons*

4474
passer par-dessus la palissade : *partir s'amuser en dépit des interdictions* §DEX

4475
passer par-dessus la tête de qqn : *être au-dessus de l'intelligence de qqn* §PRA

4476
passer pour un beau : *avoir mauvaise réputation* §ORA

4477
passer pour un cave : *être jugé peu intelligent* §ORA

4478
passer qqc au peigne fin : *scruter, examiner qqc dans le détail passer qqc au crible* §ORA

4479
passer qqc sous silence : *ne faire aucune mention de qqc* §PRA

4480
passer qqn au fil de l'épée : *tuer, massacrer qqn* §USU

4481
passer qqn aux beignes : *semoncer, réprimander, corriger qqn* §ORA ; *passer qqn au batte, au bob, au cash, au smot; passer la diche, le pain, le tordion, les beignes à qqn*

4482
passer qqn dans le tordeur : *ruiner, exploiter qqn* §DEX ; *plumer qqn*

4483
passer son chemin : *ne pas s'arrêter* §USU ; *filer son chemin*

4484
passer son fou : *traverser sa période d'étourderies (notamment d'un adolescent)* §DEX

4485
passer son temps à bretter : *ne rien faire d'utile* §BEA ; *passer son temps à taponner*

4486
passer sous la table : *être privé du repas pour être arrivé en retard* §ORA

4487
passer sous le nez de qqn : *échapper à qqn* §ORA

4488
passer sur le dos de qqn : *se dit d'une responsabilité imputée à tort à qqn* §ORA

4489
passer tout droit : *se réveiller plus tard qu'il ne fallait* §BEA *rater un virage sur la route* §BEA *oublier de s'arrêter ou de tourner* §BEA

4490
passer un mauvais quart d'heure : *traverser un moment pénible, avoir des ennuis qu'on estime temporaires* §BEA

4491
passer un sapin à qqn : *tromper qqn, lui jouer un mauvais tour dont il ne se rend pas compte au moment même* §BEA ; *passer un Québec, une épinette à qqn*

4492
passer un savon à qqn : *réprimander qqn* §BEA *passer un savonnage à qqn* §BEA

4493
passer une commande : *prédire un malheur à qqn* §ORA

4494
passer une nuit blanche : *se priver totalement de sommeil nocturne* §PRA

4495
passer une petite vite à qqn : *berner qqn, le tromper en douce* §DEX ; *faire une petite vite à qqn*

4496
patiner sur les bottines : *ne pas être prompt* §CLS

4497
patiner vite : *savoir retourner rapidement une situation à son avantage* §ORA *comprendre vite* §ORA *être prompt dans la répartie* §ORA

4498
paver la voie à qqc : *préparer qqc* §ORA

4499
payer (en) une coche : *dépenser beaucoup d'argent, payer un gros montant* §DEX ; *en payer un coup*

4500
payer (ne pas) de mine : *avoir mauvaise apparence* §ROB

4501
payer (se) du bon temps : *passer le temps gaîment* §ORA ; *se donner du bon temps; se payer une pinte de bon sang; s'en payer une tranche*

4502
payer (se) la tête de qqn : *se moquer de lui* §USU

4503
payer (se) le luxe de qqc : *s'offrir qqc d'exceptionnel* §ORA

4504
payer d'audace : *ne pas se laisser intimider* §PON

4505
payer en bourreau : *payer d'avance* §CLS

4506
payer en nature : *payer en objets réels (dans un échange, une transaction), sans intermédiaire monétaire* §ROB *payer qqn en couchant avec lui* §ORA

4507
payer la traite à qqc : *remplir un contenant* §ORA

4508
payer la traite à qqn : *offrir une consommation, des friandises à qqn* §ORA *en mettre plus que moins à propos de n'importe quoi* §BEA *tabasser, fustiger qqn* §DEX

4509
payer les pots cassés : *supporter les conséquences coûteuses d'une entreprise manquée* §PRA ; *payer la casse*

4510
payer qqc de sa vie : *mourir* §ORA ; *payer qqc de sa personne*

4511
payer qqc la peau puis les os : *payer très cher qqc* §ORA ; *payer qqc la peau des fesses*

4512
payer qqc par acomptes : *s'acquitter graduellement* §PRA

4513
payer qqn d'ingratitude : *manquer aux devoirs qu'impose la reconnaissance* §PRA

4514
payer qqn de retour : *rendre la pareille à qqn* §ROB

4515
payer qqn en fricassée : *fournir de la marchandise impropre à qqn* §DEX

4516
payer qqn en monnaie de singe : *se moquer, faire des plaisanteries au lieu de payer* §USU *payer en fausse monnaie* §USU

4517
payer qqn rubis sur l'ongle : *payer très exactement ce qu'on doit, jusqu'au dernier sou et séance tenante* §ROB

4518
payer qqn temps et demi : *payer les heures supplémentaires une fois et demie le salaire de base* §SEU

4519
payer son écot : *contribuer pour sa part aux frais occasionnés par une partie de plaisir, un festin* §PRA

4520
payer une tournée : *offrir un verre aux gens présents* §ORA ; payer une traite

4521
pêcher en eau trouble : *susciter des embarras pour en tirer profit* §PON

4522
peigner un voyage de foin : *faire des subtilités excessives* §ORA

4523
peinturer une lumière : *brûler un feu rouge* §DEX

4524
pelleter de la boucane : *perdre son temps à des occupations oiseuses* §DEX ; pelleter de l'air, des nuages; peigner la girafe

4525
pelleter la neige dans la cour d'à côté : *se débarrasser d'un problème en le refilant à qqn d'autre* §ORA

4526
pendre (se) au cou de qqn : *solliciter les services de qqn* §ORA

4527
pendre au nez de qqn : *menacer qqn, en parlant d'un malheur, d'un échec, d'une déception* §CEL

4528
pendre la crémaillère : *fêter son emménagement récent* §ORA

4529
penser (y) à deux fois : *bien réfléchir*

avant d'agir §ORA

4530
perdre (en) son latin : *ne plus rien comprendre à qqc* §USU ; être au bout de son latin; y perdre son latin

4531
perdre (ne) rien pour attendre : *ne subir, pour le retard, aucune diminution de plaisir ou de peine* §PRA

4532
perdre au change : *expression usitée en parlant du désavantage causé par un échange* §PRA

4533
perdre contenance : *ne pas conserver d'empire sur soi-même* §PRA

4534
perdre l'esprit : *devenir fou* §ROB ; perdre la boussole, l'idée

4535
perdre la carte : *s'évanouir* §DEX *perdre l'esprit, divaguer* §DEX *s'assoupir* §ORA

4536
perdre la centaine : *perdre le fil de sa pensée, de la conversation, s'embrouiller* §DEX ; ne pas trouver la centaine; avoir perdu la centaine

4537
perdre la face : *ressentir la honte après avoir été démasqué* §ORA

4538
perdre la main : *avoir moins d'habileté qu'auparavant dans l'exécution de qqc* §ORA

4539
perdre la tête : *ne plus être capable de réfléchir* §ORA

4540
perdre la track : *perdre le cours (de la conversation, etc.)* §DEX *perdre l'esprit* §DEX

4541
perdre le kick : *ne plus prendre plaisir à faire qqc, perdre son entrain, son allant* §DEX

4542
perdre le nord : *être déconcerté, avoir perdu la raison et le jugement* §DUN

4543
perdre le ringe : *perdre l'appétit, en parlant d'une vache, cesser de ruminer* §DUL ; perdre le rinche, le ronge

4544
perdre les patins : *s'embrouiller, perdre*

son sang-froid §DEX ; perdre les étriers, les pédales
4545

perdre pied : *ne plus sentir le sol sous ses pas* §PRA
4546

perdre qqn dans la brume : *semer qqn* §DEX
4547

perdre qqn ou qqc de vue : *oublier une personne ou une chose* §PRA
4548

perdre sa cerise : *perdre sa virginité (en parlant d'une femme)* §DEX ; perdre sa fleur
4549

perdre sa gomme : *perdre la vie, mourir* §DEX ; passer l'arme à gauche; passer l'ancre de l'autre bord; lâcher la rampe; fermer son parapluie; lever les pieds, les pattes
4550

perdre sa josephté : *perdre sa virginité, pour un homme* §DEX
4551

perdre ses culottes : *être ruiné, perdre ses biens* §DEX
4552

perdre ses esprits : *être égaré par une émotion violente, un trouble* §ROB *perdre connaissance* §ROB
4553

perdre son air : *rester décontenancé ou perdre la face* §BEA ; perdre l'air
4554

perdre son kick : *perdre son entrain, son allant* §CLS
4555

perdre un joueur : *perdre un membre, un sympathisant* §DEX
4556

perdre un pain de sa fournée : *perdre une partie de son bien, essuyer un revers de fortune, une déception* §DEX *perdre contenance* §DEX ; perdre un pain de sa cuite
4557

peser (ne pas) lourd : *se dit d'un fait ou d'une chose qui n'a pas d'importance dans l'évaluation d'une situation* §ORA
4558

peser dans la balance : *se dit d'un fait*

ou d'une chose qui a de l'importance dans l'évaluation d'une situation §ORA
4559

peser le pour et le contre de qqc : *examiner une affaire sous toutes ses faces* §PRA
4560

peser ses mots : *bien réfléchir avant de parler* §ORA ; peser ses paroles
4561

peser sur le gaz : *accélérer (en automobile)* §DEX ; peser sur le champignon, sur la suce; donner du gaz
4562

péter (se) la cerise : *tomber, échouer* §DEX ; se péter la gueule
4563

péter au fret : *se briser à la première occasion* §BEA *mourir* §BEA
4564

péter dans la soie : *être prétentieux* §ORA
4565

péter de la broue : *parler beaucoup, en toute assurance et en tentant de se faire valoir* §BEA ; faire de la broue; faire de la broue pas de savon; chier de la broue à pleine gueule
4566

péter la balloune : *dépasser le seuil de tolérance sur l'ivressomètre* §DEX
4567

péter la balloune de qqn : *briser les illusions, les prétentions de qqn* §DEX ; démolir la baraque de qqn
4568

péter la cerise à qqn : *donner une raclée à qqn* §DEX ; péter la fraise à qqn; péter, tordre le nez à qqn
4569

péter le feu : *être en furie* §DEX *être en pleine forme* §DEX
4570

péter plus haut que le trou : *avoir des prétentions exagérées, surtout socialement* §BEA
4571

péter un score : *réussir un coup* §ORA
4572

péter une broue à qqn : *bavarder, converser avec qqn* §DEX ; péter une broue avec qqn

4573
phosphorer du cervelet : *réfléchir*
§ORA

4574
picocher (se) avec qqn : *se chicaner avec qqn* §ORA

4575
piéter comme un croquecignole : *se vanter, parader* §DEX

4576
piétiner sur place : *s'agiter sans avancer et rester toujours au même point* §PRA

4577
piler des trente-sous : *amasser de l'argent, se mettre de l'argent de côté* §BEA

4578
piler sur son orgueil : *se soumettre à contre-cœur* §ORA ; marcher sur son orgueil

4579
pincer qqn dans le maigre : *piquer qqn au vif, le froisser, le vexer* §CLS ; piquer qqn dans le maigre

4580
piocher dans les ravages de qqn : *chercher à séduire le ou la partenaire d'autrui* §DEX *s'interposer dans les affaires de qqn* §DEX

4581
piquer (se) au jeu : *déployer une grande ardeur pour remporter la victoire* §PRA

4582
piquer (se) d'honneur : *s'astreindre, d'un point de vue éthique* §ORA

4583
piquer (se) de qqc : *s'estimer capable ou possesseur de la vertu en question* §PRA

4584
piquer à travers : *emprunter un raccourci* §DEX

4585
piquer au plus court : *prendre le plus court chemin* §DEX *abréger son propos* §DEX ; couper au plus court

4586
piquer la curiosité de qqn : *rendre son interlocuteur très désireux d'être renseigné* §PRA

4587
piquer qqn au vif : *blesser cruellement qqn* §PRA

4588
piquer un lařus : *se mettre à parler abondamment* §ORA

4589
piquer un somme : *faire la sieste* §ORA

4590
piquer une colère noire : *se mettre très en colère* §ORA

4591
piquer une crise : *faire une crise (de colère, etc.)* §DEX

4592
piquer une crise de nerf : *se mettre hors de soi, perdre tout son sang-froid* §DEX ; péter une crise de nerf

4593
piquer une jase : *bavarder* §DEX ; piquer une jasette

4594
piquer une piste : *partir chasser ou trapper* §DEX

4595
piquer une tête : *dégringoler, trébucher* §DEX *observer à la dérobée* §DEX

4596
pisser (ne pas se) sur les bottines : *ne pas manquer de virilité* §DEX ; ne pas se pisser sur les bottes

4597
pisser dans le son : *avoir peur* §BEA ; pisser dans le violon; chier, pisser dans ses culottes

4598
pisser dans ses bottes : *se tromper* §BEA *avoir peur* §ORA

4599
pisser des lames de rasoir : *souffrir d'une blennorragie* §BEA ; avoir, prendre, poigner, pogner une dose

4600
pisser fin : *être intimidé* §GLO

4601
pisser par-dessus la lune : *uriner à bonne distance (d'un homme)* §DEX

4602
pisser sur ses bottines : *manquer de virilité* §ORA ; pisser sur ses bottes

4603
placer (se) les pieds : *se débrouiller pour obtenir ce que l'on veut* §ORA

4604
plaider le pour et le contre :

examiner avec impartialité les bons et les mauvais côtés d'une affaire §PRA

4605
plaindre (se) le ventre plein : *être gâté et se plaindre en plus* §ORA

4606
planter (se) des écharpes à tout propos : *commettre des bévues plus souvent qu'à son tour* §GLO ; *se planter des écharpes à tout moment*

4607
planter (se) pour qqc : *être déterminé à réussir qqc* §ORA

4608
planter le bouquet : *mettre un terme à un travail* §DEX

4609
planter le chêne : *se tenir sur les mains, la tête en bas, les jambes droites en l'air* §GLO

4610
planter le piquet : *tomber la tête la première* §GLO ; *planter le poireau*

4611
planter qqn là : *abandonner subitement qqn avec qui on était en marche ou en affaire* §PRA

4612
planter ses choux : *vivre à la campagne, cultiver son jardin* §USU

4613
pleurer à chaudes larmes : *pleurer abondamment, sans retenue* §ORA ; *brailler, pleurer comme un enfant, comme un veau, comme une fontaine, comme une Madeleine, comme une vache qui pisse; brailler à chaudes larmes*

4614
pleurer toutes les larmes de son corps : *pleurer abondamment, autant qu'il est possible* §USU

4615
plier (se) aux désirs de qqn : *accéder à la demande de qqn* §ORA

4616
plier bagages : *partir* §ORA ; *plier son paquet*

4617
plier la volonté de qqn : *faire se soumettre qqn* §ORA

4618
plier les épaules : *se soumettre* §ORA

4619
plumer son lièvre : *vomir (en état d'ivresse)* §DEX ; *écorcher, plumer son renard; plumer son veau*

4620
pogner (se) la poche : *se dit d'un homme qui se caresse les parties génitales* §DEX *paresser* §ORA ; *se poigner la poche*

4621
pogner (se) le cul : *paresser, perdre son temps* §DEX ; *se poigner le cul*

4622
pogner (se) le willie : *se caresser les organes génitaux* §DEX ; *se poigner le willie*

4623
pogner en pain : *se dit de tout ce qui se fige, se coagule, se colle ou se durcit en une masse* §BEA ; *poigner, prendre en pain*

4624
pogner le fixe sur qqn : *s'enticher, s'amouracher de qqn* §DEX ; *poigner le fixe sur qqn*

4625
pogner les nerfs : *se mettre hors de soi, perdre tout contrôle* §DEX ; *poigner, prendre les nerfs*

4626
pogner les shakes : *se mettre à trembler (de surprise, de peur, etc.)* §DEX ; *poigner les shakes*

4627
pogner qqn par les chnolles : *tenir qqn bien en main* §DEX ; *avoir, poigner, tenir qqn par les chnolles, par les gosses*

4628
pogner son top : *être à bout (de patience, de ressources)* §DEX ; *poigner son top*

4629
pogner un assaut : *tomber malade* §DEX ; *poigner un assaut*

4630
pomper l'air à qqn : *embêter qqn* §ORA

4631
poncer (se) : *boire beaucoup d'alcool* §ORA

4632
poncer un rhume : *le soigner avec un mélange d'alcool, de miel, de citron* §ORA

4633
poquer (se) : *faire la fête* §ORA

4634
porter (ne pas) à terre : *être fou de joie, planer* §ORA

4635
porter (ne pas) qqn dans son cœur : *éprouver de l'aversion pour qqn* §ORA

4636
porter (se) garant de qqn : *répondre de la solvabilité de qqn, de son honnêteté* §PRA

4637
porter à gauche : *se dit d'un homme dont le pantalon dessine le sexe* §ORA ; porter à droite

4638
porter bien son âge : *être en bonne santé malgré son âge* §ORA

4639
porter coup : *expression s'appliquant à un mot qui frappe juste* §PRA

4640
porter des châssis doubles : *porter des lunettes* §DEX

4641
porter des cornes : *être trompé, en parlant de l'un des époux* §ROB ; avoir des cornes

4642
porter des paquets : *moucharder, rapporter, dénoncer* §BEA ; porter son paquet, les paquets; faire le stool; être stool; être un panier percé, un porte-panier, un porteur de paquets

4643
porter gaffe à qqn : *guetter pour son compte* §USU

4644
porter la boisson : *boire de l'alcool sans en ressentir les inconvénients* §ORA

4645
porter la capine : *être religieuse* §DEX

4646
porter la soutane : *être curé* §ORA

4647
porter le chapeau : *avoir une responsabilité honteuse, être accusé de qqc* §USU

4648
porter le lunch : *suivre les autres sans arrêt* §DEX

4649
porter les cordons du poêle : *porter*

l'un des quatre coins d'un cercueil §DEX

4650
porter les culottes : *se dit de celui ou celle qui prend les décisions dans un ménage* §ORA

4651
porter malheur : *être d'un malheureux augure, présage* §PRA

4652
porter préjudice à qqn : *nuire à qqn* §PRA

4653
porter qqc au comble : *élever à un degré superlatif* §PRA ; porter qqc aux nues

4654
porter qqc comme une châsse : *porter comme un objet sacré ou précieux en prenant de grandes précautions* §RAT

4655
porter qqn sur ses épaules : *avoir qqn à sa charge* §ORA

4656
porter sa chienne : *accepter son triste sort* §ORA ; porter sa croix

4657
poser le portrait de qqn : *prendre qqn en photo* §ORA ; prendre le portrait de qqn

4658
poser un lapin à qqn : *donner à qqn un rendez-vous qu'on ne respecte pas* §ORA

4659
poser une colle à qqn : *poser une question difficile ou sans réponse à qqn* §ORA

4660
posséder (ne plus se) : *ne plus être maître de sa joie* §ORA

4661
poudrer à voir ni ciel ni terre : *se dit d'une tempête de neige accompagnée de forts vents* §ORA

4662
pousser (en) une bonne : *proférer une énormité* §DEX ; en lâcher, en sortir une bonne, des bonnes

4663
pousser (se) la faissaille : *se remuer* §DEX

4664
pousser (se) pour une fille : *s'enticher d'une jeune fille* §DEX

4665
pousser à la roue : *aider qqn à réussir, le soutenir dans son effort* §ROB

4666
pousser comme des champignons : *se dit de qqc qui prolifère rapidement* §ORA

4667
pousser comme du chiendent : *se dit de qqc de nuisible, d'indésirable qui se produit contre notre volonté* §ORA

4668
pousser comme une échalote : *se dit d'un enfant qui grandit rapidement, qui ne grandit qu'en hauteur* §DEX

4669
pousser en orgueil : *se dit d'une plante qui pousse sans produire de fruit* §BEA *se dit d'un enfant d'allure frêle, qui ne grandit qu'en hauteur* §BEA ; monter en orgueil

4670
pousser le bouchon : *exagérer dans ses actes ou en paroles* §CEL

4671
pousser les hauts cris : *se plaindre bruyamment* §PON ; éventer les cris

4672
pousser mais pousser égal : *s'emploie pour inciter qqn à ne pas exagérer dans ses propos, dans ses gestes* §ORA

4673
pousser qqn au large : *pourchasser qqn* §DEX

4674
pousser un blé d'Inde à qqn : *lancer une injure à qqn* §BEA

4675
pousser une pointe à qqn : *faire une insinuation ironique ou malicieuse dirigée contre qqn, le plus souvent en présence de tierces personnes* §BEA ; envoyer, lancer, pousser une craque, un fion, une pique, des pointes à qqn

4676
pouvoir (ne pas) voir qqn en peinture : *avoir qqn en aversion* §ORA

4677
pouvoir (ne) contenter tout le monde et son père : *ne pas pouvoir plaire à tout le monde à la fois* §ORA

4678
pouvoir (ne) être à la fois au four et au moulin : *ne pas pouvoir être à deux endroits à la fois* §PRA

4679
pouvoir accoter qqn : *pouvoir égaler, se mesurer à qqn* §DEX

4680
pouvoir faire damner un saint : *être insupportable* §ORA

4681
pouvoir marcher sur le beurre sans se graisser les pattes : *se dit de qqn qui traverse tout sans se compromettre* §DEX

4682
pouvoir passer en chapeau de castor sous le poêle : *être très petit physiquement* §BEA

4683
pouvoir vendre des frigidaires aux Esquimaux : *être doté d'un grand pouvoir de persuasion* §DEX

4684
prêcher d'exemple : *se comporter soi-même d'après les principes que l'on professe* §PRA

4685
prêcher dans le désert : *donner un avis ou un conseil à qui ne veut rien entendre* §ORA

4686
prêcher pour sa paroisse : *parler en faveur de ses propres intérêts* §BEA *défendre énergiquement ses propres intérêts* §PRA ; prêcher pour son saint

4687
prêcher un converti : *s'évertuer à persuader un interlocuteur déjà convaincu* §PRA

4688
prendre ça cool : *faire qqc sans s'énerver, sans se presser* §ORA ; prendre ça comme ça vient; prendre ça aisé, easy, mollo, tranquille

4689
prendre ça dur : *prendre qqc au tragique* §DEX

4690
prendre (en) de la graine : *en tirer un exemple, une leçon (capable de produire les mêmes bons résultats)* §ROB

4691
prendre (en) pour son grade : *se faire réprimander, tancer, et pour tout dire, engueuler d'importance par un supérieur* §CEL

4692
prendre (en) son parti : *se résigner*
§ORA

4693
prendre (ne pas) de temps à se virer de bord : *être vif, dynamique* §DEX

4694
prendre (ne pas) goût de tinette : *ne pas traîner, être vite fait* §CEL

4695
prendre (s'en) à qqn : *s'attaquer à qqn, le rendre responsable de qqc* §ROB

4696
prendre (s') aux poings : *se quereller* §DEX ; *se prendre aux cheveux*

4697
prendre (se) par la main : *s'entraîner soi-même à faire qqc* §ROB

4698
prendre (se) pour le nombril du monde : *donner à sa personne une importance exagérée* §ROB ; *se croire, se penser le nombril du monde; se prendre pour le Bon Dieu, pour le pape, pour un pacha, pour un autre*

4699
prendre acte de qqc : *considérer un fait comme acquis et l'inscrire dans sa mémoire ou sur ses registres* §PRA

4700
prendre amitié sur qqn : *se lier d'amitié avec qqn* §DEX

4701
prendre contact avec qqn : *entrer en rapport avec qqn* §PRA

4702
prendre de la baboche : *boire de l'alcool frelaté* §DEX ; *boire, prendre de la bagosse, de la robine*

4703
prendre de la bouteille : *vieillir à son avantage, en acquérant de l'expérience* §CEL

4704
prendre de la marde : *se faire injurier, chicaner* §DEX

4705
prendre de la place : *être envahissant* §ORA

4706
prendre de la touée : *prendre de l'avance* §GLO

4707
prendre des vessies pour des lanternes : *commettre une grossière méprise* §ROB

4708
prendre du bon temps : *s'accorder des loisirs* §PRA

4709
prendre du canayen pour faire qqc : *prendre du courage, de l'audace pour faire qqc* §DEX ; *prendre du casque pour faire qqc*

4710
prendre du lousse : *s'offrir du bon temps, s'accorder un peu de liberté* §DEX

4711
prendre du mieux : *se porter mieux, aller mieux* §CLS ; *prendre du corps*

4712
prendre du pic : *se donner de l'importance, devenir frondeur* §GLO

4713
prendre du rond : *accepter sans fausse honte et sans déplaisir de se laisser ou de se faire sodomiser* §CEL

4714
prendre du temps à faire son pair : *prendre beaucoup de temps pour accomplir qqc* §DEX

4715
prendre du ventre : *devenir gros* §USU

4716
prendre fait et cause pour qqn : *prendre le parti de qqn* §PON

4717
prendre fin : *expression désignant le terme d'une chose* §PRA

4718
prendre goût à qqc : *commencer à avoir du penchant pour qqc* §PRA

4719
prendre goût de tinette : *rancir* §SEU

4720
prendre l'air : *s'en aller* §PON

4721
prendre l'eau : *se dit d'une chose qui laisse filtrer l'eau* §ORA

4722
prendre l'encensoir : *donner des louanges outrées* §PON

4723
prendre l'ombre pour le corps :
prendre l'apparence pour la réalité §PON

4724
prendre la clé des champs :
s'échapper d'un lieu où l'on était enfermé
§PON

4725
prendre la fraîche : *prendre froid*
§DUL ; *prendre de la fraîche*

4726
prendre la mer : *quitter le mouillage*
§ROB

4727
prendre la parole : *parler en public*
§PRA

4728
prendre la piste à pataud : *s'enfuir,*
déguerpir, se sauver devant un danger, par
peur §BEA ; *prendre la poudre*
d'escampette; prendre la tangente

4729
prendre la planche du bord : *prendre*
la meilleure place §DEX

4730
prendre la plume : *écrire* §ROB

4731
prendre la porte : *quitter la pièce,*
l'appartement, généralement par contrainte
§USU

4732
prendre la quille de l'air : *aban-*
donner qqn, déguerpir §DEX

4733
prendre la robe : *entrer au grand*
séminaire ou au scolasticat pour devenir
prêtre séculier ou régulier §DUL

4734
prendre la vie du bon côté : *prendre*
la vie par ce qu'elle a d'agréable §ROB ;
prendre la vie par le bon bout

4735
prendre le beurre à poignée :
dépenser à tort et à travers, gaspiller
§DEX *aller trop vite en besogne* §GLO

4736
prendre le bord : *s'enfuir, ou seulement*
partir de façon précipitée et sans laisser
d'adresse §BEA *se dit d'une chose qui est*
mise au rancart, jetée §ORA

4737
prendre le bord à qqn : *exiger la mise*

en œuvre de toutes ses forces, de toutes ses
ressources §CLS *réprimander vertement,*
confondre §CLS

4738
prendre le bord de qqn : *partager*
l'avis de qqn, prendre sa défense §ORA

4739
prendre le champ : *faire une embardée,*
quitter accidentellement la route §DEX ;
prendre le clos, le fossé; rentrer dans le
décor, dans le portrait

4740
prendre le chemin des écoliers :
faire un trajet en flânant §ORA

4741
prendre le collier : *se mettre à la tâche*
§DEX ; *reprendre le collier*

4742
prendre le dessus : *se dit d'un*
convalescent qui se remet bien §BEA *se dit de*
qqn qui se remet financièrement après une
mauvaise passe §BEA ; *reprendre le dessus*

4743
prendre le feu : *se mettre en colère*
§DEX

4744
prendre le large : *s'enfuir à une allure*
désordonnée §PRA

4745
prendre le lièvre au gîte : *surprendre*
qqn avant qu'il ait le temps de s'échapper
§PON

4746
prendre le meilleur sur qqn : *do-*
miner qqn §ORA ; *avoir le meilleur sur*
qqn

4747
prendre le mors aux dents :
s'emballer, prendre panique, s'énerver §DEX

4748
prendre le mot de qqn : *le consulter*
pour ne dire, ne faire que ce qui est convenu
§PON

4749
prendre le parti de qqc : *se résoudre à*
qqc §PRA

4750
prendre le plancher : *accaparer*
l'attention, la parole §DEX ; *avoir le*
plancher

4751
prendre le portage : *emprunter un che-*
min §DEX

4752
prendre le serein : *éprouver les effets malfaisants du serein* §ROB

4753
prendre le taureau par les cornes : *s'attaquer à une chose de front, avec énergie et ténacité* §BEA ; saisir le taureau par les cornes

4754
prendre le trou du dimanche : *s'étouffer en avalant* §DEX ; prendre le chemin du dimanche

4755
prendre le vent : *se faire une idée sur l'état d'esprit d'un groupe de personnes ou de l'état d'une situation* §USU

4756
prendre le voile : *entrer au couvent* §ROB ; prendre l'habit

4757
prendre les armes : *s'apprêter à combattre* §USU

4758
prendre les choses comme elles viennent : *accepter les événements sans protester* §USU

4759
prendre les devants : *prendre l'initiative* §PON

4760
prendre les nerfs : *faire une crise d'énervement* §BEA ; poigner, pogner les nerfs, le diable; prendre la chèvre

4761
prendre mouche : *se mettre en colère, s'emporter* §DEX ; prendre la mouche, les mouches

4762
prendre note de qqc : *inscrire sur son carnet ou garder dans sa mémoire qqc* §PRA ; tenir note de qqc

4763
prendre ombrage de qqc : *se montrer offensé, vexé, se croire lésé* §PRA

4764
prendre plaisir à qqc : *expression désignant la mauvaise joie avec laquelle certaines gens semblent faire le mal* §ORA

4765
prendre qqc à contresens : *saisir un objet à rebours ou une observation de travers* §PRA

4766
prendre qqc à son aise : *ne pas se gêner autant que l'on devrait* §PRA

4767
prendre qqc à son compte : *revendiquer les responsabilités de qqc* §PRA *vouloir payer les frais de qqc* §PRA

4768
prendre qqc au pied de la lettre : *prendre qqc à la mesure exacte de ce qui est écrit, sans aucune interprétation* §DUN

4769
prendre qqc avec des allumettes : *prendre qqc avec précaution* §DEX

4770
prendre qqc avec un grain de sel : *douter de la vérité de qqc* §ORA *prendre qqc avec humour* §ORA

4771
prendre qqc de travers : *prendre qqc dans le mauvais sens* §PON

4772
prendre qqc du bon bord : *s'accommoder d'une situation* §ORA

4773
prendre qqc en bonne part : *accepter qqc sans se fâcher* §PRA

4774
prendre qqc en mal : *donner une interprétation négative à qqc* §ORA

4775
prendre qqc en mauvaise part : *accepter qqc en se fâchant* §PRA

4776
prendre qqc personnel : *se sentir vexé de qqc* §DEX

4777
prendre qqc pour acquis : *ne pas contester la réalité de qqc, considérer qqc comme acquis* §ORA

4778
prendre qqc pour du cash : *croire naïvement qqc* §DEX ; prendre qqc pour argent comptant

4779
prendre qqc sur son bras : *prendre qqc sous sa responsabilité* §ORA ; prendre qqc sous son bonnet

4780
prendre qqn à l'écart : *emmener une personne en dehors du cercle de la société réunie* §PRA ; prendre qqn à part

4781
prendre qqn à partie : *s'attaquer directement à qqn* §PRA

4782
prendre qqn à rebrousse-poil : *prendre qqn maladroitement, de telle sorte qu'il se rebiffe* §ROB

4783
prendre qqn au dépourvu : *trouver qqn dans un moment où il n'est pas préparé, où il est incapable de réagir* §USU

4784
prendre qqn au mot : *accepter immédiatement une proposition faite par qqn qui ne croyait pas qu'elle serait prise au sérieux* §USU

4785
prendre qqn avec des pincettes : *ménager les susceptibilités de qqn* §ORA

4786
prendre qqn dans les marches : *rouler qqn en affaires, dans une transaction* §DEX

4787
prendre qqn de biais : *prendre qqn d'une manière détournée* §USU

4788
prendre qqn de court : *prendre qqn à l'improviste, ne pas lui laisser le temps pour agir* §ROB

4789
prendre qqn de haut : *parler à qqn sur un ton de condescendance hautaine* §PRA

4790
prendre qqn en élevé : *prendre un enfant en adoption* §BEA

4791
prendre qqn en faute : *découvrir une erreur ou une lacune chez qqn* §PRA ; prendre qqn en défaut

4792
prendre qqn en flagrant délit : *prendre sur le fait, en parlant d'un acte blâmable ou regrettable* §ROB

4793
prendre qqn en grippe : *nourrir une aversion irraisonnée pour qqn* §PRA

4794
prendre qqn en pitié : *avoir une compassion condescendante pour qqn* §PRA

4795
prendre qqn en traître : *se comporter avec lui de manière perfide, déloyale* §USU

4796
prendre qqn la main dans le sac : *prendre qqn en flagrant délit de vol, en train de commettre un acte délictueux* §USU

4797
prendre qqn les culottes à terre : *surprendre, prendre au dépourvu, en train de faire une mauvaise action* §ORA ; prendre qqn la pine à l'air, les culottes baissées

4798
prendre qqn ou qqc au sérieux : *considérer qqn ou qqc comme important, digne d'intérêt* §USU

4799
prendre qqn ou qqc en chasse : *poursuivre qqn ou qqc* §ORA

4800
prendre qqn ou qqc en main : *se charger soi-même de la direction de qqn ou qqc* §PRA

4801
prendre qqn par derrière : *trahir qqn* §ORA ; prendre qqn par en arrière

4802
prendre qqn par la ganse : *attraper qqn physiquement ou moralement de manière à ce qu'il ne puisse s'en sortir* §BEA guider, conseiller qqn §DEX

4803
prendre qqn par la peau du dos : *le retenir au dernier moment* §USU ; par la peau du cul

4804
prendre qqn par le carcan du cou : *mettre la main sur qqn, se saisir de qqn* §DEX ; attraper qqn par le carcan du cou; attraper, poigner, prendre qqn par le chignon du cou, par le collet du cou

4805
prendre qqn pour un porc frais : *prendre qqn pour un menteur* §DEX

4806
prendre qqn pour une dinde : *prendre qqn pour un niais, pour un naïf* §DEX ; prendre qqn pour un codinde

4807
prendre qqn pour une poignée de porte : *avoir peu de considération pour l'intelligence de qqn* §ORA

4808
prendre qqn pour une valise : *éprouver la crédulité de qqn* §ORA

4809
prendre qqn sur le fait : *surprendre qqn au moment même de l'acte* §USU ; *prendre qqn sur le vif*

4810
prendre qqn sur le pouce : *prendre qqn en stop* §CLS ; *ramasser qqn sur le pouce; prendre un pouceux*

4811
prendre racine : *rester debout et immobile* §USU *s'éterniser à un endroit* §ORA

4812
prendre sa botte : *faire l'amour, en parlant d'un homme* §DEX ; *prendre une botte*

4813
prendre sa décampe : *déguerpir* §DEX ; *prendre sa poche; prendre ses berliques et ses berlaques; prendre ses cliques et ses claques*

4814
prendre sa pilule : *se résigner* §ORA

4815
prendre sa quetouche : *se dit d'un nourrisson qui prend le sein* §DEX

4816
prendre ses aises : *prendre une position confortable* §ORA ; *prendre tous ses aises*

4817
prendre ses bottes de sept lieues : *faire une course accélérée* §PRA

4818
prendre ses jambes à son cou : *se mettre à courir aussi vite que l'on peut* §PRA

4819
prendre son aplomb : *prendre ses précautions, ses dispositions, faire ses préparatifs* §CLS ; *perdre ses aplombs*

4820
prendre son bord : *se séparer de qqn pour aller dans une autre direction* §ORA

4821
prendre son courage à deux mains : *se convaincre d'être courageux* §ORA

4822
prendre son escousse : *prendre son élan, prendre son temps* §DEX

4823
prendre son mal en patience : *faire preuve d'une résignation prolongée* §PRA

4824
prendre son pied : *avoir un orgasme* §ORA

4825
prendre son temps : *être patient* §ORA

4826
prendre sur soi : *montrer du sang-froid, savoir cacher sa peine ou son émotion* §PRA

4827
prendre tangente : *saisir l'occasion pour s'esquiver* §ORA

4828
prendre tout son petit change pour faire qqc : *se dit de qqn qui épuise ses dernières ressources (physiques, intellectuelles) pour accomplir qqc* §DEX

4829
prendre tout son raide pour faire qqc : *se dit de qqn qui a besoin de toutes ses ressources pour faire qqc* §ORA ; *y aller de tout son raide pour faire qqc*

4830
prendre un break : *faire une pause* §ORA

4831
prendre un bulldozer pour écraser une mouche : *prendre une mesure grave pour un problème léger* §ORA

4832
prendre un canard : *prendre un morceau de sucre trempé dans une liqueur, un café* §ROB

4833
prendre un charlot : *prendre un verre d'alcool* §DEX

4834
prendre un coup de vieux : *se sentir vieux* §ORA

4835
prendre un homme par le ventre : *coucher avec un homme* §ORA *bien le nourrir* §ORA

4836
prendre un joual de cartes : *jouer aux cartes* §DEX

4837
prendre un lift : *monter dans la voiture de qqn* §DEX

4838
prendre un mauvais pli : *se laisser aller à une habitude fâcheuse* §PRA

4839
prendre un moyen terme : *prendre dans une affaire un parti moyen pour concilier les choses* §PON

4840
prendre un petit gorgeon : *trinquer, s'enivrer* §DEX ; prendre un spello

4841
prendre une bauche : *engager une course* §CLA

4842
prendre une bine : *éprouver une déception, être refait, être attrapé* §GLO *recevoir un coup de qqn qui a fermé la main et gardé le majeur droit pour faire mal* §ORA

4843
prendre une chance : *courir, prendre le risque, tenter, essayer* §CLS

4844
prendre une chire : *culbuter, tomber* §DEX ; prendre une carpiche

4845
prendre une débarque : *faire fiasco, perdre la face* §ORA ; prendre sa débarque

4846
prendre une déculottée : *se faire jouer* §ORA

4847
prendre une fouille : *faire une chute, trébucher* §DEX *essuyer un échec* §DEX ; prendre une débarque, une moyenne débarque, une plonge

4848
prendre une marche : *faire une promenade* §ORA

4849
prendre une pof : *inhaler une fois la fumée d'une cigarette* §ORA

4850
prendre une ponce : *boire un grog, trinquer, s'enivrer* §DEX

4851
prendre une ripe : *prendre une course* §GLO

4852
prendre une santé : *prendre une rasade à la santé de qqn* §DEX

4853
prendre une souince : *essuyer une raclée, une réprimande* §DEX ; se faire soincer, souincer

4854
prendre une suée : *se donner beaucoup de peine* §BEA *se mettre en sueur en accomplissant une tâche* §DEX

4855
prendre une tasse : *avoir l'habitude de l'alcool* §ORA *trinquer* §DEX ; prendre un verre

4856
prendre une tassée : *boire avec excès* §DEX

4857
préparer (se) pour le grand voyage : *recevoir les derniers sacrements* §ORA

4858
préparer qqc de longue main : *ouvrir longtemps à l'avance les voies à un événement* §PRA

4859
préparer ses flûtes : *se préparer (à partir), faire ses bagages* §DEX ; faire, paqueter, ramasser ses petits

4860
présenter ses cinq frères à qqn : *donner une gifle à qqn* §DEX

4861
presser qqn comme un citron : *dépouiller qqn de ses biens* §ORA

4862
prêter (se) à qqc : *expression qui implique une complaisance peu honorable* §PRA

4863
prêter (se) aux circonstances : *se dit d'une situation propice* §ORA

4864
prêter à la petite semaine : *prêter pour un temps très court et à un taux élevé* §USU

4865
prêter l'oreille à qqc : *écouter volontiers, se laisser influencer* §PRA

4866
prêter le flanc à qqc : *donner prise à qqc* §ROB

4867
prêter main forte à qqn : *prêter assistance pour exécuter qqc* §ROB ; donner main forte à qqn

4868
prêter serment : *jurer que l'on dit la vérité* §PRA

4869
prêter son concours à qqc : *aider par coopération* §PRA

4870
prier comme une scie ronde : *marmonner des prières* §DEX

4871
promener (ne pas se) à pied : *avoir une belle automobile* §DEX *être fortuné* §DEX

4872
promener son ennui : *manifester son ennui par un comportement triste ou morose* §USU

4873
promettre la lune : *faire des promesses impossibles à tenir* §USU ; promettre monts et merveilles à qqn

4874
prouver qqc par A plus B : *donner une preuve mathématique de ce que l'on avance* §PRA

4875
puer au nez de qqn : *se dit de qqc qui dégoûte, qui horripile qqn* §DEX

4876
purger une peine : *subir la peine infligée par une sentence judiciaire* §PRA ; purger une condamnation

R

4877
rabattre le caquet à qqn : *obliger qqn à baisser le ton, à se taire* §ROB *obliger qqn à abandonner ses prétentions, ses critiques* §ROB ; rabattre le taquet à qqn; faire baisser la chanterelle à qqn; faire baisser le ton, le caquet à qqn

4878
rabattre ses ailes de moulin : *gesticuler en parlant* §DEX

4879
rabattre une paupière à qqn : *rosser, malmener qqn* §GLO

4880
raconter des salades à qqn : *raconter des histoires, des mensonges à qqn* §ROB

4881
raconter qqc par le menu : *faire un récit dans lequel on n'omet aucun petit détail* §PRA

4882
raconter une histoire à dormir debout : *raconter une histoire abracadabrante, invraisemblable* §BEA

4883
rafraîchir la mémoire à qqn : *rappeler qqc à qqn* §ORA ; renouveler la mémoire à qqn

4884
raisonner comme ses pieds : *raisonner mal* §ORA ; raisonner, penser avec ses pieds

4885
ramasser qqn à la petite cuiller : *s'occuper de qqn qui est dans un état déplorable* §ORA

4886
ramener la peau par-dessus la bouillie : *donner des arguments qui ont été plusieurs fois répétés* §CLS

4887
ranger (se) à l'avis de qqn : *adopter la manière de voir d'une personne ou d'une collectivité* §PRA

4888
raser les murs : *souffrir d'une timidité extrême* §DEX *être honteux et avoir un comportement de faux-fuyant* §ORA

4889
rater (ne pas en) une : *accumuler les gaffes, les maladresses* §CEL

4890
rattraper (se) sur qqc : *se dédommager d'une perte par un avantage trouvé ailleurs* §PRA

4891
ravaler sa gaffe : *tenter d'effacer les effets d'un impair oral* §USU

4892
ravaler ses paroles : *regretter d'avoir dit qqc* §ORA

4893
rayer qqc de sa liste : *renoncer à une espérance que l'on nourrissait, à une conviction que l'on avait* §ORA

4894
rayer qqn de sa liste : *ne plus accorder d'attention à qqn* §ORA

4895
rebondir comme une balle : *revenir en force* §DEX *arriver à l'improviste* §ORA

4896
rebrousser chemin : *reprendre sa route en sens inverse, revenir sur ses pas* §USU

4897
recevoir les cinq frères de qqn : *recevoir une gifle* §DEX

4898
recevoir qqn à bride abattue : *recevoir qqn en grande pompe* §DEX

4899
recevoir qqn à la fortune du pot : *recevoir qqn simplement, sans grands préparatifs* §USU

4900
recevoir qqn comme un chien dans un jeu de quilles : *recevoir qqn avec de mauvais traitements* §USU ; recevoir qqn comme une boule dans un jeu de quilles

4901
recevoir son biscuit : *subir une raclée* §DEX

4902
recevoir un coton : *se faire rabrouer* §DEX ; recevoir une blouse

4903
recevoir une pine : *recevoir une réprimande* §DEX ; recevoir une ripe

4904
recevoir une rincée : *se faire battre* §ORA ; recevoir une saucée

4905
recevoir une tuile : *être frappé par un accident imprévu* §PON

4906
réclamer (se) de qqn : *donner comme référence la personne nommée* §PRA ; se recommander de qqn

4907
réclamer qqc à cor et à cri : *réclamer qqc en insistant* §ROB ; demander, vouloir qqc à cor et à cri

4908
recommencer de plus belle : *expression indiquant la reprise d'une chose quelconque, interrompue un instant* §PRA

4909
recourir aux bons offices de qqn : *demander l'aide de qqn* §ORA

4910
redorer son blason : *redonner à ses finances l'éclat qui correspond à son titre, son nom* §USU

4911
réduire qqn à sa plus simple expression : *réduire qqc aux plus petites proportions possibles, rapetisser, résumer à l'extrême* §USU

4912
réduire qqc en cendres : *détruire qqc complètement par le feu* §USU ; mettre qqc en cendres

4913
réduire qqn à la portion congrue : *laisser à qqn juste de quoi vivre* §PON

4914
réduire qqn au silence : *opposer à son contradicteur un argument sans réplique* §PRA

4915
refaire (se) une beauté : *s'apprêter* §USU *se maquiller, se peigner, en parlant d'une femme* §USU

4916
refaire sa vie : *se remarier* §USU

4917
regagner (en) : *prendre du mieux, s'améliorer* §DEX

4918
regarder (ne pas y) de trop près : *se montrer indulgent en regardant un travail quelconque* §PRA

4919
regarder (ne pas) l'ouvrage : *être travaillant, ne pas compter ses efforts* §DEX ; ne pas regarder à l'ouvrage

4920
regarder (se) comme des chiens de plâtre : *se fixer, s'observer avec méfiance* §DEX ; se regarder en chiens de faïence

4921
regarder (se) le nombril : *s'admirer inconsidérément* §DEX

4922
regarder (y) à deux fois : *user de circonspection* §PRA ; y regarder de près

4923
regarder de quel côté vient le vent :

observer le cours des événements pour y con-
former sa conduite §PON ; voir de quel
côté vient le vent
4924
regarder en dessous : *regarder sans*
lever franchement les yeux, sournoisement
§ROB
4925
regarder par le grand bout de la
lorgnette : *voir les choses en trop grand*
§PON
4926
regarder par le petit bout de la
lorgnette : *voir les choses en trop petit*
§PON
4927
regarder par-dessus la clôture :
rendre cocu son voisin §ORA
4928
regarder qqn dans le blanc des
yeux : *scruter les intentions de qqn* §ORA ;
regarder qqn dans le fond des yeux; regarder qqn droit dans les yeux
4929
regarder qqn de haut en bas : *ex-*
pression impliquant une attitude dédaigneuse
§PRA ; regarder qqn du haut de sa grandeur
4930
regarder qqn de travers : *se méfier de*
qqn §ORA
4931
regarder qqn ou qqc du coin de
l'œil : *désirer qqn ou qqc* §ORA ; lorgner
qqn ou qqc
4932
régler son compte à qqn : *punir qqn*
§ORA
4933
réjouir le paroissien : *trinquer* §DEX
4934
relever (ne) de personne : *être*
indépendant, ne subir aucune influence §PON
4935
relever de qqn ou qqc : *faire partie*
d'une entreprise ou d'une administration
§PRA
4936
relever la tête : *reprendre courage* §ORA
4937
relever le gant : *répondre à une injure et*
la venger §PRA ; relever l'insulte

4938
remettre (s'en) à qqn de qqc :
confier à qqn un soin ou une charge §PRA
4939
remettre (se) en selle : *se rétablir,*
reprendre ses fonctions, son travail après une
épreuve §ORA
4940
remettre l'ouvrage sur l'enclume :
reprendre une œuvre terminée pour
l'amender §PRA
4941
remettre le Christ en croix : *faire*
une chose abominable, se damner (pour
qqn) §USU ; remettre Jésus en croix
4942
remettre le cœur au ventre à qqn :
redonner du courage à qqn §PON
4943
remettre qqc à neuf : *réparer qqc de*
fond en comble §PRA ; remonter qqc à
neuf
4944
remettre qqc en main propre à
qqn : *livrer un objet à la personne même à*
laquelle il est destiné §PRA
4945
remettre qqn à sa place : *tancer,*
engueuler qqn §ORA
4946
remettre qqn au point : *ramener au*
sujet traité celui qui s'en écarte ou qui s'est
laissé distancer §PRA
4947
remettre qqn ou qqc à flot : *ramener*
qqn ou qqc dans une situation financière
saine §ORA
4948
remettre qqn sur la track : *remettre*
qqn sur la bonne voie §ORA
4949
remettre qqn sur le piton : *redonner*
confiance, espoir à qqn §ORA ; remettre
qqn sur pied
4950
remonter au déluge : *reprendre les*
choses de trop loin §PON ; remonter à la
création
4951
remonter la pente : *cesser de*
s'abandonner à une facilité §ROB ; remonter la côte

4952
remontrer (en) à qqn : *faire la leçon à qqn, se prétendre plus entendu* §PRA

4953
remplacer qqn à pied levé : *remplacer qqn de façon impromptue* §ORA

4954
remporter la palme : *être le vainqueur d'un concours* §PRA

4955
remuer (ne pas) le petit doigt : *ne pas aider ou appuyer qqn* §ORA ; *ne pas lever le petit doigt; rester les bras croisés*

4956
remuer (se) les fesses : *se démener, se dépenser* §ORA *se dépêcher* §ORA

4957
remuer l'or à la pelle : *posséder une grosse fortune* §PRA ; remuer l'argent à la pelle

4958
remuer les tripes de qqn : *émouvoir violemment qqn* §USU

4959
rencontrer (se) nez à nez : *se trouver brusquement face à face avec qqn* §PRA

4960
rencontrer ses dépenses : *faire ses frais, pouvoir payer ses frais à même ses revenus ou son avoir* §BEA

4961
rencontrer ses paiements : *rembourser avec régularité ses dettes* §ORA

4962
rencontrer son homme : *affronter qqn à sa mesure, qqn de plus costaud que soi* §DEX ; frapper son homme

4963
rendre (se) à l'évidence : *admettre ce qu'on refusait de croire, en cédant à un argument irréfutable, à une preuve* §USU

4964
rendre (se) à la perche : *arriver au bout d'une entreprise avec toutes les peines du monde* §CLS

4965
rendre (se) compte de qqc : *s'expliquer qqc* §PRA

4966
rendre (se) malade pour qqn ou qqc : *désirer ardemment qqn ou qqc* §ORA

4967
rendre compte de qqc : *prouver que l'on s'est acquitté honorablement d'une mission qui vous a été confiée* §PRA

4968
rendre gloire à qqn : *expression applicable exclusivement aux louanges adressées à la divinité* §PRA

4969
rendre grâce à qqn : *exprimer ses remerciements, sa reconnaissance envers qqn* §ORA

4970
rendre justice à qqn : *expression servant à revendiquer, en faveur de qqn, l'équité à laquelle il a droit* §PRA

4971
rendre la monnaie de sa pièce à qqn : *user de représailles envers qqn* §ROB ; payer qqn de la même monnaie

4972
rendre la pareille à qqn : *traiter qqn de la même manière qu'on a été traité, dans une situation comparable* §USU

4973
rendre la vie dure à qqn : *empoisonner l'existence à qqn* §PRA ; faire la vie dure à qqn

4974
rendre le bien pour le mal : *être généreux, magnanime* §ORA

4975
rendre les armes : *cesser de se battre, de se défendre, s'avouer vaincu* §USU ; déposer, mettre bas les armes

4976
rendre qqn à bout : *exaspérer qqn, le mettre en colère* §ORA

4977
rendre raison de qqc à qqn : *lui en donner l'explication* §USU

4978
rendre son change à qqn : *rabrouer qqn de manière méritée* §DEX ; donner son change à qqn

4979
rendre son tablier : *démissionner, se démettre d'une fonction* §USU

4980
rendre un enfant à sa grosseur : *élever un enfant jusqu'à l'âge adulte* §DEX

4981
rengainer son compliment : *garder par-devers soi les paroles que l'on allait prononcer* §PRA

4982
renipper qqc : *nettoyer, rafraîchir, remettre en état qqc* §DEX

4983
renouveler ses manches à balai : *battre, rosser qqn de belle façon* §CLA

4984
rentrer (ne pas) dans ses fonds : *perdre radicalement l'argent risqué dans une entreprise* §PRA

4985
rentrer dans le corps de qqn : *supplanter, supprimer, faire la vie dure à qqn* §DUL *se dit d'un travail dont l'accomplissement est physiquement exigeant pour le corps* §ORA

4986
rentrer dans le giron : *réintégrer le cercle, le clan, la famille* §ORA

4987
rentrer dans le lard à qqn : *donner des coups à qqn* §ORA

4988
rentrer dans sa coquille : *être frappé de mutisme* §ORA

4989
renverser la vapeur : *changer d'avis* §ORA

4990
renvoyer (se) la patate chaude : *se débarrasser d'un dossier embêtant* §ORA

4991
renvoyer l'ascenseur à qqn : *se dit à l'adresse de qqn qui a réussi pour qu'il fasse preuve de générosité ou de solidarité* §ORA

4992
renvoyer la balle à qqn : *retourner un argument contre l'agresseur, rétorquer vivement* §PRA ; *relancer la balle à qqn*

4993
renvoyer qqc aux calendes grecques : *remettre un travail à un avenir incertain* §ORA

4994
renvoyer qqn de Caïphe à Pilate : *renvoyer qqn à qqn qui le renvoie à un autre* §PON

4995
renvoyer son cavalier : *éconduire son amoureux* §DEX ; *laisser, abandonner son cavalier; jumper son chum*

4996
répandre (se) comme une traînée de poudre : *se dit de rumeurs, de nouvelles, de cancans qui sont rapidement diffusés* §ORA

4997
répondre à qqn : *être insolent* §ORA

4998
répondre du tac au tac : *répondre avec vivacité et sur le même ton* §USU

4999
reposer (se) sur ses lauriers : *se contenter d'un premier succès* §ROB *jouir d'un repos mérité par de glorieux succès* §ROB

5000
reprendre cœur : *reprendre courage* §ORA

5001
reprendre du poil de la bête : *se ressaisir* §ROB *avoir une meilleure santé* §ORA

5002
reprendre haleine : *s'arrêter un instant pour se donner le temps de souffler* §PRA

5003
reprendre le dessus sur qqn ou qqc : *reprendre le contrôle sur qqn ou qqc* §ORA

5004
reprendre ses sangs : *reprendre son sang-froid, ses esprits* §DEX

5005
reprendre son bâton de pèlerin : *poursuivre ses bons offices dans une mission délicate* §ORA

5006
reprendre son vent : *reprendre son souffle* §DEX

5007
ressasser la poussière : *revenir sur un sujet désagréable* §DEX

5008
ressembler comme deux gouttes d'eau à qqn : *se dit d'une personne qui présente les traits physiques d'une autre personne* §ORA

5009
rester (en) à ce qui a été dit : *expression servant à déclarer que, malgré l'avis*

contraire entendu, on persiste dans son opinion §PRA

5010
rester (en) là : *mettre un terme à l'affaire qui nous occupe* §PRA

5011
rester à l'ancre : *se dit d'un ou d'une célibataire qui n'a pu se marier* §BEA *être laissé pour compte en général* §BEA

5012
rester bête : *rester bouche bée* §DEX ; rester l'air bête

5013
rester court : *perdre le fil de son discours* §PRA

5014
rester le diable au vert : *demeurer très loin* §ORA ; demeurer, habiter, rester au diable vauvert, au diable vert

5015
rester lettre morte : *se dit de documents qui sont devenus inutiles* §ORA

5016
rester mal : *être bouleversé* §ORA

5017
rester pour compte : *expression applicable soit à des personnes soit à des marchandises qui deviennent des charges* §PRA

5018
rester sec : *demeurer sobre* §ORA

5019
rester sous les jupes de sa mère : *avoir des attitudes puériles, être timide* §DEX

5020
rester sur le carreau : *demeurer célibataire* §ORA ; rester sur le piquet, sur le pré, sur le terrain

5021
rester sur le cœur de qqn : *se dit de qqc qui fait éprouver de l'amertume à qqn* §ORA

5022
rester sur sa faim : *ne pas être comblé, satisfait* §USU

5023
rester sur son appétit : *limiter ses désirs, ses prétentions* §USU

5024
rester sur son assiette : *ne pas finir son repas* §ORA ; rester sur son plat

5025
rester sur son quant-à-soi : *être*

réservé §ORS ; garder ses distances

5026
retenir de qqn : *se dit d'une personne dont les traits de caractère sont semblables à ceux d'un de ses parents* §ORA ; tenir de qqn; ne pas retenir du voisin, des voisins

5027
retenir son lait : *se laisser désirer, se faire attendre* §DEX

5028
retomber en enfance : *perdre l'usage de la raison* §USU *devenir gâteux du fait de l'âge* §USU

5029
retomber sur ses pieds : *se tirer à son avantage d'une situation difficile, par adresse ou par chance* §ROB ; retomber sur ses pattes

5030
retourner le couteau dans la plaie : *faire souffrir qqn en évoquant ce qui lui est très pénible, en ranimant une douleur* §USU ; remuer, tourner le couteau dans la plaie; tourner, retourner le fer, le poignard dans la plaie

5031
retourner qqn comme un gant : *faire complètement changer d'avis à qqn* §USU

5032
retrousser la queue : *regimber* §GLO

5033
retrousser le troufignon à qqn : *administrer une raclée à qqn* §BEA

5034
retrousser ses manches : *se décider à agir* §ORA

5035
retrouver (se) le cul sur la braise : *se retrouver démuni, sans argent* §DEX ; se retrouver le cul sur la paille

5036
réunir les suffrages : *obtenir des voix nombreuses lors d'une élection* §PRA

5037
réussir qqc par la peau des dents : *réussir qqc difficilement, de justesse* §ORA

5038
réveiller les morts : *faire beaucoup de bruit* §ORA *alerter les gens* §ORA

5039
revenir (en) : *en avoir assez, être exaspéré* §DEX

5040
revenir à la charge : *faire une nouvelle tentative* §PON

5041
revenir à ses moutons : *reprendre un sujet de conversation qu'une interruption avait fait abandonner* §PRA

5042
revenir allège : *faire un voyage inutile* §CLS

5043
revenir au même : *indique une identité absolue entre deux choses* §PRA

5044
revenir avec sa courte honte : *subir un échec pénible* §PRA

5045
revenir bredouille : *avoir un insuccès complet* §PRA *avoir fait une recherche infructueuse* §PRA

5046
revenir chercher son étoupe : *retourner au bercail* §DEX

5047
revenir dans le décor : *expression usitée en parlant de choses qui, abandonnées pendant un temps, redeviennent actuelles* §DEX

5048
revenir de loin : *redevenir en santé après une longue maladie* §ORA

5049
revenir sur le plancher : *se dit d'une discussion, d'un débat qui reprend* §ORA

5050
revenir sur ses pas : *rebrousser chemin, refaire en sens inverse la route parcourue* §PRA *renoncer à une décision prise* §PRA

5051
rêver aux ours : *passer une nuit de cauchemars à la suite d'un repas trop lourd* §ORA ; *rêver au diable*

5052
rêver en couleurs : *se faire des illusions, rêver de choses impossibles* §BEA ; *faire des rêves en couleurs*

5053
revirer (se) dans sa tombe : *être choqué par qqc* §ORA ; *se retourner dans sa tombe*

5054
revirer à rien : *ne pas aboutir* §ORA

5055
revirer loin : *se dit de qqn ou qqc qui a un impact important, un avenir intéressant* §ORA

5056
revirer qqn : *opposer un non catégorique à qqn, envoyer promener qqn* §DEX

5057
revoir (ne pas) la couleur de son argent : *perdre de l'argent* §ORA

5058
rincer (se) l'œil : *pratiquer une forme de voyeurisme* §ORA *être attendri, éprouver du plaisir à la vue d'un spectacle* §ORA

5059
rincer (se) le bec : *trinquer* §DEX *manger une sucrerie* §ORA

5060
rincer un moteur : *lancer un moteur à plein régime* §DEX

5061
rire à la face de qqn : *se moquer de qqn* §ORA ; *rire au nez de qqn*

5062
rire aux anges : *se dit d'un bébé qui en dormant a l'air de rire, a un air béat* §ROB

5063
rire comme un bon : *rire énormément* §ORA ; *rire comme un bossu, comme un dératé, comme un fou, comme une baleine; rire à se tenir les côtes, à se tordre les boyaux, à se déchirer la gorge; rire à ventre déboutonné, à gorge déployée, à voix pleine; rire aux éclats, aux larmes*

5064
rire comme un cœur : *avoir un air angélique* §DEX

5065
rire dans sa barbe : *cacher sa gaîté, son contentement* §BEA

5066
rire derrière ses manches : *triompher dans une situation, aux dépens de qqn* §ORA

5067
rire du bout des lèvres : *ne pas rire franchement* §PON ; *rire du bout des dents; rire en dessous*

5068
rire jaune : *avoir un rire forcé, qui dissimule mal le dépit ou la gêne* §ROB ; *rire barré*

5069
rire sous cape : *se réjouir malicieusement à part soi* §ROB

5070
risquer le paquet : *mettre toutes ses ressources pour réussir qqc* §ORA

5071
risquer le tout pour le tout : *mettre toutes ses ressources à contribution pour tenter de réussir une entreprise risquée* §ORA ; *jouer sa dernière carte*

5072
risquer sa peau : *risquer sa vie* §ORA

5073
risquer un œil : *se hasarder dans une affaire, mais avec prudence* §GLO *jeter un coup d'œil furtif* §CLS

5074
river son clou à qqn : *réduire qqn au silence par une critique, une réponse* §ROB

5075
rogner les ailes à qqn : *enlever à qqn une partie de ses moyens d'action* §PRA ; *rogner les ongles à qqn; couper les ailes à qqn*

5076
rompre la tête à qqn : *fatiguer qqn à l'excès par ses paroles* §PRA

5077
rompre le charme : *mettre fin à une situation où l'on se complaisait* §PRA

5078
rompre le silence : *prendre la parole* §PRA

5079
rompre une lance : *entamer avec qqn une vive discussion en faveur d'une personne ou d'une idée* §PRA

5080
ronger (se) le cœur : *se faire du souci* §ORA ; *se ronger les poings; se ronger par en dedans*

5081
ronger (se) le fiel : *retenir son dépit en soi-même* §CLA

5082
ronger son frein : *désigne une vive impatience que l'on est obligé de comprimer* §PRA ; *ronger son mors*

5083
rougir jusqu'au blanc des yeux : *avoir une coloration subite au visage, produite par la pudeur, la timidité ou l'indignation* §PRA

5084
rouler en danseuse : *aller à vélo sans être assis sur la selle* §ORA

5085
rouler large et pesant : *mener grand train* §CLS

5086
rouler les mécaniques : *avoir une attitude agressive et prétentieuse* §USU ; *jouer les gros bras*

5087
rouler qqn : *tromper qqn* §ORA

5088
rouler qqn dans la farine : *tromper qqn* §ORA

5089
rouler sa bosse : *voyager sans cesse* §ROB *réussir dans la vie* §ORA

5090
rouler sur l'or : *être très riche* §USU

5091
rouvrir une plaie : *rappeler un mauvais souvenir à qqn* §ORA

5092
ruer dans le bacul : *regimber, protester vivement* §DUL ; *ruer dans les brancards, dans les timons*

S

5093
sacrer (se) de qqn ou qqc : *se moquer totalement de qqn ou qqc* §ORA

5094
sacrer comme un déchaîné : *blasphémer à qui mieux mieux* §DEX ; *sacrer, jurer comme un bûcheron, comme un charretier, comme un démon; jurer, sacrer long comme le bras*

5095
sacrer la paix à qqn : *laisser qqn tranquille, ne pas l'enquiquiner* §ORA ; *sacrer, crisser, câlisser patience à qqn; crisser, câlisser, foutre la paix à qqn*

5096
sacrer qqn ou qqc à terre : *pousser violemment qqn ou qqc pour le faire tomber* §ORA

5097
saigner (se) aux quatre veines : *se sacrifier pour qqn* §ORA

5098
saigner comme un bœuf : *saigner abondamment* §DEX

5099
saigner qqn à blanc : *soutirer tout son argent à qqn* §PON

5100
saisir l'occasion aux cheveux : *profiter au dernier moment d'une situation favorable* §ORA ; *saisir l'occasion par les cheveux; prendre, saisir la balle au bond*

5101
saisir qqc au vol : *attraper, au passage, quelques mots d'une conversation* §PRA

5102
saisir qqn à bras le corps : *empoigner qqn en l'entourant de ses bras* §PRA

5103
sauter à cloche-pied : *avancer par bonds sur un seul pied* §PRA

5104
sauter au cou de qqn : *être reconnaissant envers qqn* §ORA

5105
sauter au plafond : *tressaillir, jubiler (de joie, de surprise, etc.)* §DEX

5106
sauter aux conclusions : *conclure trop rapidement* §ORA

5107
sauter aux yeux : *frapper la vue au premier abord* §PRA

5108
sauter comme un chevreuil : *sauter avec agilité, sauter haut* §DEX

5109
sauter dans la face de qqn : *engueuler qqn* §DEX *donner une raclée à qqn* §DEX

5110
sauter la balustrade : *se faire refuser l'absolution* §DEX

5111
sauter la chèvre : *subir l'initiation pour entrer dans l'Ordre des Chevaliers de Colomb* §ORA

5112
sauter le fossé : *prendre une décision énergique après une longue hésitation* §PRA

5113
sauter par-dessus la clôture : *manquer à un engagement, faire faux bond à qqn* §DIO

5114
sauter un fret : *sauter clandestinement dans un train de marchandise (en marche)* §DEX

5115
sauver de l'argent : *économiser* §ORA

5116
sauver la face : *protéger les apparences* §ORA ; *sauver les dehors*

5117
sauver les meubles : *faire des démarches pour éviter un échec total* §ORA

5118
savoir (en) long sur qqn ou qqc : *avoir une connaissance approfondie de qqn ou qqc* §PRA

5119
savoir (ne pas) brûler l'eau : *se dit d'une femme malhabile* §DEX

5120
savoir (ne pas) ce qui bouille dans la marmite du voisin : *ne pas connaître les intentions ou l'état d'autrui* §BEA

5121
savoir (ne pas) ce qui pend au bout du nez de qqn : *se dit de qqn qui ne sait pas ce qui l'attend* §ORA

5122
savoir (ne pas) de quel côté se tourner : *hésiter avant de prendre une décision* §ORA

5123
savoir (ne pas) les airs de vent : *être désorienté, avoir l'esprit dérangé* §DEX

5124
savoir (ne pas) où se fourrer : *être honteux* §ORA

5125
savoir (ne pas) quoi faire de sa peau : *être désœuvré, n'avoir absolument*

rien à faire §DUL

5126
savoir (ne pas) sur quel pied danser : *ne savoir que faire, hésiter* §ROB

5127
savoir (ne) à quel saint se vouer : *implique une grande perplexité, une ignorance absolue de la voie qu'il faudrait suivre* §PRA

5128
savoir (ne) ni A ni B : *ne pas savoir les choses les plus élémentaires d'une affaire, d'une question* §PON

5129
savoir (ne) où donner de la tête : *hésiter avant d'entreprendre des tâches multiples* §ORA

5130
savoir (ne) par quel bout prendre qqn : *ne pas savoir comment aborder qqn, comment traiter avec lui* §ORA

5131
savoir (ne) rien de rien : *être d'une ignorance absolue* §PRA

5132
savoir à qui s'en prendre : *avoir trouvé qqn à accuser* §PRA

5133
savoir à quoi s'en tenir : *être fixé au sujet de qqc* §PON

5134
savoir gré de qqc à qqn : *être reconnaissant de qqc à qqn* §USU

5135
savoir le jeu de qqn : *connaître les moyens qu'emploie qqn pour arriver à un résultat* §PON

5136
savoir les tenants et les aboutissants de qqc : *connaître tous les détails d'une affaire* §PON

5137
savoir se retourner de bord : *avoir le talent de se tirer d'affaire en toutes circonstances* §ORA

5138
savoir vivre : *se comporter comme le veut l'usage social* §ROB

5139
sécher sur pied : *être très maigre* §ORA

5140
secouer (se) les pleumas : *gesticuler*

beaucoup §GLO *se dépêcher* §GLO ; *se secouer, se faire aller les plumas, les pleumats*
5141

secouer les puces à qqn : *secouer, chicaner qqn, le secouer de sa torpeur* §DEX
5142

secouer sa paresse : *se mettre au travail* §ORA
5143

secouer son joug : *se libérer* §ORA
5144

semer pour récolter : *être prévoyant* §ORA
5145

semer toute sa semence dans le même champ : *être imprévoyant* §ORA
5146

sentir (ne pas se) : *ne pas avoir prise sur la réalité* §ORA *être vaniteux* §ORA
5147

sentir (ne pas se) gros dans ses bottines : *être craintif, avoir peur, se sentir paralysé dans une situation donnée* §BEA
5148

sentir (se) comme un Ethiopien dans une épicerie : *se sentir perdu devant un trop grand choix, une trop grande surabondance* §DEX
5149

sentir (se) en trime : *se sentir bien disposé pour le travail* §CEL
5150

sentir (se) le cœur fade : *ne pas se sentir bien, être sur le point de perdre connaissance* §DUL
5151

sentir (se) lousse : *se sentir en veine de prodigalité* §ORA
5152

sentir (se) tout en guenille : *se sentir flasque, faible* §DEX
5153

sentir à plein nez : *répandre une forte odeur* §PRA
5154

sentir la b.o. : *puer des aisselles* §ORA
5155

sentir la tonne : *sentir, puer l'alcool* §SEU ; *sentir le fond de tonne*
5156

sentir le cani : *sentir le moisi* §DEX

5157

sentir les fesses : *sentir mauvais* §ORA ; *sentir le bouc, le cul, la chnoute, le diable, la morue, le petit canard la patte cassée, le sauvez-vous, le swing; ne pas sentir la rose*
5158

sentir les petits oiseaux : *puer des pieds, des aisselles ou d'ailleurs* §BEA ; *sentir les petites oies*
5159

serrer (se) la ceinture : *se priver de nourriture, se passer de qqc* §ROB ; *se mettre la ceinture; se serrer la babiche; tirer la babiche*
5160

serrer (se) les coudes : *s'entraider* §ROB
5161

serrer la graine à qqn : *gronder qqn, lui faire une semonce* §BEA ; *serrer le grain à qqn*
5162

serrer le grain : *avoir peur, être intimidé* §DEX
5163

serrer les cordons de sa bourse : *se refuser à des dépenses* §PRA
5164

serrer les gosses à qqn : *rudoyer qqn* §ORA ; *serrer les osselets, les ouïes à qqn*
5165

serrer qqn de près : *presser qqn vivement dans une lutte, dans une discussion* §PON *poursuivre qqn en marchant sur ses talons* §PRA
5166

servir à toute fin : *servir à plusieurs usages* §PON
5167

servir de pierre de touche : *expression désignant un moyen infaillible d'éprouver la valeur de qqn ou de qqc* §PRA
5168

servir de tête de Turc : *être en butte aux attaques de tous* §PON ; *servir de cible, de plastron*
5169

servir un abattage à qqn : *faire une semonce, une réprimande à qqn* §CLS

5170
signer la feuille de route à qqn :
congédier qqn §PRA

5171
signer son arrêt de mort : *encourir l'exclusion d'un groupe* §ORA

5172
signifier qqc à qqn : *intimer un ordre à qqn* §PRA

5173
siphonner (en) un coup : *aimer l'alcool, trinquer* §DEX

5174
soigner du secret : *avoir un don pour soigner les animaux* §DEX

5175
sonder le terrain : *sonder la situation, l'état des choses et des esprits, avant d'agir* §ROB ; préparer, reconnaître, tâter le terrain; sonder le gué

5176
songer creux : *se laisser aller à de vaines rêveries* §PON

5177
sonner la fin de la récréation : *dénoncer une situation et prendre des mesures pour la corriger* §ORA

5178
sonner le tocsin : *donner l'alarme* §PON

5179
sonner les cloches à qqn : *brasser, secouer physiquement qqn* §ORA

5180
sonner les oreilles à qqn : *donner une correction à qqn* §DEX ; frotter les oreilles à qqn

5181
sortir (en) des capables : *proférer des énormités* §DEX

5182
sortir (ne pas) de la maison : *se dit de qqc qui ne sera jamais cédé* §ORA

5183
sortir (se) d'un mauvais pas : *se soustraire sans dommage à une situation critique* §PRA

5184
sortir après neuf heures : *rechercher les aventures galantes* §DEX

5185
sortir avec Pierre, Jean, Jacques : *avoir de mauvaises fréquentations, fréquenter*

n'importe qui §DEX ; aller avec Pierre, Jean, Jacques

5186
sortir de la question : *s'écarter du sujet dont on s'occupe* §PRA

5187
sortir de qqc avec les honneurs de la guerre : *pouvoir se retirer la tête haute après un conflit* §PRA

5188
sortir de sa coquille : *se dégêner, s'extérioriser* §BEA

5189
sortir de ses gonds : *se fâcher, tempêter* §ORA ; sortir de son caractère

5190
sortir de son placard : *se dit d'un homosexuel qui se découvre, qui s'affirme* §ORA

5191
sortir des sentiers battus : *sortir du conformisme, de la facilité* §USU

5192
sortir les pieds devant : *ne pas sortir d'un endroit vivant* §ORA

5193
sortir qqn du trou : *dépanner financièrement qqn* §ORA

5194
sortir qqn sur la tête : *évincer qqn* §ORA

5195
sortir sain et sauf de qqc : *échapper, sans subir aucun dommage, à un grand danger* §PRA

5196
soucier (se) de qqc comme de sa première chemise : *n'accorder aucun intérêt à qqc* §ROB ; se soucier de qqc comme d'une guigne

5197
souffler (ne pas) mot de qqc à qqn : *garder un silence absolu sur qqc* §PRA

5198
souffler dans la balloune : *passer le test de l'ivressomètre* §DEX

5199
souffrir (ne pas) de difficulté : *indique qu'une chose s'accomplira très facilement* §PRA

5200
souffrir le martyre : *être atteint de*

grandes douleurs, souffrir beaucoup §BEA ;
endurer le martyre; souffrir comme un
possédé, comme un damné; souffrir mort
et passion

5201
souhaiter (en) à qqn : *souhaiter du
mal à qqn* §ORA

5202
soulever le casseau à qqn : *morigéner
qqn* §DIO

5203
soulever le train de qqn : *secouer qqn
de sa torpeur* §DEX

5204
soulever mer et monde : *faire
l'impossible* §ORA

5205
**souvenir (ne plus se) de qqc le jour
de ses noces :** *se dit pour souhaiter à
qqn l'oubli de ses petits malheurs* §ORA ; ne
plus se ressentir de qqc le jour de ses
noces

5206
stooler qqn : *dénoncer qqn* §ORA

5207
sucer qqn : *pratiquer la fellation*
§ORA *exploiter qqn* §ORA

5208
sucer qqn jusqu'à la moëlle :
dépouiller qqn complètement §ORA ; sucer
qqn jusqu'aux os

5209
sucrer les fraises : *être agité d'un trem-
blement nerveux, être gâteux* §ROB ; avoir
la branlotte; avoir la maladie de Parkinson

5210
suer comme un Christ en croix :
suer abondamment §DEX

5211
suer sang et eau : *se donner une peine
extrême* §PRA

5212
suivre les chemins battus : *suivre les
procédés ordinaires, les moyens connus, les
usages établis* §ROB

5213
suivre qqn de près : *arriver bientôt
après qqn* §PRA *exercer une stricte surveillance sur qqn* §PRA

5214
suivre sa pente : *suivre ses inclinations,
ne pas résister à ses tendances* §USU

5215
suivre son premier mouvement :
*suivre la première impulsion qui porte à agir
dans tel ou tel sens* §PON

5216
supplier jusqu'à amen : *implorer sans
arrêt* §DEX

T

5217
tabler sur qqc : *prendre un fait passé comme garantie pour l'avenir* §PRA

5218
tailler qqc en pièces : *détruire, anéantir par des procédés violents* §PRA

5219
taire son bec : *cesser de parler* §CLS

5220
tambouriner une nouvelle : *colporter bruyamment une nouvelle* §ORA

5221
taper dans l'œil de qqn : *plaire à qqn* §ORA

5222
taper du pied puis jouer du piano : *se dit d'une femme légère* §DEX

5223
taper sur les doigts à qqn : *reprocher qqc à qqn* §ORA

5224
taper une ligne : *brancher une ligne téléphonique sur une table d'écoute* §DEX

5225
tasser qqn dans un coin : *bousculer, semoncer qqn* §DEX *caresser, peloter qqn* §ORA

5226
tâter (se) de joie : *exulter* §DEX

5227
tâter (se) le pouls : *se consulter* §PON

5228
tâter le pouls à qqn : *sonder les*

intentions de qqn §PON

5229
tchéquer ses claques : *se surveiller* §ORA

5230
tendre la main à qqn : *secourir qqn* §ORA ; *tendre une main secourable à qqn*

5231
tendre la perche à qqn : *fournir à qqn une occasion de se tirer d'embarras* §ROB

5232
tendre les bras à qqn : *accueillir chaleureusement qqn* §ORA

5233
tendre les câbles : *décupler d'efforts (dans l'accomplissement d'une tâche)* §DEX

5234
tenir ça mort : *ne pas parler d'une chose, la garder pour soi* §DEX

5235
tenir (ne pas s'en) à qqc : *aller plus loin que le point mentionné* §PRA

5236
tenir (ne pas) debout : *signale une absence de base ou de logique* §PRA *être épuisé physiquement* §SOU

5237
tenir (ne pas) en place : *être agité, ne pouvoir se contenir* §ORA ; *ne pas tenir dans sa peau*

5238
tenir (ne pas) le temps dans sa

poche : *ne pouvoir prédire ce qui se passera* §ORA
5239

tenir (ne pas) sa coupe : *se décourager facilement* §CLS
5240

tenir (ne) qu'à un cheveu : *se dit d'une situation ou d'une chose instable ou précaire* §ORA ; *ne tenir qu'à un fil*
5241

tenir (s'en) à qqc : *ne pas outrepasser la limite mentionnée* §PRA
5242

tenir (se le) pour dit : *se convaincre de qqc* §ORA ; *se rentrer qqc dans la tête*
5243

tenir (se) à carreau : *ne pas se faire remarquer* §ORA
5244

tenir (se) à distance : *repousser la familiarité en se tenant dans la réserve* §ROB
5245

tenir (se) à l'attention : *se tenir au garde-à-vous* §CLS
5246

tenir (se) à sa place : *se faire respecter* §ORA
5247

tenir (se) en haleine : *poursuivre un travail quelconque dans le but de n'en pas perdre l'habitude* §PRA
5248

tenir (se) le cou raide et les oreilles droites : *se montrer soumis* §ORA
5249

tenir (se) pour battu : *se considérer comme vaincu* §PRA
5250

tenir (se) sur la clôture : *être indécis sur le choix d'un parti* §DIO ; *être sur la clôture*
5251

tenir (se) sur la défensive : *témoigner par son attitude que l'on est prêt à repousser une attaque* §PRA ; *se tenir sur la réserve*
5252

tenir (se) sur sa grandeur : *faire le fier, le fanfaron* §GLO
5253

tenir à qqn ou qqc comme à la prunelle de ses yeux : *tenir beaucoup*

à qqn ou qqc §ORA
5254

tenir bon : *résister à une vigoureuse attaque* §PRA
5255

tenir compagnie à qqn : *rester auprès de qqn qui s'ennuierait seul* §PRA
5256

tenir compte de qqn ou qqc : *prendre qqn ou qqc en considération* §PRA
5257

tenir cour plénière : *grouper autour de soi tous ses courtisans* §PRA
5258

tenir du prodige : *être merveilleux* §PRA
5259

tenir la balance égale : *être d'une exacte impartialité entre deux partis contraires* §PON
5260

tenir la barre : *diriger qqc* §ORA ; *être à la barre de qqc*
5261

tenir la bride haute à qqn : *ne pas laisser à qqn la liberté d'action, ne rien lui céder* §ROB
5262

tenir la dragée haute à qqn : *faire longtemps attendre qqn* §DUN *faire payer cher à qqn ce qu'il demande* §ROB *tenir tête à qqn* §ROB
5263

tenir la jambe à qqn : *le retenir par les discours, les confidences qu'on lui impose* §ROB
5264

tenir la main à qqn : *encourager qqn* §ORA
5265

tenir le bouquet : *réussir un examen, un cours* §ORA ; *avoir le bouquet; avoir, tenir le bouquette*
5266

tenir le coup : *résister* §ORA
5267

tenir le crachoir : *accaparer la conversation, ne pas arrêter de parler* §LAF ; *tenir le haut de la conversation; garder le crachoir, le pôle*
5268

tenir le haut du pavé : *être supérieur par sa position* §PON

5269
tenir le record de qqc : *n'être surpassé par personne* §PRA

5270
tenir le temps : *noter les heures de travail* §SEU

5271
tenir les choses en mains : *avoir le contrôle d'une situation* §ORA

5272
tenir les cordons de la bourse : *être responsable de la gestion financière* §ORA

5273
tenir les leviers de commande : *être responsable de qqc* §ORA

5274
tenir lieu de qqc : *remplacer qqc* §PRA

5275
tenir parole : *accomplir une promesse faite* §PRA

5276
tenir plus à sa peau qu'à sa chemise : *s'occuper plutôt de soi que des autres* §DIO

5277
tenir qqc de bonne source : *expression servant à garantir la valeur d'une assertion, l'exactitude d'une nouvelle donnée* §PRA ; tenir qqc de bonne part

5278
tenir qqc de qqn : *avoir appris qqc de qqn* §ORA

5279
tenir qqc en réserve : *garder par-devers soi quelque ressource pour l'utilisation en cas de besoin* §PRA

5280
tenir qqc sous clé : *mettre qqc en lieu sûr* §ORA

5281
tenir qqn à l'œil : *surveiller qqn sans le perdre un instant de vue* §PRA ; avoir qqn à l'œil

5282
tenir qqn dans sa main : *dominer qqn* §ORA ; tenir qqn en bride, en laisse, entre le pouce et l'index

5283
tenir qqn de court : *diminuer le degré de liberté accordé à qqn* §PRA

5284
tenir qqn en haleine : *maintenir qqn*

en état d'incertitude, d'attente §ROB

5285
tenir qqn en joue : *braquer une arme sur qqn* §ORA ; tenir qqn en respect

5286
tenir qqn par la ganse : *suivre qqn comme son ombre* §DEX *tenir solidement, physiquement ou moralement* §BEA ; saisir, poigner, pogner qqn par la ganse

5287
tenir qqn par la peau du cou : *tenir qqn de manière à l'empêcher d'agir* §ORA ; tenir qqn par les chnolles; tenir qqn en échec

5288
tenir qqn quitte de qqc : *libérer qqn d'une dette ou d'un devoir* §PRA

5289
tenir qqn sur la sellette : *soumettre qqn à un interrogatoire serré* §USU

5290
tenir rigueur à qqn de qqc : *montrer de la froideur à une personne à qui l'on en veut* §PRA

5291
tenir sa langue : *être discret* §ORA

5292
tenir sa parole : *respecter ses promesses* §ORA ; respecter sa parole

5293
tenir sa rame : *défendre son point de vue, tenir à ses opinions* §DEX ; tenir son bord, tenir son bout; tenir son bout de la couverte, de la couverture

5294
tenir son sérieux à deux mains : *s'empêcher de rire* §ORA

5295
tenir tête à qqn : *résister, s'opposer à qqn* §USU

5296
tirer (s'en) : *se sortir d'embarras par sa propre adresse ou initiative* §PRA

5297
tirer (se) : *s'en aller* §DUN

5298
tirer (se) une bûche : *s'approcher une chaise pour s'asseoir* §BEA ; se prendre une bûche

5299
tirer à blanc : *tirer avec des balles inoffensives ou sans balle* §ROB

5300
tirer à boulets rouges sur qqn : *attaquer qqn violemment* §PRA

5301
tirer à conséquence : *avoir des suites sérieuses* §PRA ; *porter à conséquence*

5302
tirer à la courte paille : *procédé employé pour trancher une question en se servant de deux paillettes ou de deux bouts de papier d'inégale grandeur* §PRA

5303
tirer à sa fin : *être bientôt terminé* §ORA *être bientôt vide* §ORA

5304
tirer au coup de poing : *se quereller* §DEX

5305
tirer au crochet : *s'affronter au jeu de tire-au-doigt* §DEX

5306
tirer au renard : *action du cheval qui veut se libérer de sa longe* §BEA *refuser d'obéir, d'obtempérer* §DEX ; *haler au renard; tirer du renard*

5307
tirer au reste : *être attardé mentalement, niais* §DEX *tirer à sa fin* §DEX

5308
tirer avec de la live : *tirer avec des cartouches réelles* §SEU

5309
tirer comme un canon : *tirer avec force* §DEX

5310
tirer dans le collier : *travailler en rechignant* §ORA ; *kicker dans le bacul*

5311
tirer dans les attelles : *faire un effort énergique* §CLS

5312
tirer dans les jambes de qqn : *nuire à qqn, le desservir de façon peu loyale* §ROB

5313
tirer de l'aile : *indique que la personne ou l'affaire dont il est question ne prospère pas* §ORA ; *ne battre que d'une aile*

5314
tirer de la patte : *être derrière les autres* §ORA

5315
tirer de son côté : *se séparer du reste de la société, faire bande à part* §PRA

5316
tirer des plans : *former un dessein, chercher une solution* §BEA *badiner, plaisanter* §BEA

5317
tirer du poignet : *nom d'un jeu où les adversaires, face à face, le coude appuyé sur une table essaient de pousser la main et l'avant-bras de l'opposant de manière que le dos de la main renversée touche la table* §BEA

5318
tirer en longueur : *devenir ennuyeux en se prolongeant* §PRA

5319
tirer l'horoscope à qqn : *dire toute la vérité à qqn* §DEX *prédire l'avenir à qqn* §ORA

5320
tirer la couverte de son bord : *voir à ses intérêts avant tout* §DEX ; *amener, tirer la couverture de son bord*

5321
tirer la langue à qqn : *faire la grimace à qqn* §ORA

5322
tirer la manche à qqn : *attirer l'attention de qqn, le solliciter* §USU ; *tirer qqn par la manche*

5323
tirer le diable par la queue : *être pauvre ou simplement ne pas arriver à joindre les deux bouts* §BEA

5324
tirer le portrait à qqn : *se faire une bonne idée de qqn* §SEU *prendre qqn en photo* §ORA *dire à qqn ce qu'on pense de lui* §ORA

5325
tirer le rideau sur qqc : *mettre qqc dans l'oubli* §PON

5326
tirer les cartes à qqn : *prédire l'avenir à qqn* §ORA

5327
tirer les ficelles : *diriger les mouvements, tout en demeurant invisible* §PRA

5328
tirer les marrons du feu : *tirer avantage du travail d'autrui* §ORA

5329
tirer les vers du nez à qqn : *soutirer des renseignements à qqn* §ORA

5330
tirer parti de qqc : *profiter de qqc* §PRA

5331
tirer qqc de son cru : *inventer qqc* §PRA

5332
tirer qqn à la remorque : *avoir qqn qui dépend beaucoup de soi* §ORA

5333
tirer sa révérence à qqn : *s'éloigner de qqn en témoignant, par son attitude, son mécontentement* §PRA

5334
tirer son chapeau à qqn : *exprimer son admiration à qqn* §USU

5335
tirer son épingle du jeu : *se dégager adroitement d'une situation délicate, se retirer à temps d'une affaire qui devient mauvaise* §ROB *sauver sa mise* §ROB

5336
tirer sur le cordon : *être très économe* §DIO

5337
tirer sur les attelles : *être rendu à la dernière extrémité* §CLS

5338
tirer un coup : *faire l'amour* §ORA

5339
tirer un puits : *creuser un puits* §DEX

5340
tirer une course : *courir, lutter de vitesse* §DIO

5341
tirer une épine du pied à qqn : *tirer qqn d'embarras* §ROB ; *ôter, enlever une épine du pied à qqn*

5342
toffer la run : *tenir le coup* §CLS

5343
tomber à l'eau : *se dit de qqc dont la réalisation n'a pas lieu* §ORA

5344
tomber à la renverse : *être très surpris* §ORA

5345
tomber à pic : *tomber à point nommé, à propos* §ROB

5346
tomber à plat : *se dit d'une situation qui n'a pas de suite* §ORA

5347
tomber à terre comme une tourte : *s'écraser, s'effondrer* §DEX

5348
tomber aux mains de qqn : *tomber en son pouvoir, sous sa coupe* §ROB

5349
tomber chez qqn : *arriver chez qqn à l'improviste* §PON

5350
tomber comme des mouches : *échouer en grand nombre dans une tâche* §ORA

5351
tomber comme un crapaud : *s'étaler par terre* §DEX

5352
tomber comme une poche : *tomber rapidement dans un sommeil profond* §ORA ; *comme une roche*

5353
tomber d'accord : *en arriver à une même conclusion* §PRA

5354
tomber dans l'œil de qqn : *plaire au point de susciter des avances à qui l'on plaît* §BEA

5355
tomber dans la face de qqn : *injurier qqn, lui dire son fait, l'accuser des malheurs du monde d'une façon qui se veut blessante* §BEA *énerver, exaspérer qqn ou être perçu comme déplaisant par qqn* §BEA

5356
tomber dans le panneau : *se laisser prendre à un piège* §ORA ; *donner dans le panneau, dans le piège; tomber dans la nasse*

5357
tomber dans les bleus : *ne plus se contrôler* §ORA

5358
tomber dans les confusions : *souffrir d'épilepsie, être en pleine crise d'épilepsie* §BEA *perdre l'esprit* §DEX

5359
tomber dans les mains de qqn : *venir à être connu de qqn ou devenir la propriété de qqn* §ORA

5360
tomber dans les mals : *faire une crise d'épilepsie* §ORA ; *tomber du petit mal*

5361
tomber dans les pommes : *s'évanouir, perdre connaissance* §BEA ; *partir, tomber dans les patates; faire de la cire; voir des étoiles; perdre la lumière*

5362
tomber dans les talles de qqn : *plaire à qqn* §DEX

5363
tomber dans un guêpier : *tomber au milieu de personnes ou de choses menaçantes* §PON

5364
tomber dans un mal : *rester interloqué, sidéré* §DEX

5365
tomber de Charybde en Scylla : *voir la situation empirer au lieu de s'améliorer* §PRA

5366
tomber de haut : *être saisi d'étonnement* §PON

5367
tomber de la lune : *éprouver une vive surprise* §USU ; *tomber des nues*

5368
tomber de sa hauteur : *subir un revers de fortune* §ORA ; *tomber de son haut*

5369
tomber dedans : *manger ou boire avidement et sans mesure* §BEA

5370
tomber dedans à qqn : *dire son fait à qqn, l'accuser de son propre malheur d'une manière qui se veut blessante* §BEA

5371
tomber des clous : *pleuvoir à torrents, à verse* §BEA ; *pleuvoir des clous*

5372
tomber dessus qqn : *ennuyer qqn* §ORA *agresser qqn* §ORA

5373
tomber du ciel : *arriver à l'improviste, comme par miracle* §ROB

5374
tomber en amour avec qqn : *devenir amoureux* §BEA

5375
tomber en bas de sa chaise : *être*

estomaqué §DEX

5376
tomber en bas de son jack : *faire le bouffon* §BEA *faire une crise d'épilepsie* §BEA *tomber de son jack, de son piédestal* §BEA

5377
tomber en botte : *se détériorer* §BEA *défaillir, s'évanouir, s'écraser* §BEA ; *être, tomber en bottes; tomber en compote*

5378
tomber en désuétude : *expression applicable à un ouvrage qui a vieilli et que la mode a rejeté* §PRA

5379
tomber en pâmoison : *être en admiration, en amour avec qqn ou être très attiré par qqc* §ORA

5380
tomber en partage à qqn : *échoir à qqn par décision du sort* §PRA

5381
tomber en ruine : *décrépir* §ORA

5382
tomber enceinte : *devenir enceinte* §ORA

5383
tomber fer : *s'ajuster parfaitement* §DEX

5384
tomber gros comme un œuf : *se dit de la pluie qui tombe à verse ou de la neige qui tombe en gros flocons* §DEX

5385
tomber le bec dans l'eau : *rater une affaire* §CLS

5386
tomber pile : *arriver exactement quand il faut, au bon moment* §USU ; *arriver pile*

5387
tomber sous le coup de qqc : *expression ayant trait à un délit, exposant celui qui le commet à une répression légale* §PRA

5388
tomber sous le sens : *être d'une parfaite évidence* §PRA

5389
tomber sur la fripe de qqn : *enguirlander, tabasser qqn* §DEX ; *tomber sur la couenne, sur la falle, sur la noix, sur la tomate, sur le dos, sur le paletot, sur le poil de qqn*

5390
tomber sur la rate : *irriter, énerver qqn*
§ORA ; taper, tomber sur le gros nerf, sur le système, sur les nerfs, sur les rognons, sur les reins de qqn

5391
tomber sur la tête : *faire qqc de déraisonnable* §ORA

5392
tomber sur le cul : *être très étonné, rester estomaqué* §DEX ; tomber sur le dos

5393
tomber sur qqn : *rencontrer qqn au hasard* §ORA

5394
tomber sur qqn à bras raccourcis : *s'en prendre à qqn de façon subite et imprévisible* §ORA

5395
tomber sur un bec : *éprouver un échec* §ORA

5396
tonner contre qqn ou qqc : *exprimer une vive indignation* §PRA

5397
toquer (se) sur qqn : *s'enticher de qqn* §DEX ; stoquer sur qqn

5398
tordre le bras à qqn : *forcer qqn à accepter qqc* §ORA

5399
toucher (en) deux mots à qqn : *avertir qqn de qqc* §ORA

5400
toucher (ne pas) à terre : *être très satisfait d'un événement* §ORA *être hautain* §ORA

5401
toucher à son terme : *approcher de la fin* §PRA ; toucher au but

5402
toucher du bois : *se dit en faisant le geste, pour éloigner le malheur, la malchance* §ORA

5403
toucher la grosse corde : *parler d'une chose qui doit faire du bruit, ou toucher vivement celui à qui l'on parle* §DIO ; toucher la corde sensible

5404
toucher le fond du baril : *arriver au bout de ses ressources* §ORA

5405
toucher qqc du doigt : *se rendre compte de qqc par une preuve tangible et irrécusable* §PRA

5406
tourner (ne pas) rond : *ne pas bien marcher, ne pas bien fonctionner* §USU

5407
tourner (se) les pouces : *rester sans rien faire* §ROB

5408
tourner au beau : *se dit du temps qui s'améliore* §ORA ; se mettre au beau

5409
tourner autour du pot : *n'oser aborder directement ce à quoi on veut en venir* §PON

5410
tourner bride : *détaler dans le sens inverse* §DUN

5411
tourner casaque : *changer brusquement d'opinion* §USU

5412
tourner comme un lion en cage : *être nerveux, impatient, irritable* §ORA

5413
tourner comme un moine : *tourner à la perfection* §DEX ; aller comme un moine

5414
tourner dans le beurre : *se dit de qqc qui tourne à vide, de qqn qui perd son temps* §DEX

5415
tourner dans ses shorts : *se faire donner une raclée, se faire secouer* §DEX

5416
tourner dans un cercle vicieux : *raisonner sans pouvoir aboutir, à cause d'un faux point de départ* §PRA

5417
tourner de côté dans ses caleçons : *se faire malmener* §DEX

5418
tourner de l'œil : *perdre connaissance* §ORA

5419
tourner en bourrique : *devenir idiot à cause de procédés exaspérants, de tracasseries* §USU

5420
tourner en jeu de chien : *tourner à la violence, à la querelle* §DEX

5421
tourner en rond : *perdre son temps, ne pas être efficace* §ORA

5422
tourner la corde avant d'avoir le veau : *brûler les étapes* §DEX

5423
tourner la difficulté : *recourir à un expédient, à un détour pour sortir d'embarras* §PRA

5424
tourner la tête à qqn : *rendre qqn amoureux ou fou* §PRA

5425
tourner le dos à la mangeoire : *faire le contraire de ce qui serait profitable* §PON

5426
tourner le dos à qqn : *s'éloigner de qqn, affecter de ne plus le connaître* §PON

5427
tourner mal : *avoir de l'insuccès dans une entreprise* §PRA *expression impliquant une mauvaise manière de vivre* §PRA

5428
tourner qqn ou qqc en dérision : *se moquer de qqn ou de qqc* §PRA ; tourner qqn en ridicule

5429
tourner sept fois sa langue dans sa bouche : *réfléchir avant de parler* §ORA

5430
tourner sur ses talons : *faire une prompte retraite* §PRA ; tourner les talons

5431
tourner sur un dix cennes : *faire une pirouette* §ORA

5432
tousser creux : *avoir une toux de poitrine* §ORA

5433
traîner (se) le cul : *perdre son temps* §DEX

5434
traîner (se) les pieds : *faire durer le travail ou l'affaire, retarder une décision volontairement* §BEA

5435
traîner de la patte : *prendre du retard* §ORA ; traîner de la queue, de l'aile

5436
traîner la queue : *être parmi les derniers de classe* §DEX

5437
traîner la savate : *vivre dans un état de pauvreté chronique* §PRA

5438
traîner qqn dans la boue : *salir la réputation de qqn* §PON

5439
traîner sa corde : *être insupportable* §DEX

5440
traîner son lien : *ne pouvoir se dégager d'une personne ou d'une chose embarrassante* §PON

5441
traiter à forfait : *expression impliquant la vente ou l'achat en bloc sous estimation préalable* §PRA

5442
traiter de puissance à puissance : *faire valoir des droits identiques* §PRA

5443
traiter qqn à bouche que veux-tu : *régaler qqn* §USU

5444
traiter qqn au bout de la fourche : *maltraiter qqn, tenir qqn à distance* §DEX ; soigner qqn au bout de la fourche

5445
traiter qqn aux petits oignons : *traiter qqn avec tous les égards* §DEX ; être aux petits soins avec qqn; soigner qqn aux petits oignons

5446
traiter qqn de haut en bas : *le considérer avec mépris, dédain* §USU ; traiter qqn du haut de sa grandeur; traiter qqn par-dessous la jambe

5447
trancher la question : *apporter une solution au dilemme qui se pose* §PRA

5448
trancher le nœud gordien : *sortir d'une difficulté par un acte prompt et décisif* §PRA

5449
trancher un castor : *creuser le sol ou une butte pour faire sortir le castor* §BEA

5450
transmettre (se) le flambeau : *continuer une action collective, une tradition considérée comme sacrée* §ORA

5451
travailler à la bauche : *travailler à la hâte, à la course* §CLS

5452
travailler à la bunch : *couper le bois au tas* §DEX *être rémunéré au tas* §DEX

5453
travailler à la job : *travailler à forfait, à la pièce* §DEX

5454
travailler à toute éreinte : *travailler avec toute sa force* §BEA

5455
travailler brouchtebrouchte : *mal faire qqc, faire qqc sans soin* §DEX

5456
travailler comme un bœuf : *s'épuiser à la tâche* §DEX ; travailler comme un bourreau, comme un nègre

5457
travailler d'ambition : *travailler avec ténacité* §CLS

5458
travailler d'arrache-poil : *travailler sans désemparer, en y mettant toute son énergie* §DEX ; travailler d'arrache-pied

5459
travailler d'un fanal à l'autre : *travailler du matin jusqu'au soir* §CLS ; travailler de la barre du jour jusqu'au fanal

5460
travailler de son métier : *être employé, travailler à salaire* §BEA *exercer un métier manuel, par opposition à une profession* §BEA

5461
travailler des mâchoires : *se dit en parlant du mouvement incontrôlé des mâchoires, quand on se sert de ciseaux par exemple* §ORA ; jouer des mâchoires

5462
travailler du chapeau : *être un peu fou* §USU ; faire du chapeau

5463
travailler les esprits : *y faire naître l'agitation, le mécontentement* §PON

5464
travailler par bourrées : *travailler par à-coups, par périodes intenses* §DEX

5465
travailler petit tas gros tas : *remplir une tâche distraitement* §DEX

5466
travailler pour des épelures de patates : *travailler pour presque rien* §ORA ; travailler pour des prunes, pour des radis

5467
travailler pour la gloire : *travailler sans être rémunéré* §ORA ; travailler pour merci

5468
travailler sans filet : *faire qqc en prenant des risques, en ne se ménageant aucun moyen de repli* §USU

5469
travailler son affaire : *manigancer pour réussir qqc* §ORA

5470
trembler comme une feuille : *trembloter* §DEX

5471
tremper dans un coup : *participer à une opération louche* §ORA

5472
tremper ses bottes : *s'enivrer* §DEX

5473
tremper son pinceau : *faire l'amour (en parlant d'un homme)* §ORA ; tremper son biscuit

5474
tricoter des gambettes : *rapprocher puis écarter rapidement et sans arrêt les jambes, en position assise* §ORA ; tricoter des jambes, des pinceaux

5475
trier qqn ou qqc sur le volet : *bien choisir qqn ou qqc* §ORA

5476
tripper dur : *se dit d'une personne aux gestes ou aux sentiments excessifs* §DEX

5477
tromper qqn dans les grandes largeurs : *berner totalement qqn* §ORA

5478
trotter dans la tête de qqn : *se dit de pensées qui persistent* §ORA

5479
troubler l'eau : *se dit des éléments qui perturbent le cours des choses* §ORA

5480
trouver (ne pas se) en dessous de la queue d'une chatte : *être difficile à trouver* §CLS ; ne pas se trouver sous le pas d'un cheval, d'une mule

5481
trouver (ne) que le nid : *constater la fuite de qqn* §ORA

5482
trouver (se) mal : *être étourdi, devenir faible* §ORA

5483
trouver à qui parler : *s'attaquer à une personne de force à se défendre* §PRA

5484
trouver à redire : *manifester son mécontentement* §ORA

5485
trouver chaussure à son pied : *trouver le ou la partenaire qui convient* §DEX *rencontrer un adversaire de taille* §ORA *se procurer ce qui convient* §PRA

5486
trouver de l'écho : *rencontrer de la sympathie au sujet d'une idée* §PRA

5487
trouver grâce aux yeux de qqn : *se faire pardonner qqc* §ORA

5488
trouver le joint : *comprendre soudainement qqc qui nous échappait* §ORA *; faire le joint*

5489
trouver le sept pour sauter : *pouvoir se tirer d'affaire, d'embarras* §DEX

5490
trouver le tour de faire qqc : *trouver le moyen de faire qqc* §CLS

5491
trouver son chemin de Damas : *trouver sa voie* §ORA

5492
trouver son compte dans qqc : *tirer profit ou avantage de l'affaire en question* §PRA

5493
trouver son maître : *trouver plus fort que soi, plus compétent* §USU

5494
trouver une pierre sur son chemin : *éprouver une difficulté imprévue* §USU

5495
tuer (se) à faire qqc : *mettre beaucoup d'énergie à faire qqc* §ORA *; se tuer l'âme à faire qqc*

5496
tuer (se) l'âme à l'ouvrage : *s'épuiser à la tâche* §DEX

5497
tuer la poule aux œufs d'or : *détruire par avidité ou impatience la source d'un profit important* §ROB

5498
tuer le temps : *échapper à l'ennui en s'occupant ou en se distrayant* §USU

5499
tuer le veau gras : *célébrer à l'occasion du retour inespéré de qqn* §PRA

5500
tuer qqc dans l'œuf : *faire cesser qqc dès le départ, au début* §USU *; écraser, étouffer qqc dans l'œuf*

5501
tuer son chien : *laisser passer sa chance, abandonner tout espoir* §DEX

U

5502
user (ne pas s') les genoux : *être peu enclin à la pratique religieuse, à la prière* §DEX

5503
user de prudence : *agir avec précaution ou prévoyance* §PRA ; user de circonspection

5504
user de représailles : *infliger à qqn un tort semblable à celui qu'il vous a fait* §PRA

5505
user qqc au coton : *utiliser qqc jusqu'à l'usure complète* §ORA ; user qqc jusqu'à la corde, jusqu'à la trame

5506
user sa salive : *parler inutilement* §ORA

V

5507
valoir (ne pas) cher la tonne : *avoir peu de valeur* §DEX ; ne pas valoir cher la toune, la verge; ne pas valoir les quatre fers d'un chien

5508
valoir (ne pas) de la marde : *n'avoir aucune valeur* §DEX ; ne pas valoir de la chnoute, de la colle; ne pas valoir le cul, le diable, le six de pique; ne pas valoir cinq cents; ne pas valoir tripette; ne pas valoir un clou

5509
valoir (ne pas) la chandelle : *ne pas valoir la peine* §USU

5510
valoir (ne pas) la corde pour se pendre : *se dit de qqn qui est un vaurien* §USU

5511
valoir (ne pas) le diable : *ne pas être extraordinaire* §DEX ; ne pas être le diable

5512
valoir (ne pas) le six : *ne pas valoir cher en parlant d'une personne* §ROU

5513
valoir (ne pas) un clou : *avoir peu de valeur, de force physique* §DEX

5514
valoir (ne pas) une chique : *être un faiblard* §DEX *n'avoir aucune valeur, aucun courage* §DEX

5515
valoir la peine : *être digne de l'effort ou du sacrifice fait* §PRA

5516
valoir son pesant d'or : *valoir beaucoup* §ORA

5517
varloper les nuages : *soigner les détails avec exagération* §ORA

5518
veiller au grain : *être prudent* §USU

5519
veiller sur ses paroles : *faire attention à ce qu'on dit* §ORA

5520
veiller un mort : *rester près de la dépouille mortelle de qqn* §ORA

5521
vêler sur la job : *rechigner sur l'ouvrage* §DEX

5522
vendre (se) comme des petits pains chauds : *se dit d'une marchandise qui s'envole rapidement* §DEX ; se vendre comme un poil; se vendre comme rien

5523
vendre cher sa peau : *ne pas succomber avant d'avoir bravement lutté* §PON ; vendre cher sa vie

5524
vendre la mèche : *trahir le secret d'un complot, dévoiler un dessein qui devait être tenu caché* §ROB ; vendre le punch; éventer la mèche, la mine

5525
vendre la poule noire : *faire un pacte avec le diable, vendre son âme au diable pour avoir une vie riche et facile* §BEA

5526
vendre qqc à vil prix : *céder un objet à trop bon marché* §PRA

5527
vendre qqn au diable : *maudire qqn* §DEX

5528
vendre sa mère : *indique jusqu'où peut aller une personne sans scrupules pour arriver à ses fins* §ORA

5529
vendre sa salade à qqn : *chercher à convaincre qqn, à soumettre un projet, à faire adopter un point de vue à qqn* §USU

5530
vendre ses bouteilles : *recourir à tous les moyens pour gagner de l'argent* §ORA

5531
venir (en) aux mains : *se battre* §ORA

5532
venir à bout de qqc : *réussir, achever une entreprise* §USU

5533
venir à bout de qqn : *vaincre, dominer* §USU

5534
venir à point nommé : *arriver au moment le plus opportun* §PRA

5535
venir à ses fins : *réussir à accomplir un mauvais dessein* §PRA

5536
venir à un cheveu de faire qqc : *être près de faire qqc* §ORA

5537
venir au jour : *finir par être découvert* §PRA

5538
venir de l'avant : *se présenter, se mettre sur les rangs, s'offrir, se porter candidat* §CLS

5539
venir en âge : *devenir majeur, atteindre l'âge de la majorité* §CLS

5540
verser des larmes de crocodiles : *verser des larmes hypocrites pour émouvoir et tromper* §USU

5541
verser des larmes de sang : *verser des larmes, des pleurs témoignant d'une intense douleur* §USU

5542
verser le sang : *faire couler le sang en blessant, en tuant* §ROB

5543
vider (se) le cœur : *confier à qqn l'objet de ses inquiétudes, de ses souffrances morales* §ORA

5544
vider l'os de sa moëlle : *épuiser qqn* §DEX

5545
vider la question : *explorer tous les aspects d'un problème* §ORA

5546
vider le sac à chicane : *régler une mésentente* §DEX ; *crever, vider l'abcès; vider une querelle*

5547
vider son sac : *dire sans détour et jusqu'au bout ce qu'on pense* §USU

5548
virer à la même place : *perdre son temps* §DEX

5549
virer bout pour bout : *faire un tête à queue, volte-face, un tour complet* §BEA *perdre la raison* §DEX

5550
virer capot : *adopter des idées complètement opposées aux précédentes ou aux idées courantes* §DEX

5551
virer casaque : *perdre l'esprit* §BEA ; *virer capot*

5552
virer dessous : *se dit de roues qui patinent* §DEX *se dit d'une rage contenue* §DEX

5553
virer en chemin : *faire une fausse-couche* §BEA

5554
virer mal : *se dit de qqc qui se termine mal ou de qqn qui s'encanaille* §ORA

5555
virer son capot de bord : *changer d'avis ou d'opinion ou de parti* §BEA ; *changer, retourner, revirer, tourner son*

capot de bord, son collet de bord; virer
sa culotte, ses culottes à l'envers; virer,
revirer sa veste; virer son capot

5556
virer sur le top : *faire un tonneau en voiture, se renverser complètement* §BEA *devenir fou* §BEA

5557
virer une brosse : *se saouler* §ORA ; virer une picotte

5558
vivre à la galette de sarrasin : *vivre pauvrement* §DEX

5559
vivre au jour le jour : *être imprévoyant* §ORA

5560
vivre aux crochets de qqn : *vivre aux frais de qqn* §USU ; être aux crochets de qqn

5561
vivre comme dans les cantons : *manquer de confort* §CLA

5562
vivre d'amour et d'eau fraîche : *être amoureux au point d'en oublier les soucis matériels* §ROB

5563
vivre dans l'intimité de qqn : *entretenir des rapports très familiers avec qqn* §PRA

5564
vivre dans une balloune : *vivre dans un rêve, fabuler* §CLS

5565
vivre de l'air du temps : *être démuni et en être satisfait* §ORA

5566
vivre de la table au lit : *se contenter de manger et de dormir* §ORA

5567
vivre de peu : *vivre chichement, en ayant peu de moyens* §ORA

5568
vivre en bonne intelligence avec qqn : *avoir des relations amicales avec qqn* §PRA ; vivre en bonne harmonie avec qqn

5569
vivre entre parenthèses : *ne pas pouvoir profiter de la vie* §ORA

5570
vivre sa vie : *mener la vie qu'on a choisie de manière indépendante* §USU

5571
vivre sur le vieux-gagné : *vivre sur ses épargnes* §DEX

5572
vivre un doigt dans l'œil et l'autre dans le cul : *mal se débrouiller dans la vie* §DEX

5573
voir (n'y) que du feu : *n'y rien comprendre* §ROB

5574
voir (ne pas) d'eau à la rivière : *ne pas remarquer les choses les plus visibles* §PRA ; ne pas trouver d'eau à la rivière; ne pas voir d'eau au lac

5575
voir (ne pas) l'heure de faire qqc : *tarder, avoir de la peine à faire qqc parce que c'est long ou difficile ou ennuyeux* §BEA

5576
voir (ne pas) plus loin que son nez : *ne pas savoir évaluer les conséquences d'un acte, d'un geste* §ORA

5577
voir aller qqn : *évaluer la façon d'agir de qqn* §ORA ; regarder aller qqn

5578
voir avec les yeux de la foi : *être croyant* §ORA *faire confiance* §ORA

5579
voir de quel bois qqn se chauffe : *connaître ce dont qqn est capable* §RAT

5580
voir des chandelles : *avoir un éblouissement par suite d'un choc violent à la tête* §PON

5581
voir juste : *bien évaluer une situation* §ORA

5582
voir la vie en noir : *être pessimiste* §ORA

5583
voir la vie en rose : *être optimiste* §ORA

5584
voir le bout de qqc : *achever un travail, une tâche* §ORA

5585
voir le jour : *en parlant de qqn, naître*
§PRA *en parlant de qqc, se réaliser* §PRA

5586
voir les choses en noir : *voir les choses par le côté fâcheux* §PON

5587
voir les deux côtés de la médaille :
évaluer les avantages et inconvénients d'une situation §ORA

5588
voir par les yeux de qqn : *se fier à qqn* §ORA

5589
voir qqc d'un œil sec : *ne pas éprouver de peine* §ORA

5590
voir qqn de loin en loin : *n'échanger que de rares visites avec qqn* §PRA

5591
voir qqn ou qqc d'un bon œil : *être bien disposé envers qqn ou accepter qqc* §PRA

5592
voir qqn ou qqc d'un mauvais œil :
être mal disposé envers qqn ou qqc §PRA

5593
voir rouge : *avoir un accès de colère* §ORA

5594
voir tout en rose : *tout considérer d'une manière optimiste, ne voir que le bon côté des choses* §USU

5595
voir venir qqn avec ses gros sabots : *deviner les astuces grossières de qqn* §ORA ; *voir venir qqn*

5596
voler bas : *se dit d'une conversation dont le niveau intellectuel n'est pas bien élevé* §ORA

5597
voler de ses propres ailes : *avoir su acquérir son indépendance par son propre travail* §PRA

5598
voler du temps : *travailler moins de temps que prévu* §ORA

5599
voler la vedette à qqn : *se mettre en valeur aux dépens de qqn* §ORA

5600
voler un but : *marquer un but en déjouant la défense* §ORA

5601
vouer un culte à qqn : *subir une sorte d'envoûtement de qqn qu'on vénère en retour* §ORA

5602
vouloir (en) à qqn : *garder du ressentiment, de la rancune contre qqn* §ROB

5603
vouloir (ne pas) être dans la peau de qqn : *ne pas envier le sort de qqn* §ORA ; *ne pas vouloir être dans les souliers de qqn*

5604
vouloir (ne rien) savoir : *refuser d'entendre raison* §ORA

5605
vouloir du bien à qqn : *avoir de la bienveillance envers qqn* §PRA

5606
vouloir du mal à qqn : *avoir de la malveillance envers qqn* §PRA

5607
vouloir en venir à qqc : *expression par laquelle on s'informe du but d'un discours, but que l'on ne devine pas* §PRA

5608
vouloir être à cent pieds sous terre : *avoir honte* §ORA

5609
vouloir tirer des pets d'un âne mort : *vouloir tirer parti d'une situation désespérée* §ORA

W

5610
watcher (se) le cul : *faire attention,*
prendre garde §ORA

INDEX

INDEX

223

berné 2889 2973
berner 1355 2933 2949 3262 3815 3886 4495 5477
besace 62 2522
besogne 154 2668 2798 2869 3242 3404 3955 4735
besogner 3676
besognes 370 2726 4232
besogneux 2681
besoin 356 357 2046 2198 2796 2897 4829 5279
besoins 104 1761 3592 3614
best 2354 2362 3475 3475
bête 541 543 580 1207 1207 1894 1894 1895 1896
1896 2237 2336 2337 2782 3225 3226
3226 3355 5001 5012 5012
bêtise 1235 4189 4306
bêtises 8 1181 1181 1371 1389 1668 1668 3114
3982
béton 1006 1006
bette 985 985 2538
beugle 3867
beugler 1338
beurre 319 447 835 1024 1641 1743 1919 1920
2334 3476 3476 3664 3664 4154 4443
4445 4681 4735 5414
beurrée 935 1546 2926
beurrer 3876
beuverie 2173 4413
bévues 568 4606
bi 3523
biais 4787
biberon 1082
bibite 2200
bibites 423 1870
bibitte 596 3574
biceps 3835
biche 3120
bicycle 808 970 3133 3224
bidous 404 467
bien 21 37 51 95 117 132 174 190 299 337 351 360
365 407 470 505 576 601 635 638 668 681
681 742 763 819 843 925 930 1024 1071
1078 1088 1179 1447 1579 1623 1626
1634 1682 1689 1690 1696 1708 1726
1865 1874 1875 1897 1897 1898 1899
1899 1900 1901 1902 1903 1985 1987
2045 2071 2125 2167 2204 2226 2388
2496 2501 2521 2568 2784 2798 2897
3016 3016 3026 3134 3136 3239 3344
3666 3794 3840 3865 4075 4082 4410
4448 4529 4556 4560 4627 4638 4742
4835 4974 5149 5150 5406 5475 5581
5591 5596 5605
bien-être 2599 2599
bienfait 1343
bienheureux 1564
biens 1088 2918 2932 2956 3396 4551 4861
bientôt 5213 5303
bienveillance 1925 4358 5605
bienvenu 3230
bière 968 968 2099

bigler 3952
bigote 2786
bijoux 4305
bile 1375 2915
bilieux 791
billard 4471
billet 1521 4433
billot 2499
billote 2499
billots 1840
bine 2282 2484 4842
bines 74 835
biscuit 1523 1526 4901 5473
bise 1530 3522
bisexuel 1872
bisque-en-coin 4213
bizarre 557
blafard 1909 2836
blague 1717 3831
blaguer 1676
blagues 1262
blâmable 4792
blâme 1514
blâmer 176
blanc 135 135 931 1125 1125 1324 1531 1697 1904
1905 1905 1906 1907 1907 1908 2000
2010 3042 3122 3893 3963 3963 4006
4006 4060 4064 4106 4928 5083 5099
5299
blanche 103 343 366 1017 1352 1531 1660 2807
4303 4494
blancheur 597 1906 1908
blanchi 2387
blancs 792 1908 2919 4153
blason 4910
blasphémer 5094
blasphèmes 1429
blé 796 935 1063 1667 1667 2231 4004 4674
blême 1909 1909
blennorragie 4599
blés 2249
blessant 5542
blessante 1533 3982 5355 5370
blessantes 1368
blesse 2346
blessé 608 1276
blesser 2898 3392 3912 4051 4587
bleu 711 952 1521 1523 1677 1698 1910 1910 1911
1912 1913 2850
bleuâtre 831
bleue 1003 2258
bleuet 561
bleus 773 773 5357
bloc 418 845 845 5441
blood 1914 1914
bloqué 1915
bloquer 1242
blouse 4902
bob 1661 3487 4481

chasser 1665 4242 4594
chasseur 3037
châssis 1311 3997 4640
chat 17 17 173 305 461 716 937 1580 2396 2574
2839 2839 3333 3805 3862 3862
châteaux 1260 2918 2918
châtiment 2510
chatouilleux 566 1952
châtrer 4194
chats 370 1519 2094
chatte 663 998 1953 1958 2320 2323 3861 3861
5480
chaud 367 368 530 753 1059 1701 1954 1954 1955
1955 1956 2421 3376
chaudasse 1957
chaude 319 1958 1958 2032 2809 4383 4383 4990
chaudes 3094 4613 4613
chaudière 2540 3037 3038 4148
chaudron 3764 3764
chauds 3985 5522
chauffage 3135
chauffe 5579
chauffer 1194 1840 2908 2908 2909 3306
chaussée 930
chausser 12
chausses 1215
chaussettes 138 2210 4045
chaussons 2296
chaussure 5485
chauve 1959 1959 1959
cheap 3039 3039 3189
check 4276
checker 216
chef 2725 3423
chemin 134 149 149 193 477 1221 2044 2061 2061
2526 2837 3478 3524 3649 3695 3695
3822 4229 4242 4483 4483 4585 4740
4751 4754 4896 5050 5491 5494 5553
cheminée 3703
chemins 59 452 1312 1312 5212
chemise 619 1166 1985 2197 2197 2211 2211 2780
3840 4129 4129 5196 5276
chenaille 84
chêne 2570 2570 4609
chenêts 822 822
chenille 549 549 2788 2788
chèque 1523 1531 2687
cher 30 1316 1463 3710 4511 5262 5507 5507 5512
5523 5523
cherchant 98
cherche 2179
cherchée 2389
chercher 48 89 119 148 179 1183 1202 1203 1204
1204 1205 1206 1206 1207 1208 1208
1209 1210 1210 1211 1212 1300 1307
1358 1405 1578 1662 1662 2017 2057
3062 3296 3345 3369 3619 3772 3814
4055 4119 4152 4403 4419 4580 5046
5316 5529

chère 3021 3239
cherrant 1960
chérubin 1563
chesterfield 3165
cheval 992 1484 1774 1775 1956 2011 2125 2141
2221 2260 2269 2276 2304 2417 3930
3970 4059 4097 4161 5306 5480
Chevaliers 5111
chevauchent 3133
chevaux 4297 4381 4381 4424
chevelure 665 2441
cheveu 206 3618 4438 5240 5536
cheveux 186 663 774 774 774 775 775 775 848
1908 2278 2457 2513 2639 2892 2919
2929 2938 2948 3629 3629 3815 3815
4441 4696 5100 5100
cheville 197 2180 2339 3185
chevillée 562
chèvre 1306 4070 4760 5111
chevreuil 1884 4043 5108
chiant 1961
chic 402 1962
chicane 1205 2758 3062 3062 4181 5546
chicaner 1047 1123 1135 1487 2904 2964 4574
4704 5141
chicaneur 2444
chicaneux 1963
chicanier 1963 2724 2758
chiche 2833
chichis 3078
chicot 2396
chicots 372
chié 369 2364
chie-en-culotte 2688
chien 17 17 207 350 478 478 546 954 992 999 1089
1108 1271 1666 1696 1828 1961 1964
1964 1965 1965 1988 1997 2200 2407
2461 2461 2688 2689 3108 3193 3193
3288 3314 3314 3377 3564 3666 3666
3676 3731 3731 4037 4900 5420 5501
5507
chiendent 4667
chienne 604 604 605 605 1966 2303 2303 2348
2452 3574 3731 3731 4656
chiens 1519 2307 2461 3193 3677 3766 3766 4920
4920
chier 61 1655 3040 4565 4597
chieux 1967 3417
chignon 879 1331 2983 4804
chimère 1662
chimères 3447 3672
chimériques 2918
chinois 2090
chinoiser 3078
chinoiseries 3078
chiotte 3231
chique 129 1289 2426 5514
chique-la-guenille 2690
chiquer 2690

242 INDEX

greyé 1897 2293
greyée 930
gribouille 4125
griche-poil 2294
griefs 1188
grièvement 1276
griffe 1537
gril 2605
grimace 851 987 3278 3414 5321
grimpe 605
grippe 3421 4793
grippé 2295
grippette 491 2295 2410
gris 1957
grise 103 2335 3200 3361
grive 1954 2551
grog 4850
grommeler 3985
gronder 1658 2904 2935 2964 3119 5161
gros 137 267 268 268 418 692 727 731 731 734 933
    961 1370 1562 1728 1728 1740 1836 1866
    1897 1941 1941 2010 2288 2288 2296
    2297 2297 2298 2298 2299 2299 2300
    2300 2348 2352 2461 2606 2721 2721
    2722 3119 3123 3148 3263 3301 3302
    3302 3307 3475 3487 3712 3828 3835
    3922 4333 4499 4715 5086 5147 5384
    5384 5390 5465 5595
grosse 249 274 992 996 1690 2800 2801 3242 3243
    3412 3610 3978 4957 5403
grosse-gorge 3244
grosses 422 442
grossesse 2229 2587 2622 3589
grosseur 4980
grossier 607 1286 2301 2301 2744
grossière 2031 4707
grossièrement 2238 4146
grossières 2404 3057 5595
grossièretés 2803 4399
grouiller 1102 2886
groupe 383 569 571 2615 3013 3222 4145 4303
    4755 5171
grouper 5257
grue 3316
gruger 3986
grugeux 2723
gué 5175
guedille 427
guedouche 2307
guenille 795 800 1218 1219 1981 1981 2425 2690
    5152
guenilles 4326 4334
guêpe 1009
guêpes 222
guêpier 5363
guère 300 342 573 3573
guérir 3751 3751
guérison 1240 2530
guerloute 1194

guerre 2 100 1367 1633 2607 2607 3258 3673 5187
guet 589 1853
guetter 236 1696 4643
gueulard 2724 2797
gueule 187 399 631 632 980 995 995 1049 1365
    2125 2144 2262 2262 2797 3417 3624
    3773 3773 3962 4382 4382 4562 4565
gueuler 3754
gueuloir 492
gueux 2461
guide 2125
guidé 360
guider 4802
guides 155 3722 4077
guidon 798
guigne 633 1883 5196
guignon 2193 2193
guiliguilis 3095
guimbarde 3620
guindée 3455
guingue 4126
guise 882 3890 4451
guitare 3819
guts 493
ha 3080
habile 642 672 880 1926 1934 2021 2792 2798 2954
habilement 3560 3813
habiles 432
habileté 1596 2105 2953 3408 3422 4247 4538
habillé 544 545 548 552 554 1270 1271 2303 2303
    2303 2304 2304 2305 2306 2306 2306
    2399
habillée 555 560 2307 2307 2307 2654
habiller 1431 1431 2945 4121 4144
habit 2194 4756
habitant 561 3216 3216
habitation 2242
habiter 5014
habits 861
habitude 346 600 1047 1828 4838 4855 5247
habitudes 2251 4142
habitué 651
habituelle 3257
habituellement 3364
habituelles 3503
habituer 2880
hâbleur 995
hache 127 739 1283 1633 1796 1796 2238 2798
    2815
haddock 2540
haie 3245
haïr 897
haïssable 491 2302 3215
haleine 373 580 580 1083 1298 1300 4166 5002
    5247 5284
haler 5306
haleter 2432
hallucinant 2467
hallucination 522

INDEX

manque 288 **337** 601 721 2038 **2198 2198** 2237
3078 4053 4074
manqué 3919
manquée 4509
manquements 4453
manquer **129** 144 334 553 661 713 1026 1117 1137
1158 1317 1552 1709 1802 2008 2035
2398 2428 2550 3073 **3204** 3391 **3618**
3680 4016 **4016** 4017 4018 **4021** 4024
4025 4513 4596 4602 5113 5561
manuel 4167 5460
manuelle 2953
mappe **1461 2592 3128**
maquiller 3620 4915
marabout **2412 2412**
marbre **938**
marbres **3810**
marchandise **3619 3950** 4515 5114 5522
marchandises 5017
marchant 256 4048 5165
marche 80 525 1359 **2199 3356** 3848 4036 4041
4285 4285 4385 4611 **4848** 5114
marché 273 **359** 854 884 **2199** 2372 **3017 3018 3309**
3537 3734 4198 5526
marchent 149
marcher **91 97 101 122** 125 **125** 138 **138 151 153**
157 **256** 290 1572 2153 2339 **2590 2620**
2884 3357 3357 3358 3358 3512 3759
4030 4035 4037 4038 **4040** 4043 4044
4045 4046 4052 **4053** 4054 4246 **4578**
4681 5406
marches **4786**
marcheur 494
marde 340 713 958 1487 2041 2268 2348 2358 2427
2427 2515 2733 2805 2805 2882 3066
3979 4011 4704 5508
mardeux **2413**
Mardi **1635**
marée 204 381 **3359** 3359
marge **403** 411 496 843 1486 2051
marginale 2112
margoulette **400 1137 1151 2890 2905**
marguerine **1024**
marguerite **1582**
marguerites **448**
mariage 1144 2084 3240 3384 3477 3656 3663 4000
4059
Marie **4060**
marie 3049 4135
marié 925 **1827** 2400 3038
mariée 3231
marier 1267 1636 1788 **1926** 3038 3377 4060 4061
5011
marin **326 746**
marionnette **1362**
marmite **5120**
marmonner 78 4383 4870
marmot **1353**
marmotte **1353 1564 2239**

marquant 3143
marque 300 1680 **2313**
marquer 1618 3051 5600
marraine 2060 3861
marre 923
marrons **5328**
mars **204**
marteau **2235**
martel **4140**
martyre **5200 5200**
masque **3931**
massacrer 2917 4260 4480
masse **1424 1424** 4623
masser **4437**
masses **772**
mastic **2140 3997**
masturber 1229 2881 2884 2973 3819 4437
mat **3176**
matamore **2260 3310**
matawin **2723**
match 3332
mater 4193
matérielle 97 1802
matériels 642 1761 5562
mathématique 1414 4874
Mathusalem **2837**
matière 606 **1643** 1791 1851
matin **2272 2421** 3241 **3923** 5459
matinal **2414** 2414 2730
matinée **3241**
matines **1185**
matou **2723**
maudire 5527
maudit **2200 3490 3490 4253**
maudite **3959**
maussade 850 915 1811 2412 3361 3564
mautadinne **2200**
mauvais 217 237 251 349 437 644 658 **737** 812
1304 1383 1436 1489 1744 1821 1835
2032 2080 **2101** 2333 **2373** 2449 2454
2602 **2735** 2928 2937 3162 **3360** 3389
3400 3441 3515 **3554** 3577 **3650** 3685
3922 3922 4037 **4110** 4110 **4490** 4491
4604 4771 **4838** 4900 5091 5157 **5183**
5535 **5592**
mauvaise 368 451 541 574 580 581 633 **646** 657
687 750 769 812 852 **855 856 857 858**
1218 1375 1520 1708 1886 **2080 2080**
2083 2085 2101 2107 2165 2193 2294
2373 2400 **2626** 2646 **2795 2802** 2929
3020 3020 3361 3650 **3685** 3685 3922
3958 4037 **4250** 4476 4500 4742 4764
4775 4797 5335 5427
mauvaises 1124 3360 3565 5185
maux **140** 715
maximum 965
mécaniques **3835 5086**
méchant **2415** 2415 **2415** 2857 **3506** 3846 3907
3910

MARQUIS
Montmagny, Qc
mars 1992